Wollmert · Oser · Orth

Bilanz Check-up 2021

EY
Building a better working world

Bilanz Check-up 2021

Neuerungen in der Bilanzierung nach HGB, EStG und IFRS

Prof. Dr. Peter Wollmert
WP/StB, Geschäftsführer der Ernst & Young GmbH WPG

Prof. Dr. Peter Oser
WP/StB, Partner der Ernst & Young GmbH WPG

Dr. Christian Orth
WP/StB, Partner der Ernst & Young GmbH WPG

Haufe Group
Freiburg · München

Vorwort

Die ungebrochene Dynamik und Komplexität, mit der Gesetzgeber, Standardsetter sowie die Rechtsprechung die nationale und internationale Rechnungslegung fortentwickeln, stellen Aufsteller, Prüfer, Berater und Enforcer vor enorme Herausforderungen. Vor diesem Hintergrund möchten wir mit unserem Bilanz Check-up Entscheidungsträgern einen anwendungsfreundlichen, kompakten Überblick zu den vielfältigen Entwicklungen in der nationalen und internationalen Rechnungslegung des Jahres 2020 sowie praxisrelevante Anwendungshinweise und Gestaltungsmöglichkeiten für die Bilanzsaison 2020 an die Hand geben. Mit dem Bilanz Check-up steht Ihnen ein aktuelles Nachschlagewerk zur Verfügung.

Unser Bilanz Check-up feiert in diesem Jahr ein kleines Jubiläum. So gesellte sich vor genau 10 Jahren unser Bilanz Check-up neben seinen älteren Bruder, den Steuer Check-up, der auch jährlich von der Haufe Group veröffentlicht wird. Wir bedanken uns für die positive Resonanz auf unseren Bilanz Check-up und Ihre Treue, die uns zugleich Verpflichtung ist.

Der Bilanz Check-up 2021 ist eine Teamleistung. Dabei verdient Frau StB Dr. Carina Ollinger für ihren besonderen Einsatz und für die Gesamtorganisation des Projekts einen außergewöhnlichen Dank. Ganz herzlich möchten wir uns auch bei Johannes Becker, StB Sybille Bellert, WP/StB Dr. Stefan Bischof, StB Dr. Andreas Bolik, Julia Bossmann, Dr. Joachim Brixner, Alexandra Cestnik, WP Marc Coolens, RA Thorsten Ehrhard, StB RA Verona Franke, WP/StB Ingo Gerlach, Florian Harrer, WP/StB/RA Thomas Harzheim, WP/CPA Prof. Dr. Sven Hayn, Dr. Jens Heiling, WP/StB Annette Johne, WP Dr. Frank Jungblut, RA Daniel Kaiser, RA Dr. Peter Katko, StB Juliane Kawka, StB Daniel Käshammer, StB Dr. Cornelia Kindler, Dr. Christian Kohl, Marcel Kottenstein, StB Ruben Kunert, StB RA Jörg Leißner, RA Dr. Mauritz Mann, Eric Meyer, WP/StB Thomas Müller-Marqués Berger, RA Philip Nagel, Roland Nonnenmacher, Holger Obst, RA Anna Peterich, StB Dr. Katharina Philippsen, Dr. Anja Pissarczyk, RA Christian Rath, Dr. Evelyn Raths, WP/StB Nicole Richter, StB RA Sebastian Sachs, WP/StB Prof. Dr. Mathias Schaber, RA Dr. Robert Schiller, WP/StB Dr. Stephan Scholz, Sophia Schumann, Iris Schwarz, Dr. Stefan Schweinberger, Dr. Barbara Selch, Carolin Selig-Kraft, WP/StB Nils Söhnle, WP/StB Alexander Staß, WP/StB Dr. Ahmad Sultana, Thiviya Thillaieasan, StB Alexander Vetten, RA Sebastian Wurzberger, Florian Zawodsky und Rico Zischka für ihr enormes Engagement und ihre tatkräftige Unterstützung bedanken.

Schließlich danken wir Frau Julia Grass, Frau Dr. Ulrike Hoffmann-Dürr und Frau Sabrina Preisinger von der Haufe Group, die das Projekt verlagsseitig souverän und kompetent betreut haben.

Mit unserem Bilanz Check-up 2021 bewahren Sie den Überblick!

Stuttgart, im November 2020

Prof. Dr. Peter Wollmert   Prof. Dr. Peter Oser   Dr. Christian Orth

Inhaltsverzeichnis

Vorwort 5

Abkürzungsverzeichnis 17

A Nationale Rechnungslegung 29

1 Auswirkungen von COVID-19 auf die Rechnungslegung 29
- 1.1 Wertbegründendes vs. werterhellendes Ereignis 29
- 1.2 Auswirkungen auf den (Konzern-)Anhang 29
- 1.3 Auswirkungen auf den (Konzern-)Lagebericht 31
- 1.4 Bilanzielle Rückbeziehung von Sanierungsmaßnahmen 32
- 1.5 Ansatz- und Bewertungsstetigkeit 33
- 1.6 Kurzarbeitergeld (KUG) 34
- 1.7 Bilanzierung von Aufstockungsbeträgen zum Kurzarbeitergeld (KUG) 35
- 1.8 Bewertungseinheiten 36

2 ARUG II: Darstellung der Neuregelungen zum aktienrechtlichen Vergütungsbericht 37
- 2.1 Grundlage und Hintergrund für die Neuregelungen zum Vergütungsbericht 37
- 2.2 Neuregelungen zur Erstellung, Prüfung und Veröffentlichung des aktienrechtlichen Vergütungsberichts 38
- 2.3 Sonstige Änderungen im HGB: Änderung der Anforderungen an die Befreiung von der Konzernrechnungslegungspflicht gem. §§ 291, 292 HGB 44

3 ARUG II: Zustimmungs- und Publizitätspflichten für Transaktionen mit nahestehenden Personen und Unternehmen 45
- 3.1 Grundlagen zu *Related Party Transactions* 45
- 3.2 Transaktionen mit nahestehenden Personen 47
- 3.3 Internes Bewertungsverfahren 48
- 3.4 Zustimmungspflicht 49
- 3.5 Veröffentlichung 50
- 3.6 Fazit 50

4 Brexit Update: Auswirkungen auf die Rechnungslegung (§§ 264 Abs. 3, 264b, 291 HGB) 51

5	**DRSC verabschiedet DRÄS 9 und 10**	**53**
	5.1 DRÄS 9	53
	5.2 DRÄS 10	53
6	**DRS 28 *Segmentberichterstattung* verabschiedet**	**54**
	6.1 Ausgangssituation	54
	6.2 Aktuelle Entwicklungen	55
7	**Überarbeitung des DRS 18 *Latente Steuern* durch E-DRÄS 11**	**56**
8	**IDW: Fachliche Hinweise zum Ausweis von Negativzinsen auf Bankguthaben**	**58**
9	**Update zur Bilanzierung bei *Cloud Computing***	**60**
	9.1 Unzulässiger Analogieschluss zu Mietereinbauten	60
	9.2 Fehlendes Schuldendeckungspotenzial der *Customizing*-Aufwendungen	62
	9.3 Kein aktiver Rechnungsabgrenzungsposten für *Customizing*-Aufwendungen	63
	9.4 Ergebnis	64
10	**Kürzungen von Versorgungsleistungen bei externen Versorgungsträgern**	**65**
	10.1 Ausgangssituation	65
	10.2 Aktuelle Entwicklungen	66
11	**Aktuelle Brennpunkte der Rückstellungsbilanzierung**	**67**
	11.1 Bedingt rückzahlbare Filmförderdarlehen (§ 5 Abs. 2a EStG)	67
	11.2 Pfandrückstellungen	68
	11.3 Keine Rückstellung für Umtauschanleihe bei Deckungsbestand	69
12	**Ergebnisabführungsvertrag – Kein Verlustausgleich mit abführungsgesperrten Rücklagen**	**70**
13	**Angabe von Erträgen und Aufwendungen aus der Währungsumrechnung**	**73**
14	**GmbH: Angaben zur Frauenquote bei pflichtwidriger Nichteinrichtung eines Aufsichtsrats**	**73**
15	**CSR-Richtlinie-Umsetzungsgesetz – Update**	**75**
16	**ESEF**	**77**
	16.1 Ausgangssituation	77
	16.2 Umsetzung der ESEF-Vorgaben in Deutschland	78

16.3 Prüfung der ESEF-Konformität als Teil der gesetzlichen Abschlussprüfung 79

B Steuerrecht **81**

1 Gesetzgebung **81**

1.1 Zweites Corona-Steuerhilfegesetz 81

1.2 Steuern auf Digitales 83

2 Finanzverwaltung **85**

2.1 Neues Anwendungsschreiben zu GoBD 85

2.2 Bewertung von Pensionsrückstellungen nach § 6a EStG 86

2.3 Bewertung von Rückstellungen für Zuwendungen anlässlich eines Dienstjubiläums 86

2.4 Zweifelsfragen im Zusammenhang mit § 6 Abs. 3 EStG 87

2.5 Anwendung des Investitionsabzugsbetrags nach § 7g EStG 89

2.6 Berücksichtigung von Währungskursverlusten 89

2.7 Aussetzung der Vollziehung bereits für Verzinsungszeiträume ab Anfang 2012 91

3 Rechtsprechung zum Steuerrecht **92**

3.1 Gezahlte Optionsprämie als Teil der Anschaffungskosten 92

3.2 Maßgeblichkeit der Handelsbilanz für die Steuerbilanz nach Inkrafttreten des BilMoG 93

3.3 Keine Verbindlichkeitsrückstellung bei überwiegendem Eigeninteresse 94

3.4 Rückstellung für die Kosten der Aufbewahrung von Mandantendaten 95

3.5 Sachleistungsrückstellungen bei stillgelegten Deponien 96

3.6 Keine Teilwertzuschreibung auf Verpflichtung aus Umtauschanleihe bei Deckungsbestand 97

3.7 Ertrag aus Währungskurssicherungsgeschäften 98

3.8 Einschränkung des Kombinationsmodells 100

3.9 Gebühren eines Konsortialkredits im Lichte der Zinsschranke (§ 4h Abs. 3 Satz 2 EStG) 101

C Internationale Rechnungslegung **103**

1 Neue und geänderte Standards für das Geschäftsjahr zum 31.12.2020 **103**

1.1 Überblick 103

1.2 Änderungen der Verweise auf das Rahmenkonzept in IFRS Standards 104
1.3 Änderungen an IFRS 3: Definition von „Geschäftsbetrieb“ 104
1.4 Änderungen an IAS 1 und IAS 8: Definition von „wesentlich“ 105
1.5 Änderungen an IFRS 9, IAS 39 und IFRS 7: Reform der Referenzzinssätze 106

2 Verabschiedete Standards und Interpretationen für nach dem 31.12.2020 beginnende Geschäftsjahre 108

2.1 Überblick über verabschiedete Standards und Interpretationen 108
2.2 Änderungen an IFRS 16: COVID-19 bezogene Mietkonzessionen 109
2.3 Änderungen an IFRS 4: Verschiebung der Anwendung von IFRS 9 110
2.4 Änderungen an IFRS 9, IAS 39, IFRS 7, IFRS 4 und IFRS 16: Reform der Referenzzinssätze – Phase 2 111
2.5 Änderungen an IAS 1: Klassifizierung von Schulden als kurz- oder langfristig 112
2.6 Änderungen an IFRS 3: Verweis auf das Rahmenkonzept 113
2.7 Änderungen an IAS 16: Einnahmen vor der beabsichtigten Nutzung 114
2.8 Änderungen an IAS 37: Belastende Verträge 115
2.9 Verbesserungen zu IFRS 2018–2020 116
2.10 Änderungen an IFRS 17 117

3 Aktuelle IASB-Projekte 118

3.1 DP/2020/1 *Business Combinations – Disclosures, Goodwill and Impairment* 118
3.2 ED/2019/7 *General Presentation and Disclosures* 119

4 Auswirkungen von COVID-19 auf die internationale Rechnungslegung 120

5 Agenda-Entscheidungen des IFRS IC 122

5.1 IAS 7: Angaben zu Veränderungen der Verbindlichkeiten aus Finanzierungstätigkeiten (September 2019) 123
5.2 IAS 1: Ausweis von Schulden und Vermögenswerten in Bezug auf unsichere steuerliche Behandlungen (September 2019) 124
5.3 IFRS 16: Grenzfremdkapitalzinssatz des Leasingnehmers (September 2019) 125

5.4 IFRS 15: Entschädigungszahlungen für Verspätungen und Ausfälle (September 2019) 127
5.5 IFRS 16: Laufzeit eines Leasingverhältnisses und Nutzungsdauer von Mietereinbauten (November 2019) 128
5.6 IFRS 15: Schulungskosten zur Vertragserfüllung (März 2020) 129
5.7 IFRS 16: *Sale and Leaseback* mit variablen Zahlungen (Juni 2020) 130
5.8 Weitere Agenda-Entscheidungen 131

6 Hier finden Sie Unterstützung 132

D Enforcement 133

1 Nationales Enforcement 133
1.1 Prüfungsschwerpunkte der DPR für Abschlüsse 2020 133
1.2 Tätigkeitsbericht 2019 der DPR 134
1.3 Beendigung der Anerkennung der DPR zum 31.12.2021 137

2 Europäisches Enforcement 137
2.1 24. Entscheidungsreport der ESMA 138
2.2 ESMA-Bericht zum Enforcement in Europa 2019 146
2.3 ESMA-Verlautbarungen zu rechnungslegungsbezogenen Auswirkungen von COVID-19 146

3 Hier finden Sie Unterstützung 147
3.1 Vorbereitung auf ein Enforcement-Verfahren 147
3.2 Während des Enforcement-Verfahrens 147
3.3 Im Anschluss an ein Enforcement-Verfahren 147
3.4 *Pre-clearance*-Verfahren 148

E Branchenspezifische Besonderheiten 149

1 IDW RS BFA 7: Pauschalwertberichtigungen bei Kreditinstituten 149

2 Update zu den Europäischen Rechnungslegungsnormen für den öffentlichen Sektor (EPSAS) 151
2.1 Hintergrund zu den EPSAS 151
2.2 Harmonisierung der öffentlichen Rechnungslegung in Europa 151
2.3 Zeitplan für die Einführung der EPSAS 152
2.4 Arbeit der EPSAS *Working Group* und der EPSAS *Cells* 153
2.5 Aktuelle Entwicklungen hinsichtlich EPSAS 156

3 Auswirkungen von COVID-19 auf den Jahres- und Konzernabschluss der Krankenhäuser und Krankenhausträgergesellschaften 158

3.1 Darstellung wesentlicher gesetzlicher Änderungen 158

3.2 Handelsrechtliche Behandlung 160

3.3 Besonderheiten bei der Behandlung nach den IAS/IFRS 161

F Gesetzgebung 163

1 Auswirkungen der COVID-19-Pandemie auf die Vertrags- und Gesellschaftsrechtspraxis 163

1.1 Auswirkungen auf Hauptversammlungen 163

1.2 Organpflichten bei Insolvenzreife 164

1.3 Gesellschaftsrechtliche Änderungen aufgrund des WStFG 165

1.4 Potenzielle Ad-hoc-Mitteilungspflichten im Zusammenhang mit der COVID-19-Pandemie 166

2 Auswirkungen der COVID-19-Pandemie auf das Umwandlungsgesetz 166

3 Update zum Geldwäschegesetz/Transparenzregister 167

3.1 Überblick 167

3.2 Wesentliche Neuerungen im Detail 168

3.3 Anpassung der FAQ zur Mitteilungsfiktion des § 20 Abs. 2 GwG 175

3.4 Ausblick 178

4 Informationsschutz im Lichte von DSGVO, Geschäftsgeheimnisgesetz und COVID-19 178

4.1 Abgrenzung DSGVO und GeschGehG 178

4.2 Umsetzung Informationssicherheit insbesondere durch IT-Sicherheit (*Cyber-Security*) 180

4.3 Informationsschutz im Zusammenhang mit COVID-19 181

5 Datenschutz – es wird ernst! 182

5.1 Anwendung eines neuen Bußgeldmodells durch die Aufsichtsbehörden 182

5.2 Verhängte Sanktionen in Deutschland 183

5.3 Hohe Strafen auch in anderen Mitgliedstaaten 184

5.4 Was bedeutet das für Unternehmen? – Eine Beispielrechnung 184

5.5 Schlussfolgerungen für Unternehmen 185

6 **Bundesregierung treibt Unternehmensstrafrecht entschlossen voran** **186**
6.1 Anwendungsbereich des Verbandssanktionengesetzes 186
6.2 Inhalte des Verbandssanktionengesetzes 187
6.3 Ausblick 188
7 **EU-Mobilitätsrichtlinie – Grenzüberschreitende Umwandlungen** **189**
7.1 Grenzüberschreitende Spaltungen und Formwechsel 190
7.2 Schutz der Arbeitnehmermitbestimmung 190
7.3 Schutz von Minderheitsgesellschaftern und Gesellschaftsgläubigern 191
7.4 Vereinfachungen des grenzüberschreitenden Umwandlungsprozesses 191
7.5 Vereinfachung grenzüberschreitender Umwandlungsvorhaben im Konzern 192
7.6 Keine Anwendung auf Gesellschaften in „wirtschaftlichen Schwierigkeiten" und bei Missbrauch 192
7.7 Fazit 193
8 **Online gründen – Das EU-Gesellschaftsrecht wird digital** **193**

G Rechtsprechung zum Wirtschaftsrecht **195**
1 **Anschaffungskosten bei langfristiger unverzinslicher Kaufpreisverbindlichkeit (EuGH, Urteil v. 23.4.2020, C-640/17, Rechtssache „Wagram Invest")** **195**
2 **Kompetenz der Gesellschafterversammlung zur Regelung der Geschäftsführervergütung (BGH, Beschluss v. 14.5.2019, II ZR 299/17)** **197**
2.1 Problemstellung 197
2.2 Sachverhalt 197
2.3 Entscheidung 197
2.4 Fazit und Praxishinweis 198
3 **Gerichtliche Überprüfbarkeit von Beschlüssen über Geschäftsführervergütung (OLG Hamm, Urteil v. 9.9.2019, 8 U 7/17)** **199**
3.1 Sachverhalt 199
3.2 Entscheidung 200
3.3 Fazit und Praxishinweis 202

4 Zulässigkeit des Eintritts der Komplementärin nach Wirksamwerden des Formwechsels (OLG Oldenburg, Beschluss v. 19.12.2019, 5 W 43/19) 203
4.1 Problemstellung 203
4.2 Sachverhalt 203
4.3 Entscheidung 204
4.4 Fazit und Praxishinweis 205
5 Willensbildung und Vertretungsregelung bei der Einheits-GmbH & Co. KG sowie Anforderungen an Geschäftsführerversicherung (Kammergericht Berlin, Beschluss v. 23.7.2019, 22 W 40/19) 205
5.1 Hintergrund 205
5.2 Entscheidung 207
5.3 Fazit und Praxistipp 208

H Deutscher Corporate Governance Kodex 209
1 Materielle Änderungen im Überblick 209
2 Unabhängigkeit 210
3 Selbstbeurteilung des Aufsichtsrats 211
4 Vergütung und Vergütungsbericht 211
5 Bewertung der Qualität des Abschlussprüfers 213
6 Corporate-Governance-Berichterstattung in der Erklärung zur Unternehmensführung 215
7 Zusammenfassung und Ausblick 216

I Übersicht über neue, geänderte und aufgehobene Verlautbarungen des DRSC und IDW 219
1 Deutsches Rechnungslegungs Standards Committee e. V. (DRSC) – Standards, Interpretationen, Anwendungshinweise 219
1.1 (Entwürfe) Deutsche Rechnungslegungs Standards (E-DRS/DRS) und Aufhebung von DRS 219
1.2 (Entwürfe) DRSC Interpretationen 224
1.3 (Entwürfe) DRSC Anwendungshinweise 224
2 Institut der Wirtschaftsprüfer e. V. (IDW) – IDW Verlautbarungen 225
2.1 (Entwürfe) IDW Stellungnahmen zur Rechnungslegung (IDW ERS/RS) 225

2.2 (Entwürfe) IDW Prüfungsstandards (IDW EPS/PS) 228
2.3 (Entwürfe) Deutsche Fassung der International Standards on Auditing (ISA [E-DE]/ISA [DE]) 234
2.4 (Entwürfe) IDW Standards (IDW ES/S) 242
2.5 F & A zu IDW Prüfungsstandards und IDW Standards 242
2.6 IDW Rechnungslegungshinweise (IDW RH) 244
2.7 IDW Prüfungshinweise (IDW PH) 244
2.8 (Entwürfe) IDW Praxishinweise 250
2.9 Aufhebung bzw. Überarbeitung von IDW Stellungnahmen 250
2.10 IDW Positionspapiere 251

Stichwortverzeichnis **255**

Abkürzungsverzeichnis

a. A.	andere Ansicht oder andere Auffassung
a. a. O.	am angeführten Ort
ABl.	Amtsblatt
Abs.	Absatz
AEAO	AO-Anwendungserlass
AEUV	Vertrag über die Arbeitsweise der Europäischen Union
a. F.	alte Fassung
AfA	Absetzung für Abnutzung
AG	Aktiengesellschaft; auch: Die Aktiengesellschaft (Zeitschrift)
AGB	Allgemeine Geschäftsbedingungen
AktG	Aktiengesetz
Alt.	Alternative
Anm.	Anmerkung
AO	Abgabenordnung
APAS	Abschlussprüferaufsichtsstelle
AReG	Abschlussprüfungsreformgesetz
Art.	Artikel
ARR	Aktionärsrechterichtlinie
ARUG II	Gesetz zur Umsetzung der zweiten Aktionärsrechterichtlinie
Aufl.	Auflage
AusglZÄV	COVID-19-Ausgleichszahlungs-Änderungs-Verordnung
Az.	Aktenzeichen
BAFA	Bundesamt für Wirtschaft und Ausfuhrkontrolle
BaFin	Bundesanstalt für Finanzdienstleistungsaufsicht
BAIT	Bankenaufsichtliche Anforderungen an die IT
Banz AT	Bundesanzeiger Amtlicher Teil
BB	Betriebs-Berater (Zeitschrift)

BBE-Studie	Studie der BBE media
BDSG	Bundesdatenschutzgesetz
Beck Bil-Komm.	Beck'scher Bilanzkommentar
BeckOK	Beck'scher Online-Kommentar
BeckRS	Beck online Rechtsprechung
BetrAVG	Gesetz zur Verbesserung der betrieblichen Altersversorgung
BetrVG	Betriebsverfassungsgesetz
BewG	Bewertungsgesetz
BFA	Bankenfachausschuss des IDW
BFH	Bundesfinanzhof
BFHE	Sammlung der Entscheidungen des Bundesfinanzhofs
BFH/NV	Sammlung amtlich nicht veröffentlichter Entscheidungen des Bundesfinanzhofs (Zeitschrift)
BFH/PR	Entscheidungen des Bundesfinanzhofs für die Praxis der Steuerberatung (Zeitschrift)
BGB	Bürgerliches Gesetzbuch
BGBl.	Bundesgesetzblatt
BGH	Bundesgerichtshof
BGHZ	Entscheidungen des Bundesgerichtshofs in Zivilsachen
BilMoG	Bilanzrechtsmodernisierungsgesetz
BIP	Bruttoinlandsprodukt
BMF	Bundesministerium der Finanzen
BMJV	Bundesministerium der Justiz und für Verbraucherschutz
BNetzA	Bundesnetzagentur
BörsG	Börsengesetz
BrexitÜG	Brexit-Übergangsgesetz
BSI	Bundesamt für Sicherheit in der Informationstechnik
BSIG	Gesetz über das Bundesamt für Sicherheit in der Informationstechnik
bspw.	beispielsweise
BStBl.	Bundessteuerblatt

BT-Drs.	Bundestags-Drucksache
Buchst.	Buchstabe
BVA	Bundesverwaltungsamt
BVerfG	Bundesverfassungsgericht
bzw.	beziehungsweise
CCaSS	*Climate Change and Sustainability Services*
CEAOB	*Committee of European Auditing Oversight Bodies*
CEO	*Chief Executive Officer*
CFO	*Chief Financial Officer*
c. p.	*ceteris paribus* (unter sonst gleichen Bedingungen)
CSR	*Corporate Social Responsibility*
CSR-RLUG	CSR-Richtlinie-Umsetzungsgesetz
COVID-19	*Corona Virus Disease 2019*
COVKHEntlG	COVID-19-Krankenhausentlastungsgesetz
DAV	Deutsche Aktuarvereinigung e. V.
DB	Der Betrieb (Zeitschrift)
DBA	Doppelbesteuerungsabkommen
DCGK	Deutscher Corporate Governance Kodex
d. h.	das heißt
DiFin	Digitaler Finanzbericht
DigiRL	Richtlinie zum Einsatz digitaler Werkzeuge und Verfahren im Gesellschaftsrecht
DPR	Deutsche Prüfstelle für Rechnungslegung e. V.
DRÄS	Deutscher Rechnungslegungs Änderungsstandard
DrittelbG	Gesetz über die Drittelbeteiligung der Arbeitnehmer im Aufsichtsrat (Drittelbeteiligungsgesetz)
DRS	Deutscher Rechnungslegungsstandard
DRSC	Deutsches Rechnungslegungs Standards Committee

DSGVO	Datenschutz-Grundverordnung
DSK	Datenschutzkonferenz
DSMS	Datenschutz Management System
DST	Digitalsteuer
DStR	Deutsches Steuerrecht (Zeitschrift)
EAV	Ergebnisabführungsvertrag
EBIT	*Earnings Before Interest and Taxes*
EBITDA	*Earnings Before Interest, Taxes, Depreciation and Amortisation*
ECL	*Expected Credit Losses*
ED	*Exposure Draft*
EDI	*Electronic Data Interchange*
E-DRÄS	Entwurf eines Deutschen Rechnungslegungs Änderungsstandards
E-DRS	Entwurf eines Deutschen Rechnungslegungs Standards
EECS	*European Enforcement Coordination Sessions*
EFG	Entscheidungen der Finanzgerichte (Zeitschrift)
EEG	Erneuerbare-Energien-Gesetz
EFA	Energiefachausschuss des IDW
EFRAG	*European Financial Reporting Advisory Group*
e. G.	Eingetragene Genossenschaft
EGAKtG	Einführungsgesetz zum Aktiengesetz
EGHGB	Einführungsgesetz zum Handelsgesetzbuch
EL	Ergänzungslieferung
EMIR	*European Market Infrastucture Regulation*
EnWG	Energiewirtschaftsgesetz
EONIA	*Euro Overnight Index Average*
EPSAS	*European Public Sector Accounting Standard*
ERS	Entwurf einer Stellungnahme zur Rechnungslegung
ESEF	*European Single Electronic Format*
ESMA	*European Securities and Markets Authority*

EStG	Einkommensteuergesetz
EStR	Einkommensteuerrichtlinie
ESUG	Gesetz zur weiteren Erleichterung der Sanierung von Unternehmen
etc.	et cetera
EU	Europäische Union
EU-APrVO	EU-Abschlussprüferverordnung
EuGH	Europäischer Gerichtshof
EUR	Euro
EURIBOR	*Euro Interbank Offered Rate*
e. V.	eingetragener Verein
EWR	Europäischer Wirtschaftsraum
EY	Ernst & Young
EzU	Erklärung zur Unternehmensführung
f.	folgend
FAB	Fachausschuss Unternehmensberichterstattung des IDW
FamFG	Familienverfahrensgesetz
FAQ	*Frequently Asked Questions*
FAR	Fachausschuss Recht des IDW
FAUB	Fachausschuss für Unternehmensbewertung und Betriebswirtschaft des IDW
ff.	fortfolgend
FG	Finanzgericht
FiMaNoG	Finanzmarktnovellierungsgesetz
FIU	Zentralstelle für Finanztransaktionsuntersuchungen
F&A	Fragen und Antworten
GBP	Pfund Sterling
GenG	Genossenschaftsgesetz
gem.	gemäß

GeschGehG	Gesetz zum Schutz von Geschäftsgeheimnissen
ggf.	gegebenenfalls
GmbH	Gesellschaft mit beschränkter Haftung
GmbHG	Gesetz betreffend die Gesellschaften mit beschränkter Haftung
GmbH & Co. KG	Gesellschaft mit beschränkter Haftung & Compagnie Kommanditgesellschaft
GmbHR	GmbH-Rundschau (Zeitschrift)
GoA	Grundsätze ordnungsmäßiger Abschlussprüfung
GoBD	Grundsätze zur ordnungsmäßigen Führung und Aufbewahrung von Büchern, Aufzeichnungen und Unterlagen in elektronischer Form sowie zum Datenzugriff
GuV	Gewinn- und Verlustrechnung
GwG	Geldwäschegesetz
HFA	Hauptfachausschuss des IDW
HGB	Handelsgesetzbuch
HGrG	Haushaltsgrundsätzegesetz
h. M.	herrschende Meinung
HTML	Hypertext Markup Language
IaaS	*Infrastructure as a Service*
IAASB	*International Auditing and Assurance Standards Board*
IAS	*International Accounting Standard*
IASB	*International Accounting Standards Board*
IBOR	*Interbank Offered Rate*
i. d. F.	in der Fassung
i. d. R.	in der Regel
IDW	Institut der Wirtschaftsprüfer in Deutschland e. V.
IDW EPS	Entwurf IDW Prüfungsstandard
IDW ES	Entwürfe IDW Standard

IDW-FN	Fachnachrichten des Instituts der Wirtschaftsprüfer in Deutschland e. V. (Zeitschrift)
IDW PH	IDW Prüfungshinweis
IDW PS	IDW Prüfungsstandard
IDW RH	IDW Rechnungslegungshinweise
IDW RS	IDW Stellungnahme zur Rechnungslegung
IDW S	IDW Standard
IFRIC	*International Financial Reporting Interpretations Committee*
IFRS	*International Financial Reporting Standard*
IFRS IC	*International Financial Reporting Standards Interpretations Committee*
i. H. v.	in Höhe von
InEK	Institut für das Entgeltsystem im Krankenhaus GmbH
InsO	Insolvenzordnung
IP	*Intellectual Property*
IPO	*Initial Public Offering*
IPSAS	*International Public Sector Accounting Standard*
i. R. d.	im Rahmen der/des
i. R. v.	im Rahmen von
ISA	*International Standards on Auditing*
ISA [DE]	Deutsche Fassung der *International Standards on Auditing*
ISA [E-DE]	Entwurf Deutsche Fassung der *International Standards on Auditing*
ISAE	*International Standard on Assurance Engagements*
i. S. d.	im Sinne der/des
i. S. e.	im Sinne einer/eines
ISO	Standard der Internationalen Organisation für Normung
i. S. v.	im Sinne von
IT	*Information Technology*
IVFA	Investmentfachausschuss des IDW
i. V. m.	in Verbindung mit

IVS	Institut der Versicherungsmathematischen Sachverständigen für Altersversorgung e. V.
iXBRL	*inline eXtensible Business Reporting Language*
KAGB	Kapitalanlagegesetzbuch
Kap.	Kapitel
KapGes	Kapitalgesellschaft
KassenSichV	Kassensicherungsverordnung
KfW	Kreditanstalt für Wiederaufbau
KG	Kommanditgesellschaft
KGaA	Kommanditgesellschaft auf Aktien
KHBV	Krankenhaus-Buchführungsverordnung
KHEntgG	Krankenhausentgeltgesetz
KHFA	Krankenhausfachausschuss
KHG	Krankenhausfinanzierungsgesetz
KStG	Körperschaftsteuergesetz
KUG	Kurzarbeitergeld
KugV	Kurzarbeitergeldverordnung
KWKG	Kraft-Wärme-Kopplungsgesetz
KWG	Kreditwesengesetz
LfSt	Landesamt für Steuern
LG	Landgericht
MAR	Marktmissbrauchsverordnung
MarkenG	Markengesetz
MDK	Medizinischer Dienst der Krankenkassen
Mio.	Million
MiFID	Finanzmarktrichtlinie
MiFIR	Finanzmarktverordnung
MitbestG	Gesetz über die Mitbestimmung der Arbeitnehmer

Montan-MitbestG	Montan-Mitbestimmungsgesetz
Montan-MitbestGErgG	Gesetz zur Ergänzung des Gesetzes über die Mitbestimmung der Arbeitnehmer in den Aufsichtsräten und Vorständen der Unternehmen des Bergbaus und der Eisen und Stahl erzeugenden Industrie
MsbG	Messstellenbetriebsgesetz
Mrd.	Milliarden
m. w. N.	mit weiteren Nachweisen
n. F.	neue Fassung
NIFRIC	negative IFRIC-Agendaentscheidungen
Nr.	Nummer
NWB	Neue Wirtschafts-Briefe (Zeitschrift)
NZG	Neue Zeitschrift für Gesellschaftsrecht (Zeitschrift)
OCI	*Other Comprehensive Income*
OECD	*Organization for Economic Cooperation and Development*
OEM	*Original Equipment Manufacturer*
OLG	Oberlandesgericht
OWiG	Ordnungswidrigkeitengesetz
p. a.	per anno
PaaS	*Platform as a Service*
PatentG	Patentgesetz
PIE	*Public Interest Entity*
PpUGV	Pflegepersonaluntergrenzen-Verordnung
PublG	Publizitätsgesetz
RechKredV	Verordnung über die Rechnungslegung der Kreditinstitute und Finanzdienstleistungsinstitute

RefE	Referentenentwurf
RegE	Regierungsentwurf
RGZ	Entscheidungssammlung des Reichsgerichts in Zivilsachen
Rn.	Randnummer
RPT	*Related Party Transaction*
RStV	Rundfunkstaatsvertrag
RTS	technischer Regulierungsstandard
S.	Seite
SaaS	*Software as a Service*
SE	*Societas Europaea*
SEAG	SE-Ausführungsgesetz
SE-VO	Verordnung über das Statut der Europäischen Gesellschaft (SE)
SGB	Sozialgesetzbuch
sog.	sogenannt
StBerG	Steuerberatungsgesetz
StGB	Strafgesetzbuch
StromNEV	Stromnetzentgeltverordnung
StuB	Steuern und Bilanzen (Zeitschrift)
TOM	technische und organisatorische Maßnahmen
Tz.	Textziffer
u. a.	unter anderem; auch: und andere
u. E.	unseres Erachtens
UG	Unternehmergesellschaft
UK	*United Kingdom*
UmwG	Umwandlungsgesetz
UrhG	Urheberrechtsgesetz
usw.	und so weiter

u. U.	unter Umständen
UWG	Unlauterer Wettbewerb-Gesetz
v. a.	vor allem
VerSanG	Verbandssanktionengesetz
vgl.	vergleiche
VorstAG	Gesetz zur Angemessenheit der Vorstandsvergütung
WPg	Die Wirtschaftsprüfung (Zeitschrift)
WpHG	Wertpapierhandelsgesetz
WPK	Wirtschaftsprüferkammer
WPO	Wirtschaftsprüferordnung
WpÜG	Wertpapiererwerbs- und Übernahmegesetz
WSF	Wirtschaftsstabilisierungsfonds
WStFG	Gesetz zur Errichtung eines Wirtschaftsstabilisierungsfonds
WVO	Werkstättenverordnung
XBRL	*Extensible Business Reporting Language*
XML	*Extensible Markup Language*
XHTML	*Extensible Hypertext Markup Language*
ZAG	Zahlungsdiensteaufsichtsgesetz
z. B.	zum Beispiel
ZIP	Zeitschrift für Wirtschaftsrecht (Zeitschrift)

A Nationale Rechnungslegung

1 Auswirkungen von COVID-19 auf die Rechnungslegung

1.1 Wertbegründendes vs. werterhellendes Ereignis

Die COVID-19-Pandemie hat sich ab Januar 2020 spürbar auf die internationalen Liefer- und Absatzbeziehungen ausgewirkt. Deren globale Dimensionen haben sich im Februar 2020 nach dem sprunghaften Anstieg der Infektionen und dem Übergreifen der Epidemie auf Europa in Form der deutlichen Kursstürze an den internationalen Aktien- und Rohstoffmärkten sowie des ab März in weiten Teilen Europas erfolgten Lockdowns offenbart.

Für die Bilanzierung im Jahres- und Konzernabschluss gilt das **Stichtagsprinzip** (§ 252 Abs. 1 Nr. 4 HGB). Wertaufhellende Ereignisse (= Ereignisse, die am Bilanzstichtag existieren, aber erst nach dem Bilanzstichtag bekannt werden) sind bis zum Tag der Aufstellung des Abschlusses (ggf. bis zum Abschluss der Prüfung und – ausnahmsweise – bis zur Feststellung/Billigung des Abschlusses) zu berücksichtigen. Seit der Fernsehansprache der Bundeskanzlerin am 18.3.2020 ist u.E. von einem wertaufhellenden Ereignis auszugehen, da sich die Pandemie spätestens ab diesem Zeitpunkt auf die allgemeine wirtschaftliche Lage spürbar ausgewirkt hat.

Mit dem IDW ist es u.E. eine **vertretbare Ausgangshypothese**, die Auswirkungen der COVID-19-Pandemie in Jahres- und Konzernabschlüssen, die nach dem 31.12.2019 enden, als werterhellend anzusehen (vgl. IDW, Fachlicher Hinweis, S. 2).

1.2 Auswirkungen auf den (Konzern-)Anhang

Für Abschlüsse, die vor dem 1.1.2020 endeten, stellt die Pandemie ein wertbegründendes Ereignis dar, das weder in der Bilanz noch in der GuV berücksichtigt werden durfte; vielmehr war über die Auswirkungen der Pandemie i.R.d. **Nachtragsberichterstattung** gem. §§ 285 Nr. 33 bzw. 314 Abs. 1 Nr. 25 HGB im (Konzern-)Anhang zu berichten. Dabei sind die Art und die finanziellen Auswirkungen des Nachstichtagsereignisses zu beschreiben, wobei eine Beschreibung der Konsequenzen auch ohne quantitative Angaben als ausreichend angesehen wird (vgl. IDW, Fachlicher Hinweis (Teil 3), S. 3). Für kleine Gesellschaften besteht gem. § 288 Abs. 1 Nr. 1 HGB keine Verpflichtung zur Angabe von Nachstichtagsereignissen. Entsprechendes gilt für Gesellschaften, die nach §§ 264 Abs. 3 und 4, 264b HGB oder § 5 Abs. 6 PublG keinen Anhang aufstellen.

Für nach dem 31.12.2019 endende Geschäftsjahre stellt die COVID-19-Pandemie selbst i. d. R. (siehe Abschn. 1.1) kein Nachstichtagsereignis mehr dar mit der Folge, dass ihre Auswirkungen bereits i. R. d. Bilanzierung und Bewertung und somit in Bilanz und GuV berücksichtigt werden müssen.

Mittelbar im Zusammenhang mit der Pandemie stehende Ereignisse können gleichwohl zu berichtspflichtigen Nachstichtagsereignissen führen. Dies gilt bspw. für **nach dem Abschlussstichtag** beschlossene Restrukturierungsmaßnahmen, erhaltene staatliche Unterstützungsleistungen aus dem Wirtschaftsstabilisierungsfonds oder bewilligte KfW-Darlehen.

Im Zusammenhang mit der Pandemie bzw. ihren Folgewirkungen können sich hinsichtlich ihrer Größenordnung oder Bedeutung **außergewöhnliche Aufwendungen oder Erträge** ergeben. Gem. §§ 285 Nr. 31 bzw. 314 Abs. 1 Nr. 23 HGB sind die einzelnen Aufwendungen und Erträge individualisiert unter Angabe ihrer Art und ihres Betrags zu den jeweiligen Posten der GuV anzugeben. Als außergewöhnliche Posten im Zusammenhang mit der Pandemie kommen u. a. in Betracht:

Erträge:

- Außergewöhnliche Umsatzerlöse aus der Produktion von Produkten, die für das Unternehmen unüblich sind (z. B. Desinfektionsmittel, Schutzmasken)
- erhaltene Ertragszuschüsse von Gesellschaftern
- erhaltene, nicht rückzahlbare Zuwendungen öffentlicher Institutionen
- Erträge aus erlassenen Schulden

Aufwendungen:

- Konventionalstrafen
- Aufwendungen für Restrukturierungsmaßnahmen
- Aufwendungen aus (temporären) Betriebsstilllegungen, Kosten einer wesentlichen Unterbeschäftigung
- Aufwendungen für Aufstockungsbeträge zum Kurzarbeitergeld (KUG)
- ungewöhnlich hohe Abwertungen (von Gegenständen des Anlagevermögens oder des Vorratsvermögens)
- Aufwendungen für Schuldenerlasse bzw. aus Patronatserklärungen

1.3 Auswirkungen auf den (Konzern-)Lagebericht

Sofern dies für das Verständnis der Analyse des Geschäftsverlaufs erforderlich ist, sind im **Wirtschaftsbericht** die gesamtwirtschaftlichen und branchenbezogenen Rahmenbedingungen darzustellen und zu erläutern, damit der Adressat des (Konzern-)Lageberichts einen Überblick über die Entwicklung und wirtschaftliche Lage des Unternehmens/Konzerns erhält (DRS 20.53). I.R.d. Berichterstattung über die Lage des Unternehmens sowie die Vermögens-, Finanz- und Ertragslage ist darauf einzugehen, welche Entwicklungen und Ereignisse für den Geschäftsverlauf ursächlich waren (DRS 20.62–64). Für die meisten Unternehmen wird die COVID-19-Pandemie ein solches Ereignis darstellen (für Geschäftsjahre, die nach dem 31.12.2019 enden). Dabei sind die wesentlichen Effekte zu **quantifizieren** (DRS 20.66).

Weitere Auswirkungen können sich auf die Darstellung der Vermögens- und Finanzlage ergeben, insbesondere in Bezug auf die folgenden Aspekte:

- Liquidität bzw. Liquiditätsengpässe (DRS 20.95)
- Einhaltung von *Financial Covenants* (DRS 20.96)
- durchgeführte und geplante Finanzierungsmaßnahmen (DRS 20.83)
- Änderungen von Kreditkonditionen (DRS 20.85)

Auch auf den **Chancen- und Risikobericht** kann sich die Pandemie auswirken. Die Berichterstattung über Chancen und Risiken bezieht sich im Grundsatz auf deren Einschätzung zum Bilanzstichtag. Treten nach dem Stichtag neue Chancen oder Risiken auf oder ändern sich diese in ihrer Bedeutung, so ist die geänderte Einschätzung im Lagebericht **zusätzlich** darzustellen, falls ansonsten kein zutreffendes Bild der Chancen- und Risikolage vermittelt werden kann (DRS 20.155).

Im **Prognosebericht** ist die voraussichtliche Entwicklung des Unternehmens/Konzerns aus Sicht seiner gesetzlichen Vertreter zu beurteilen und zu erläutern (§§ 289 Abs. 1 Satz 4, 315 Abs. 1 Satz 4 HGB). Unter Nennung der wesentlichen Annahmen, auf denen die Prognose beruht (DRS 20.120), müssen für die bedeutsamsten finanziellen und nicht-finanziellen Leistungsindikatoren Prognosen für einen Zeitraum von mindestens einem Jahr nach dem Abschlussstichtag abgegeben werden (DRS 20.126f.).

Es ist inzwischen davon auszugehen, dass die Auswirkungen der COVID-19-Pandemie in der Planung des Unternehmens bereits berücksichtigt wurden. Grundsätzlich fordert DRS 20.128ff., dass Prognosen die Richtung und Intensität der prognostizierten Leistungsindikatoren erkennen lassen müssen (durch Punkt-, Intervall- oder qualifiziert-komparative Prognosen). Nach DRS 20.133 kann in **besonderen Situationen** die Fähigkeit, die zukünftige Entwicklung der wesentlichen Leistungsindikatoren zu prognostizieren, aufgrund einer außergewöhnlich hohen Unsicherheit über die gesamtwirtschaftlichen Rahmenbedingungen wesentlich beeinträchtigt sein. Nach Auffassung des IDW können solche Situationen bei Unternehmen/Konzernen vorliegen, deren Tätigkeiten wesentlich von der Ausbreitung der COVID-19-Pandemie betroffen sind oder sein werden. In diesem Fall reicht es aus, wenn im Prognosebericht **komparative Prognosen** oder **verschiedene Zukunftsszenarien** (unter Angabe der jeweiligen Annahmen) zu den wesentlichen Leistungsindikatoren angegeben werden. Ein vollständiger Verzicht auf die Erstellung eines Prognoseberichts ist jedoch stets unzulässig.

1.4 Bilanzielle Rückbeziehung von Sanierungsmaßnahmen

In der handelsrechtlichen Literatur (vgl. Adler/Düring/Schmaltz, Rechnungslegung und Prüfung der Unternehmen, 6. Aufl. 1995, § 252 HGB Rz. 47) wird es als zulässig erachtet, für nach dem Stichtag durchgeführte Sanierungsmaßnahmen (= wertbegründende Ereignisse) eine **Ausnahme vom Stichtagsprinzip** gem. § 252 Abs. 2 HGB zu begründen.

Mögliche **Sanierungsmaßnahmen**, für die eine Rückbeziehung in Betracht kommt, sind (vgl. Adler/Düring/Schmaltz, Rechnungslegung und Prüfung der Unternehmen, 6. Aufl. 1995, § 252 HGB Rz. 47):

- Schuldenerlass,
- Vereinbarung eines Rangrücktritts oder einer Patronatserklärung,
- Einräumung von Zuschussansprüchen und
- Werthaltigkeitsgarantien.

Die Zulässigkeit der Rückbeziehung, die auf dem § 234 AktG bzw. § 58c GmbHG zugrunde liegenden Rechtsgedanken (Verhinderung einer vermeidbaren Schädigung der Kreditwürdigkeit und Erleichterung von Sanierungsbemühungen) fußt, setzt voraus, dass die folgenden **Kriterien kumulativ** erfüllt sind (vgl. IDW, Fachlicher Hinweis (Teil 2), S. 7):

- Es entsteht kein ausschüttungsfähiger (Bilanz-)Gewinn, d.h. die Rückbeziehung einer Sanierungsmaßnahme ist auf den **Ausgleich von Verlusten** beschränkt.

- Die Maßnahme muss bis zum Zeitpunkt der Aufstellung des Abschlusses **rechtswirksam** geworden sein.
- Die bilanzielle Erfassung der Maßnahme – und damit die Abweichung von § 252 Abs. 1 Nr. 3 HGB – wird im **Anhang oder unter der Bilanz** erläutert (§ 252 Abs. 2 HGB).

1.5 Ansatz- und Bewertungsstetigkeit

Nach §§ 246 Abs. 3, 252 Abs. 1 Nr. 6 HGB sind die auf den Jahresabschluss angewandten Ansatz- und Bewertungsmethoden grundsätzlich beizubehalten. In begründeten Ausnahmefällen darf vom **Grundsatz der Stetigkeit** abgewichen werden (§ 252 Abs. 2 HGB), u.a. wenn durch die Änderung ein besserer Einblick in die Vermögens-, Finanz- und Ertragslage vermittelt wird (vgl. IDW RS HFA 38.15). Grundsätzlich können die Auswirkungen der COVID-19-Pandemie eine Änderung der Bilanzierungs- und Bewertungsmethoden rechtfertigen, wenn durch die bisherige Bilanzpolitik stille Reserven gelegt wurden und dies durch die geänderte Bilanzierungsweise zukünftig vermieden wird.

Durch das Zweite Corona-Steuergesetz wurde steuerlich die degressive AfA für einen begrenzten Zeitraum wieder eingeführt (vgl. hierzu Kap. B.1.1.1). Fraglich ist, ob ein (temporärer) Wechsel von der linearen zur **degressiven Abschreibung** (und – nach Auslaufen der steuerlichen Regelung – wieder zurück) auch in der Handelsbilanz zulässig ist.

Grundsätzlich besteht nach § 253 Abs. 3 HGB keine gesetzliche Vorgabe hinsichtlich der anzuwendenden Abschreibungsmethode, sodass dem Bilanzierenden – unter Berücksichtigung des tatsächlichen Verlaufs des Wertverzehrs – ein Bewertungswahlrecht zusteht. Gem. IDW RS HFA 38.15 kommt eine Durchbrechung des Stetigkeitsgrundsatzes in Betracht, wenn dadurch der Einblick in die Vermögens-, Finanz- und Ertragslage verbessert wird oder falls die Abweichung erforderlich ist, um steuerliche Ziele zu verfolgen. Letzteres scheidet indes seit der Aufgabe der formellen Maßgeblichkeit als Rechtfertigung aus, da steuerliche Bewertungswahlrechte seit BilMoG losgelöst von der Handelsbilanz ausgeübt werden dürfen. Ein verbesserter Einblick in die Vermögens-, Finanz- und Ertragslage dürfte v. a. dann vorliegen, wenn die bisherige Bewertungsmethode zur Legung stiller Reserven geführt hatte. Ein Übergang zur degressiven Abschreibung würde typischerweise neue stille Reserven nach sich ziehen, wodurch der Einblick in die Vermögens-, Finanz- und Ertragslage eher verschleiert würde. Anderes könnte dann gelten, wenn der tatsächliche Wertverbrauch der Vermögensgegenstände mit der degressivon Abschreibung sachgerechter als mit der linearen Methode abgebildet werden kann. In diesem Fall erscheint allerdings eine spätere Rückkehr zur linearen Abschreibung – nach Auslaufen der steuerlichen Regelung – ausgeschlossen.

In der Handelsbilanz lässt sich ein nur temporärer Übergang zur degressiven Abschreibung – anders als im Steuerrecht – nicht rechtfertigen. Sofern in der Steuerbilanz abweichend von der Handelsbilanz degressiv abgeschrieben wird, ergeben sich temporäre Differenzen, welche zur Bilanzierung latenter Steuern führen können.

1.6 Kurzarbeitergeld (KUG)

Nach § 95 SGB III haben Arbeitnehmer Anspruch auf Kurzarbeitergeld (KUG), wenn (1) ein erheblicher Arbeitsausfall mit Entgeltausfall vorliegt, (2) die betrieblichen und persönlichen Voraussetzungen erfüllt sind **und** (3) der Arbeitsausfall der Agentur für Arbeit angezeigt worden ist.

Durch die am 25.3.2020 verabschiedete Verordnung über **Erleichterungen der Kurzarbeit** (Kurzarbeitergeldverordnung, KugV) wurden die in § 96 SGB III festgelegten Voraussetzungen, unter denen ein Arbeitsausfall als erheblich angesehen wird, temporär bis zum 31.12.2020 erleichtert. Demnach kann KUG bereits dann in Anspruch genommen werden, wenn mindestens 10 % der in dem Betrieb beschäftigten Arbeitnehmer von einem Entgeltausfall von jeweils mehr als 10 % ihres monatlichen Bruttoentgelts betroffen sind. Sofern die betrieblichen und persönlichen Voraussetzungen (§§ 97 ff. SGB III) erfüllt sind und der Arbeitsausfall der Agentur für Arbeit angezeigt wurde (§ 99 SGB III), erhalten Arbeitnehmer, die beim Arbeitslosengeld die Voraussetzungen für den erhöhten Leistungssatz erfüllen würden, je nach Bezugsmonat 67–87 %, alle übrigen Arbeitnehmer 60–80 % der Nettoentgeltdifferenz im Anspruchszeitraum als KUG.

Anspruchsberechtigter für das KUG ist gem. § 95 SGB III der jeweils betroffene Arbeitnehmer. Die Agentur für Arbeit hat die vom Arbeitgeber erfolgte Anzeige der Kurzarbeit zu prüfen. Bei Erfüllung der Voraussetzungen wird ein **Anerkennungsbescheid** erlassen.

Für die Leistungsgewährung bedient sich die Agentur für Arbeit des Arbeitgebers, der insofern als **Treuhänder** agiert (vgl. IDW, Fachlicher Hinweis (Teil 3), S. 5). Der Arbeitgeber hat zum Monatsende das KUG zu berechnen und an die Arbeitnehmer auszuzahlen. Anschließend kann der Arbeitgeber innerhalb von 3 Monaten einen **Erstattungsanspruch** an die Agentur für Arbeit richten. Die Erstattung erfolgt auf Basis eines entsprechenden **Leistungsbescheids** der Agentur für Arbeit (vgl. FAR des IDW, Fachlicher Hinweis v. 3.4.2020, S. 3).

Für den Arbeitgeber, der hinsichtlich des KUG lediglich als Auszahlungsstelle dient, stellen die Zahlungen an die Arbeitnehmer bzw. die Erstattungen der Agentur für Arbeit **durchlaufende Posten** dar. In der GuV dürfen die an die Arbeitnehmer ausgezahlten KUG-Beträge daher weder als Aufwand noch die Erstattungen der Agentur für Arbeit als Ertrag ausgewiesen werden (vgl. IDW, Fachlicher Hinweis (Teil 3), S. 5).

In Höhe der am Monatsende an die Arbeitnehmer gezahlten KUG-Beträge ist ein Erstattungsanspruch gegen die Agentur für Arbeit als **sonstiger Vermögensgegenstand** zu erfassen, sofern (1) die Voraussetzungen für die Erstattung erfüllt sind **und** (2) der Leistungsantrag bis zum Zeitpunkt der Abschlusserstellung gestellt wurde oder mit an Sicherheit grenzender Wahrscheinlichkeit innerhalb der 3-Monatsfrist gestellt werden wird (vgl. IDW, Fachlicher Hinweis (Teil 3), S. 5).

1.7 Bilanzierung von Aufstockungsbeträgen zum Kurzarbeitergeld (KUG)

Zum Ausgleich des Verdienstausfalls leisten einzelne Arbeitgeber – teils freiwillig, teils aufgrund entsprechender Regelungen nach Tarifvertrag oder Betriebsvereinbarung – ihren Arbeitnehmern Aufstockungsbeträge zum KUG. Diese zielen auf die Fortführung des Beschäftigungsverhältnisses, damit die Unternehmen ihre vorhandene Kapazität aufrechterhalten und nach Beendigung der Krise ihre Produktions- und Leistungsfähigkeit schnell wieder hochfahren können. Sie sind Teil der Entgeltpflichten i.R.d. arbeitsrechtlichen Synallagmas und sind daher als laufender **Personalaufwand** auszuweisen.

Bei der gebotenen absatzmarktorientierten Bewertung eines schwebenden (Dauer-)Beschaffungsgeschäfts über nicht bilanzierungsfähige Leistungen und bei Berücksichtigung sämtlicher Leistungen und Gegenleistungen in der erwarteten (Rest-)Laufzeit der Arbeitsverträge fehlt es an einem Verpflichtungsüberschuss, sodass grundsätzlich eine **Drohverlustrückstellung** nach § 249 Abs. 1 Satz 1 Alt. 2 HGB ausscheidet (vgl. IDW, Fachlicher Hinweis (Teil 3), S. 7).

Anderes gilt, wenn das KUG und die zu zahlenden Aufstockungsbeträge lediglich der Überbrückung bis zu einer bereits beschlossenen, später wirksamen Beendigung des Arbeitsverhältnisses dienen. In diesem Fall haben die Aufstockungsbeträge den Charakter einer Abfindung und sind folglich als Rückstellung zu passivieren (entsprechend IDW RS HFA 3.19).

1.8 Bewertungseinheiten

Gem. § 254 HGB dürfen für mit hoher Wahrscheinlichkeit erwartete Transaktionen sog. **antizipative Bewertungseinheiten** gebildet werden (z. B. Absicherung erwarteter Absatz- oder Beschaffungsgeschäfte gegen Währungskursänderungsrisiken mittels Devisentermingeschäften). Aufgrund der COVID-19-Pandemie können sich hinsichtlich des Volumens der bislang als „hoch wahrscheinlich" geltenden Transaktionen geänderte Erwartungen ergeben. Bspw. könnten bisher erwartete Absatz- oder Beschaffungsgeschäfte als nicht mehr hoch wahrscheinlich zu beurteilen sein.

Aufgrund der geänderten Erwartungen kann es zur teilweisen oder vollständigen **Beendigung der Sicherungsbeziehung** kommen. Generell ist die Auflösung der Bewertungseinheit auch dann stets geboten, wenn das Sicherungsinstrument **akut ausfallgefährdet** ist (vgl. IDW, Fachlicher Hinweis (Teil 2), S. 7).

Bei einer vorzeitigen Beendigung einer Sicherungsbeziehung ist das Sicherungsinstrument wieder nach allgemeinen Grundsätzen zu bilanzieren und zu bewerten. Eine hieraus entstehende Anpassung des Buchwerts des Sicherungsinstruments ist gem. IDW RS HFA 35.88 **erfolgswirksam** zu erfassen, soweit nicht aus dem Wegfall des Grundgeschäfts ein gegenläufiger Aufwand oder Ertrag resultiert.

Literatur

- IDW, Fachlicher Hinweis, Auswirkungen der Ausbreitung des Coronavirus auf die Rechnungslegung zum Stichtag 31.12.2019 und deren Prüfung (abrufbar unter: https://www.idw.de/idw/im-fokus/coronavirus, Abrufdatum: 1.9.2020).
- IDW, Fachlicher Hinweis, Zweifelsfragen zu den Auswirkungen der Ausbreitung des Coronavirus auf die Rechnungslegung und deren Prüfung (Teil 2) (abrufbar unter: https://www.idw.de/idw/im-fokus/coronavirus, Abrufdatum: 1.9.2020).
- IDW, Fachlicher Hinweis, Zweifelsfragen zu den Auswirkungen der Ausbreitung des Coronavirus auf die Rechnungslegung und deren Prüfung (Teil 3, 1. Update, Juli 2020) (abrufbar unter: https://www.idw.de/idw/im-fokus/coronavirus, Abrufdatum: 1.9.2020).

2 ARUG II: Darstellung der Neuregelungen zum aktienrechtlichen Vergütungsbericht

2.1 Grundlage und Hintergrund für die Neuregelungen zum Vergütungsbericht

Am 1.1.2020 ist das Gesetz zur Umsetzung der 2. Aktionärsrechterichtlinie v. 12.12.2019 (ARUG II) in Kraft getreten (BGBl. I 2019, S. 2637). Mit dem ARUG II setzt der Gesetzgeber die Vorgaben der 2. Aktionärsrechterichtlinie (sog. 2. ARRL, EU-Richtlinie 2017/828 des EU-Parlaments und des Rates v. 17.5.2017 zur Änderung der Richtlinie 2007/36/EG im Hinblick auf die Förderung der langfristigen Mitwirkung der Aktionäre (ABl. EU Nr. L 132/1 v. 20.5.2017)) in deutsches Recht um. Gleichzeitig nutzt er die Gelegenheit zu Klarstellungen und redaktionellen Bereinigungen bereits bestehender gesetzlicher Regelungen.

Die 4 **Kernbereiche des ARUG II** sind:

1. Ausweitung der Mitspracherechte der Aktionäre bei der Vergütung von Vorstand und Aufsichtsrat (*say-on-pay*),
2. Stärkung der Kontrolle von Geschäften mit nahestehenden Personen und Unternehmen (*Related Party Transactions*),
3. Erleichterung der Identifizierung und Information von Aktionären (*know-your-shareholder*) und
4. Verbesserung der Transparenz in Bezug auf institutionelle Anleger, Vermögensverwalter und Stimmrechtsberater.

Im Zusammenhang mit der Ausweitung der Mitspracherechte der Aktionäre bei der Vergütung von Vorstand und Aufsichtsrat führt der Gesetzgeber mit dem neuen § 162 AktG n. F. einen aktienrechtlichen Vergütungsbericht ein. Die Darstellung der Einzelheiten bezüglich der Erstellung, Prüfung und Offenlegung dieses Vergütungsberichts ist zentraler Gegenstand dieses Abschnitts. Darüber hinaus wird eine durch das ARUG II bewirkte Neuerung hinsichtlich der Offenlegungsvoraussetzungen befreiender Konzernabschlüsse nach §§ 291, 292 HGB n. F. erläutert.

2.2 Neuregelungen zur Erstellung, Prüfung und Veröffentlichung des aktienrechtlichen Vergütungsberichts

2.2.1 Neuregelungen zur Erstellung des aktienrechtlichen Vergütungsberichts

Inhalt des aktienrechtlichen Vergütungsberichts

Nach derzeitiger Rechtslage sind in der handelsrechtlichen Rechnungslegung von Kapital- und haftungsbeschränkten Personengesellschaften die **Gesamtbezüge** der Mitglieder des Geschäftsführungs- und Aufsichtsorgans im (Konzern-)Anhang einer Gesellschaft anzugeben (§§ 285 Nr. 9a Sätze 1–4, 314 Abs. 1 Nr. 6a Sätze 1–4 HGB). Börsennotierte AG (KGaA, strittig) müssen zusätzlich die **Bezüge** jedes einzelnen Vorstandsmitglieds unter Namensnennung **individualisiert** im (Konzern-)Anhang angeben (§§ 285 Nr. 9a Sätze 5–8, 314 Abs. 1 Nr. 6a Sätze 5–8 HGB). Diese Angaben können unterbleiben, wenn die Hauptversammlung dies mit einer Dreiviertelmehrheit des bei der Beschlussfassung vertretenen Grundkapitals beschlossen hat (sog. *Opting-Out*-Klausel, §§ 286 Abs. 5 Satz 1, 314 Abs. 3 Satz 1 HGB). Schließlich hat eine börsennotierte Gesellschaft im (Konzern-)Lagebericht über die **Grundzüge des Vergütungssystems** der Gesellschaft für die im (Konzern-)Anhang genannten Gesamtbezüge von Vorstand und Aufsichtsrat zu berichten (sog. Vergütungsbericht, §§ 289a Abs. 2 Satz 1, 315a Abs. 2 Satz 1 HGB).

Die handelsrechtlichen **Angabepflichten zur individualisierten Vorstandsvergütung** und zu den **Grundzügen des Vergütungssystems** von börsennotierten AG werden mit dem ARUG II **aufgehoben**. Stattdessen führt das ARUG II einen von der **handelsrechtlichen Rechnungslegung losgelösten, separaten** und gemeinsam von Vorstand und Aufsichtsrat einer börsennotierten Gesellschaft **jährlich** aufzustellenden Bericht über die im letzten Geschäftsjahr gewährten und geschuldeten Vergütungen in das AktG ein (§ 162 Abs. 1 Satz 1 AktG n. F., sog. **aktienrechtlicher Vergütungsbericht**).

Hinweis

§ 162 Abs. 1 Satz 1 AktG n. F. verpflichtet Vorstand und Aufsichtsrat einer **börsennotierten Gesellschaft** zur Erstellung eines aktienrechtlichen Vergütungsberichts. Erfasst sind die AG und die SE, die als AG gilt und dem AktG unterliegt (Art. 3 Abs. 1 VO Statut SE; §§ 1, 3 SEAG). U. E. fällt auch die (KapGes. & Co.) KGaA in den persönlichen Anwendungsbereich des § 162 AktG n. F. (siehe ausführlich Orth u. a., DB 2019, S. 2815 sowie Backhaus, AG

2020, S. 462). Börsennotiert i.S.d. § 162 AktG n.F. sind die zuvor genannten Gesellschaften, sobald ihre Aktien am Abschlussstichtag **und** zum Zeitpunkt der Erstellung des Vergütungsberichts an einem regulierten Markt, nicht hingegen am Freiverkehr, zugelassen sind (so Orth u.a., DB 2019, S. 2815).

Der Vergütungsbericht hat unter **Namensnennung** der – gegenwärtigen und (!) früheren – Vorstands- und(!) Aufsichtsratsmitglieder **quantitative** sowie **qualitative Angaben** zur **Vergütung** und zu **Leistungen** zu enthalten, um das Vergütungssystem in Bezug auf die Vergütungsbestandteile des Vorstands und des Aufsichtsrats möglichst umfassend zu beschreiben. Eine Angabepflicht besteht jedoch nur, soweit berichtspflichtige Tatbestände vorliegen (§ 162 Abs. 1 Satz 2 AktG n.F.). Negativmeldungen sind nicht erforderlich. Der Vergütungsbericht ist ein einheitlicher Bericht, in dem die Angaben für die Mitglieder beider Organe der börsennotierten Gesellschaft gemacht werden müssen. Eine für jedes Organ gesonderte Berichterstattung ist dem Gesetzwortlaut zufolge unzulässig.

Hinweis

Bei einer börsennotierten KapGes. & Co. KGaA – wie z.B. der AG & Co. KGaA oder der SE & Co. KGaA – ist fraglich, wessen Name zu nennen ist, da Geschäftsführungsorgan keine natürliche, sondern eine juristische Person ist. Konkret ist fraglich, ob zur Erfüllung der gesetzlichen Vorgabe „unter Namensnennung" die Angabe der Firma der Komplementär-AG bzw. -SE genügt und ob auch nur das insgesamt an die Komplementär-AG bzw. -SE gewährte Geschäftsführungsentgelt im Vergütungsbericht anzugeben ist oder ob die bei der Komplementär-AG bzw. -SE angestellten Vorstände namentlich zu nennen und deren Vorstandsbezüge individualisiert anzugeben sind. U.E. sind die individualisierten Bezüge der (gegenwärtigen und früheren) Vorstandsmitglieder der Komplementärin anzugeben. Dagegen genügt es nicht, nur die Firma der Komplementärin zu nennen und die der Komplementärin gewährten Geschäftsführungsbezüge anzugeben (siehe ausführlich Orth u.a., DB 2019, S. 2816f.).

Welche quantitativen und qualitativen Mindestangaben zur Vergütung von (gegenwärtigem oder früherem) Vorstand und Aufsichtsrat im Vergütungsbericht im Einzelnen erforderlich sind, kann der Aufzählung in § 162 Abs. 1 Satz 2 Nr. 1–7

AktG n.F. entnommen werden. Darüber hinaus enthält § 162 Abs. 2 Nr. 1–4 AktG n.F. weitergehende Angaben zu Leistungen hinsichtlich der Vergütung jedes einzelnen Mitglieds des Vorstands (nicht auch des Aufsichtsrats).

Von den neuen Berichtspflichten im Vergütungsbericht unberührt bleibt, dass börsennotierte Gesellschaften **weiterhin** die **Gesamtbezüge** des Vorstands und des Aufsichtsrats im **(Konzern-)Anhang** angeben müssen. Hierbei ist zu beachten, dass diese Angaben wie bislang direkt im (Konzern-)Anhang zu erfolgen haben und nicht etwa mit einem Verweis aus dem (Konzern-)Anhang auf den aktienrechtlichen Vergütungsbericht gemacht werden können. Dies gilt umso mehr, als der aktienrechtliche Vergütungsbericht – anders als der (Konzern-)Anhang – nur formell geprüft wird. Eine (zusätzliche) freiwillige Angabe der Gesamtbezüge im aktienrechtlichen Vergütungsbericht ist dagegen zulässig.

Die bislang in §§ 286 Abs. 5, 314 Abs. 3 Satz 1 HGB gewährte ***Opting-out*-Klausel**, also die Möglichkeit, sich von den Angabepflichten der individualisierten Vorstandsbezüge für höchstens 5 Jahre durch einen entsprechenden Beschluss der Hauptversammlung befreien zu lassen, wird durch das ARUG II **ersatzlos gestrichen**.

Hinweis

Sofern eine Gesellschaft bislang auf die Angabe der individualisierten Vorstandsbezüge aufgrund eines Beschlusses der Hauptversammlung verzichtet hat, wird dies mit Inkrafttreten des ARUG II **nicht mehr möglich** sein (zur Übergangsregelung siehe Abschn. 2.2.4). Dies gilt auch, sofern der Beschluss in der Vergangenheit für einen Zeitraum von höchstens 5 Jahren gefasst wurde und dieser Zeitraum zum Zeitpunkt des Inkrafttretens des ARUG II noch nicht beendet ist, da der Beschluss mit dem Zeitpunkt des Inkrafttretens des Gesetzes am 1.1.2020 unwirksam wird.

Hinweis

Die einzelnen in § 162 Abs. 1 und 2 AktG n.F. geforderten Angaben sind umfangreicher und detaillierter als die bisherigen Angaben zur individualisierten Vorstandsvergütung im (Konzern-)Anhang und zu den Grundzügen des Vergütungssystems im (Konzern-)Lagebericht. Daher sollten sich börsennotierte Gesellschaften frühzeitig mit den sich abzeichnenden Neuerungen zur aktienrechtlichen Vergütungsberichterstattung beschäftigen und diese im Idealfall bereits auf der Basis von Zahlen und Informationen der Vergangenheit anhand eines Probe-Vergütungsberichts simulieren. Damit werden bestehende Zweifelsfragen bei dem speziellen Vergütungsbericht einer Gesellschaft frühzeitig geklärt und die meist arbeitsintensive Phase der Aufstellung und Prüfung des Jahres- und Konzernabschlusses entlastet.

Ausnahmen von der aktienrechtlichen Vergütungsberichterstattung

Der Vergütungsbericht darf **keine Daten** enthalten, die sich auf die **Familiensituation** einzelner Vorstands- oder Aufsichtsratsmitglieder beziehen (§ 162 Abs. 5 Satz 1 AktG n.F.). Die Vorschrift zielt auf die Datenschutzerfordernisse der 2. ARRL. Es muss ein Ausgleich zwischen der Offenlegung der Vergütung auch einzelner Mitglieder der Unternehmensleitung i.S.e. verstärkten Transparenz und dem Interesse dieser Mitglieder der Unternehmensleitung am Schutz besonderer personenbezogener Daten geschaffen werden. Durch die Ausnahmeregelung in **§ 162 Abs. 5 Satz 1 AktG n.F.** soll insbesondere sichergestellt werden, dass bei Unternehmen, die den Mitgliedern der Unternehmensleitung etwa Familien- oder Kinderzuschläge zahlen, diese zwar im Vergütungsbericht in die Gesamtvergütung einbeziehen, zum Schutz dieser sensiblen Daten jedoch nicht den Grund für diese Vergütung benennen müssen

Außerdem brauchen in den Vergütungsbericht keine Angaben aufgenommen zu werden, die nach vernünftiger kaufmännischer Beurteilung geeignet sind, der Gesellschaft einen **nicht unerheblichen Nachteil** zuzufügen (§ 162 Abs. 6 Satz 1 AktG n.F.). Sofern die Gründe für die Nichtaufnahme der Angaben nach der Veröffentlichung des Vergütungsberichts entfallen, sind die Angaben in den darauf folgenden Vergütungsbericht aufzunehmen (§ 162 Abs. 6 Satz 2 AktG n.F.).

Hinweis

Im Gesetzestext wird nicht weiter konkretisiert, wann Angaben im Vergütungsbericht zu nicht unerheblichen Nachteilen bei der Gesellschaft führen. Diese Ausnahmeregelung entspricht vom Wortlaut und von ihrem Zweck der Ausnahmeregelung des § 289e Abs. 1 Nr. 1 HGB zur Möglichkeit, nachteilige Angaben in der nichtfinanziellen Erklärung weglassen zu können. Daher können die in der Kommentierung zur Auslegung dieser Norm entwickelten Grundsätze analog angewendet werden. Demnach ist eine **enge Auslegung dieser Vorschrift** erforderlich, um ihrem Charakter als Ausnahme- und Schutzvorschrift Rechnung zu tragen und Missbrauch zu vermeiden.

2.2.2 Neuregelungen zur Prüfung des aktienrechtlichen Vergütungsberichts

Da der aktienrechtliche Vergütungsbericht ein von der **handelsrechtlichen Rechnungslegung losgelöster, separater** Bericht ist, sind die darin enthaltenen Angaben zu Vergütungen und Leistungen künftig nicht mehr Gegenstand der handelsrechtlichen Abschlussprüfung (§ 316 Abs. 1 Satz 1, Abs. 2 Satz 1 HGB).

Stattdessen ist der Vergütungsbericht nach § 162 Abs. 3 Satz 1 AktG n.F. durch den Abschlussprüfer zu prüfen. Hierbei sieht der Gesetzgeber vor, dass der Abschlussprüfer künftig nur (formell) zu prüfen hat, **ob** der Vergütungsbericht überhaupt erstellt wurde und ob die Angaben nach § 162 Abs. 1 und 2 AktG n.F. **darin vollständig enthalten sind** (§ 162 Abs. 3 Satz 2 AktG n.F.). Eine (materielle) Prüfung der inhaltlichen Richtigkeit der Angaben ist nicht mehr verpflichtend, wenn auch freiwillig zulässig. Über die derart vorgenommene Prüfung hat der Abschlussprüfer einen eigenen Vermerk zu erstellen, der dem Vergütungsbericht beizufügen ist (§ 162 Abs. 3 Sätze 3 und 4 AktG n.F.). Über den in § 162 Abs. 3 Satz 5 AktG n.F. enthaltenen Verweis gilt die in § 323 HGB geregelte Haftungsbeschränkung auch für die gesetzliche Prüfung des aktienrechtlichen Vergütungsberichts.

2.2.3 Neuregelungen zur Offenlegung des aktienrechtlichen Vergütungsberichts

Der Vergütungsbericht ist zusammen mit dem Vermerk des Abschlussprüfers von der Gesellschaft 10 Jahre lang auf ihrer **Internetseite** kostenfrei öffentlich **zugänglich** zu machen (§ 162 Abs. 4 AktG n.F.). Bislang waren die Angaben zur Vergütung als unselbstständige Bestandteile der handelsrechtlichen (Konzern-)Rechnungslegung nach § 325 HGB im Bundesanzeiger offenzulegen.

2.2.4 Sonstige Änderungen im Zusammenhang mit dem aktienrechtlichen Vergütungsbericht

Ergänzung der Regelungen zu Ordnungswidrigkeiten nach dem AktG

Die in § 405 Abs. 1 AktG geregelten aktienrechtlichen Ordnungswidrigkeitstatbestände werden mit dem ARUG II auch hinsichtlich des Vergütungsberichts ergänzt. Demnach handelt ordnungswidrig, wer als Mitglied des Vorstands oder des Aufsichtsrats entgegen

- § 120a Abs. 2 AktG n. F. eine Veröffentlichung des Beschlusses der Hauptversammlung und des Vergütungssystems nicht, nicht richtig, nicht vollständig oder nicht rechtzeitig vornimmt oder
- § 162 Abs. 4 AktG n. F. den dort genannten Vergütungsbericht nebst beigefügtem Vermerk des Abschlussprüfers nicht oder nicht mindestens 10 Jahre zugänglich macht.

Ergänzung der (Konzern-)Erklärung zur Unternehmensführung

In die **Erklärung zur Unternehmensführung** ist künftig eine Bezugnahme auf die Internetseite der Gesellschaft, auf der der Vergütungsbericht über das letzte Geschäftsjahr und der Vermerk des Abschlussprüfers gem. § 162 AktG n. F., das geltende Vergütungssystem gem. § 87a Abs. 1 AktG n. F. und der letzte Vergütungsbeschluss gem. § 113 Abs. 3 AktG n. F. öffentlich zugänglich gemacht werden (§ 289f Abs. 2 Nr. 1a HGB n. F.), aufzunehmen. Aufgrund des Verweises von § 315d Satz 2 HGB auf § 289f HGB gelten diese Regelungen auch für die **Konzernerklärung zur Unternehmensführung**.

Hinweis

Die Regierungskommission **Deutscher Corporate Governance Kodex** hat am 16.12.2019 eine neue Fassung des Deutschen Corporate Governance Kodex (DCGK) beschlossen. Hierbei wurden im Zusammenhang mit den Neuregelungen des ARUG II die Grundsätze, Empfehlungen und Anregungen zur Vergütung des Vorstands in Abschn. G. des Kodex weitgehend neu gefasst und an die Neuregelungen angepasst. Die bisherigen Mustertabellen zur Vorstandsvergütung wurden mit dem neuen DCGK ersatzlos gestrichen. Mit seiner Veröffentlichung im Bundesanzeiger am 20.3.2020 ist die aktuelle Fassung des DCKG v. 16.12.2019 in Kraft getreten.

Erstmalige Anwendung der Vorschriften für den Vergütungsbericht

Das ARUG II ist am 1.1.2020 in Kraft getreten. Den Übergangsvorschriften zufolge ist der aktienrechtliche Vergütungsbericht nach § 162 AktG n. F. zwingend erstmals für das nach dem 31.12.2020 beginnende Geschäftsjahr zu erstellen (§ 26j Abs. 2 EGAktG). Bei einem kalenderjahrgleichen Geschäftsjahr bezieht sich der erste

Vergütungsbericht folglich auf das Geschäftsjahr 2021. Die Erstellung kann grundsätzlich zu jedem beliebigen Zeitpunkt innerhalb des folgenden Geschäftsjahrs 2022 erfolgen („jährlich"). Faktisch wird der Erstellungszeitraum jedoch durch die Regelung des § 26j Abs. 2 Satz 3 EGAktG begrenzt. Danach muss die erstmalige Beschlussfassung der Hauptversammlung nach § 120a Abs. 4 AktG n. F. bis zum Ablauf der ersten ordentlichen Hauptversammlung, gerechnet ab Beginn des 2. Geschäftsjahrs, das auf den 31.12.2020 folgt, erfolgen. Im Falle eines kalenderjahrgleichen Geschäftsjahrs ist bei Einhaltung der gesetzlich vorgegebenen Frist (§ 175 Abs. 1 Satz 2 AktG) die erste Beschlussfassung innerhalb der ersten 8 Monate des Geschäftsjahrs 2022 erforderlich.

Falls ein aktienrechtlicher Vergütungsbericht nach § 162 AktG (freiwillig) bereits für ein vor dem 1.1.2021 beginnendes Geschäftsjahr erstellt werden soll, sind die geänderten Fassungen bereits für dieses Geschäftsjahr zu beachten (siehe auch Abschn. 5.2 (Hinweis)).

2.3 Sonstige Änderungen im HGB: Änderung der Anforderungen an die Befreiung von der Konzernrechnungslegungspflicht gem. §§ 291, 292 HGB

Der Gesetzgeber hat mit dem ARUG II die Gelegenheit genutzt, §§ 291, 292 HGB um die Möglichkeit einer Offenlegung der Konzernunterlagen (Konzernabschluss und -lagebericht, Bestätigungsvermerk) des befreienden Mutterunternehmens **in englischer Sprache** zu erweitern. Damit soll ein Gleichlauf mit § 264 Abs. 3 Satz 3 HGB erreicht werden.

Die neu gefassten §§ 291, 292 HGB sind mit Inkrafttreten des ARUG II am 1.1.2020 erstmalig anwendbar (Art. 83 Abs. 1 Satz 1 EGHGB i. d. F. des Gesetzes zur weiteren Umsetzung der Transparenzrichtlinie-Änderungsrichtlinie im Hinblick auf ein einheitliches elektronisches Format für Jahresfinanzberichte; vgl. Beschlussempfehlung und Bericht des Ausschusses für Recht und Verbraucherschutz (6. Ausschuss), BT-Drs. 19/20137, S. 8). Konkret bedeutet dies, dass die befreiende Konzernrechnungslegung für Teil-Konzernabschlüsse/-lageberichte, deren Stichtag **nach dem 31.12.2019** liegt, auch in englischer Sprache offengelegt werden kann, um eine Befreiung nach §§ 291, 292 HGB zu bewirken.

Literatur

- Orth/Oser/Philippsen/Sultana, RefE ARUG II: Zum neuen Vergütungsbericht und sonstige Änderungen im HGB, DB 2019, S. 230 ff.
- Orth/Oser/Philippsen/Sultana, RegE ARUG II: Zum neuen Vergütungsbericht und sonstige Änderungen im HGB, DB 2019, S. 1011 ff.
- Orth/Oser/Philippsen/Sultana, ARUG II: Zum neuen aktienrechtlichen Vergütungsbericht und sonstigen Änderungen im HGB, DB 2019, S. 2814 ff.

3 ARUG II: Zustimmungs- und Publizitätspflichten für Transaktionen mit nahestehenden Personen und Unternehmen

3.1 Grundlagen zu *Related Party Transactions*

Mit dem Gesetz zur Umsetzung der zweiten Aktionärsrechterichtlinie (ARUG II) hat der deutsche Gesetzgeber in den §§ 111a bis 111c AktG ein neues Regime von Zustimmungs- und Publizitätspflichten für sog. *Related Party Transactions* (RPT) ins AktG eingeführt, d.h. für Transaktionen einer börsennotierten Gesellschaft (§ 3 Abs. 2 AktG) mit ihr nahestehenden Personen und Unternehmen (zum Hintergrund und zu weiteren Grundlagen zum ARUG II siehe Abschn. 2). Da für die neuen Regelungen zu RPT Übergangsregelungen fehlen, sind die Neuregelungen seit dem 1.1.2020 anzuwenden.

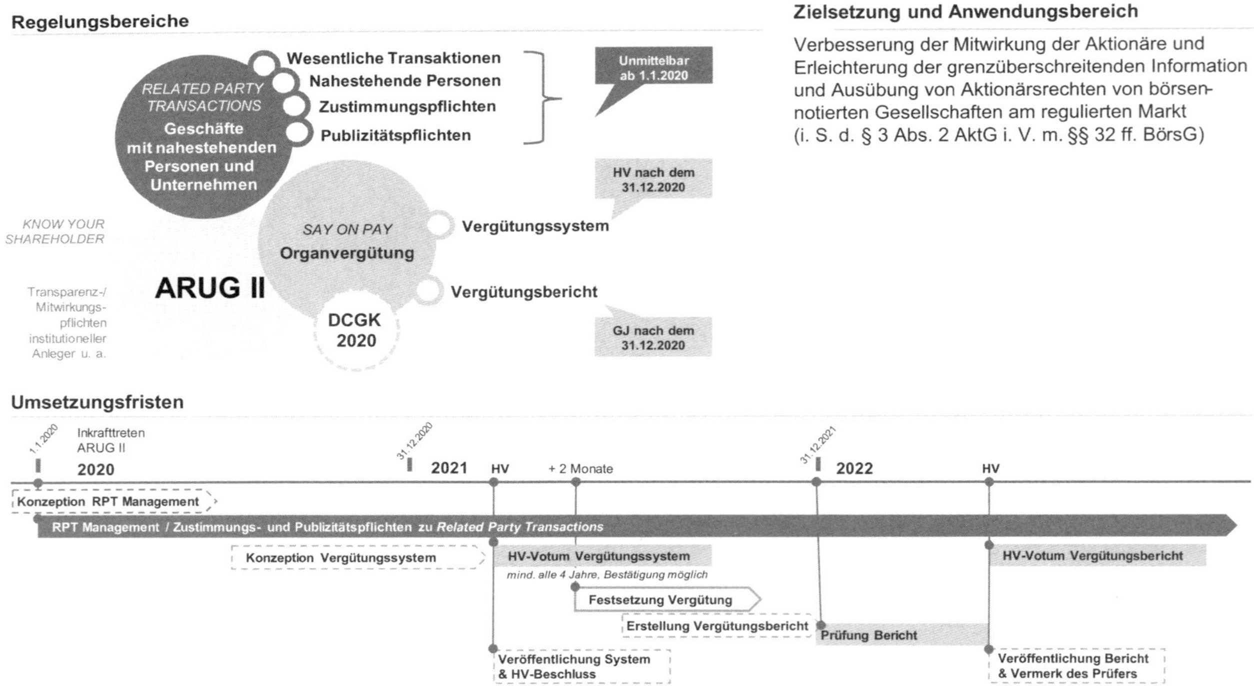

Abb. 1: Übersicht ausgewählter Regelungsbereiche und Umsetzungsfristen des ARUG II

Ziel der Neuregelungen ist der Schutz der börsennotierten Gesellschaft, ihrer (Minderheits-)Aktionäre und Gläubiger vor nachteiligen Vermögensverlagerungen auf *Related Parties*.

3.2 Transaktionen mit nahestehenden Personen

3.2.1 Begriff der nahestehenden Personen

Das Gesetz spricht von nahestehenden „Personen", meint damit indes „Personen und Unternehmen". Für den Begriff nahestehender Personen und Unternehmen rekurriert der Gesetzgeber auf IAS 24 unter ergänzender Berücksichtigung von IFRS 10, IFRS 11 und IAS 28. Diese unterscheiden zwischen nahestehenden natürlichen Personen einerseits und nahestehenden Unternehmen andererseits. Nach IAS 24.9 steht eine Person oder ein naher Familienangehöriger dem Unternehmen nahe, wenn sie oder er

- das berichtende Unternehmen beherrscht oder an dessen gemeinschaftlicher Führung beteiligt ist,
- maßgeblichen Einfluss auf das berichtende Unternehmen hat oder
- im Management des berichtenden Unternehmens oder eines Mutterunternehmens des berichtenden Unternehmens eine Schlüsselposition innehat.

Zu den nahen Familienangehörigen zählen Ehegatten, Lebenspartner, Kinder der Person oder ihre Ehegatten/Lebenspartner, abhängige Angehörige sowie unterhaltsberechtigte oder haushaltszugehörige Verwandte.

Unternehmen sind nach IAS 24.9 einander nahestehend, wenn sie in einer gesellschaftsrechtlichen Verbindung, wie (mittel- oder unmittelbar)

- Beherrschung,
- gemeinschaftlicher Führung,
- maßgeblichem Einfluss oder
- Zugehörigkeit zu derselben Unternehmensgruppe

stehen.

3.2.2 Begriff der wesentlichen Transaktion

Transaktionen sind gem. § 111a Abs. 1 AktG Rechtsgeschäfte oder Maßnahmen, durch die ein Gegenstand oder Vermögenswert entgeltlich oder unentgeltlich übertragen oder zur Nutzung überlassen wird. Dazu zählen z.B. die Erbringung von

Dienstleistungen, Käufe und Verkäufe von Grundstücken, fertigen und unfertigen Erzeugnissen und Waren, Finanzierungen sowie Investitionen, Dauerschuldverhältnisse und Produktionsverlagerungen/-änderungen.

Hinweis

Anders als im Abhängigkeitsbericht nach § 312 AktG stellt ein Unterlassen keine Transaktion i.S.d. § 111a Abs. 1 AktG dar.

Nach der Aktionärsrechterichtlinie unterliegen nur „**wesentliche**" Transaktionen dem Regime der neuen Schutzvorschriften. Der deutsche Gesetzgeber operationalisiert diesen unbestimmten Rechtsbegriff durch einen absoluten Schwellenwert: Danach sind ein oder mehrere Geschäfte „wesentlich" (mit der Folge von Zustimmungs- und Publizitätspflichten), falls ihr wirtschaftlicher Wert im laufenden Geschäftsjahr 1,5 % der Summe aus Anlage- und Umlaufvermögen der Gesellschaft im zuletzt festgestellten Jahresabschluss übersteigt.

Bei Mutterunternehmen i.S.d. § 290 Abs. 1 und 2 HGB ist die Summe aus Anlage- und Umlaufvermögen oder die Summe aus den entsprechenden Vermögenswerten des zuletzt gebilligten Konzernabschlusses gem. den internationalen Rechnungslegungsstandards maßgeblich.

3.2.3 Ausnahmeregelungen

Aus dem Kreis der „Transaktionen mit nahestehenden Personen" werden kraft Fiktion folgende Transaktionen ausgenommen:

- Transaktionen, die im ordentlichen Geschäftsgang und zu marktüblichen Bedingungen erfolgen (§ 111a Abs. 2 AktG), sowie
- bestimmte, ausdrücklich im (abschließenden) Katalog genannte Transaktionen (§ 111a Abs. 3 Nr. 1–6 AktG), bei denen keine Gefahr durch Vermögensverlagerungen besteht oder bei denen diese Gefahr durch andere Schutzmechanismen abgesichert ist, so bspw. bei Transaktionen mit 100 %-igen Tochtergesellschaften.

3.3 Internes Bewertungsverfahren

Um zu beurteilen, ob die Voraussetzungen der Ausnahmeregelung „im ordentlichen Geschäftsgang und zu marktüblichen Bedingungen" nach § 111a Abs. 2 AktG bei einer Transaktion vorliegen, muss die Gesellschaft ein internes Bewertungsverfahren einrichten. An der Transaktion beteiligte Personen sind von der Teilnahme am internen Bewertungsverfahren auszuschließen.

Es müssen beide Tatbestandsvoraussetzungen kumulativ erfüllt sein. Zum ordentlichen Geschäftsgang zählen – ausweislich der Gesetzesbegründung – v. a. typische, sich wiederholende „Alltagsgeschäfte", insbesondere auch bei konzerninternen Transaktionen (z. B. das Cash-Pooling).

Die Marktüblichkeit lässt sich etwa durch Drittvergleiche der zugrunde liegenden Konditionen (z. B. Transaktionswert, Geschäftsbedingungen etc.) und die Angemessenheit von Leistung und Gegenleistung der Transaktion beurteilen. Maßgeblich für die Beurteilung ist die Sicht der Gesellschaft.

Die Inanspruchnahme der Ausnahmeregelung ist ein Recht, keine Pflicht. So kann die Gesellschaft in ihrer Satzung bestimmen, auf das interne Bewertungsverfahren zu verzichten und entsprechende Geschäfte im ordentlichen Geschäftsgang und zu marktüblichen Bedingungen ebenfalls als RPT einschließlich der Zustimmungs- und Publizitätspflichten zu behandeln. Bei dieser Entscheidung sollten Unternehmen den Aufwand für die Einrichtung eines internen Bewertungsverfahrens einerseits und die Häufigkeit von Transaktionen oberhalb des Schwellenwerts wie auch die mit den Veröffentlichungspflichten verbundenen Kosten und Nachteile aus der Transparenz der Transaktion durch die Veröffentlichung andererseits abwägen.

3.4 Zustimmungspflicht

Wesentliche Geschäfte mit nahestehenden Personen sind – bereits vor Abschluss des schuldrechtlichen Rechtsgeschäfts – zustimmungspflichtig (Einwilligung, nicht: Genehmigung). Der Aufsichtsrat kann entscheiden, ob die Prüfungs- und Zustimmungspflicht anstelle des Plenums an einen Ad-hoc-Ausschuss oder einen ständigen bzw. bereits bestehenden Ausschuss delegiert wird. Jedenfalls hat der Aufsichtsrat jederzeit die Möglichkeit, die Zustimmungsentscheidung wieder an sich zu nehmen. Mit Blick auf die Prüfungs- und Zustimmungspflichten ist auf die Unabhängigkeitsanforderungen des § 111b Abs. 2 AktG zu achten.

Verweigert der Aufsichtsrat seine Zustimmung, kann auf Verlangen des Vorstands die Hauptversammlung über die Zustimmung beschließen. Auch hier greift das Teilnahmeverbot der an der Transaktion beteiligten nahestehenden Personen.

Holt der Vorstand die Zustimmung für ein wesentliches Geschäft nicht (rechtzeitig) ein, ist das Geschäft im Außenverhältnis rechtswirksam. Indes handelt der Vorstand pflichtwidrig und persönlich haftbar; ggf. kann sich der Vorstand durch den Einwand des rechtmäßigen Alternativverhaltens exkulpieren (vgl. BGH, Urteil v. 10.7.2018, II ZR 24/17, ZIP 2018, S. 1923).

3.5 Veröffentlichung

Alle (zustimmungspflichtigen) Transaktionen mit nahestehenden Personen, mit denen der absolute Schwellenwert überschritten wird, sowie alle (nicht zustimmungspflichtigen) Transaktionen, die in die Aggregation des Schwellenwerts gemündet haben, sind unverzüglich zu veröffentlichen, d.h. spätestens 4 Handelstage nach Abschluss der Transaktion; die Sondervorschriften zur Ad-hoc-Publizität für Insiderinformationen bleiben unberührt. Die Veröffentlichung muss die Mindestinformationen enthalten, die zur Beurteilung der Angemessenheit der Transaktion notwendig sind.

Unternehmen sollten entsprechend bereits im Vorfeld die Veröffentlichungsmodalitäten, u.a. Inhalt, Umfang, Sprache und den Kommunikationskanal, definieren. In die Veröffentlichung sind **alle wesentlichen Informationen** aufzunehmen, die erforderlich sind, um die Angemessenheit des Geschäfts zu bewerten. Solche Informationen umfassen **mindestens**

- die Art des Verhältnisses zu der nahestehenden Person,
- den Namen der nahestehenden Person,
- das Datum des Transaktionsabschlusses und
- den Transaktionswert.

Die Informationen sind auf der Internetseite der Gesellschaft für mindestens 5 Jahre öffentlich zugänglich zu machen.

Geschäfte mit Tochterunternehmen (i.S.d. IFRS 10) und einer der Gesellschaft nahestehenden Person sind ebenfalls zu veröffentlichen, wenn für die Geschäfte – hätte die Gesellschaft sie selbst abgeschlossen – eine Zustimmungspflicht bestünde (vgl. zum Umgehungstatbestand des § 111c Abs. 4 AktG Eisele/Oser, DB 2019, S. 1522f.).

3.6 Fazit

Börsennotierte Gesellschaften müssen seit dem 1.1.2020 in der Lage sein, wesentliche Transaktionen mit nahestehenden Personen und Unternehmen sowohl (1) einzeln zu identifizieren und mit dem jeweiligen wirtschaftlichen Wert zu bemessen als auch (2) kumulativ nachzuhalten und (3) entsprechende Zustimmungs- und Publizitätsverfahren zu etablieren und einzuhalten. Um diesen Anforderungen gerecht zu werden, ist die **Implementierung eines RPT-Managements** und dessen Integration in die bestehende Prozesslandschaft und vorhandenen Unternehmensregularien ebenso notwendig wie die Einbettung in die unternehmerischen Kontrollsysteme.

4 Brexit Update: Auswirkungen auf die Rechnungslegung (§§ 264 Abs. 3, 264b, 291 HGB)

Das Vereinigte Königreich Großbritannien und Nordirland (im Folgenden: Vereinigtes Königreich) haben am 31.1.2020 die EU verlassen. Seit dem 1.2.2020 läuft die zunächst bis zum 31.12.2020 befristete Übergangsphase, in der das Vereinigte Königreich weiterhin wie ein EU-Mitglied behandelt wird (Art. 126 und 127 sowie 185 des Austrittsabkommens (ABl. C 384 I v. 12.11.2019, S. 1 ff.)).

Historie

Am 29.3.2017 unterrichtete das Vereinigte Königreich den Europäischen Rat von seiner Absicht, aus der Europäischen Union (EU) auszutreten, und leitete damit offiziell das Verfahren nach Art. 50 des Vertrags über die Europäische Union ein. Die Vertragsparteien handelten ein Austrittsabkommen (Austrittsabkommen v. 19.2.2019, ABl. 2019/C 66 I/01) aus, auf dessen Basis in Deutschland am 3.4.2019 das Gesetz für den Übergangszeitraum nach dem Austritt des Vereinigten Königreichs aus der Europäischen Union (Brexit-Übergangsgesetz – BrexitÜG) im Bundesgesetzblatt (BGBl. I 2019, S. 402) bekannt gemacht wurde.

Das BrexitÜG sollte der Rechtsklarheit dienen. Es ist indes nie in Kraft getreten, weil das Austrittsabkommen v. 19.2.2019 nie in Kraft getreten ist, das Voraussetzung für das Inkrafttreten des BrexitÜG ist.

Sofern ein in Deutschland ansässiges Tochterunternehmen ein Mutterunternehmen mit Sitz im Vereinigten Königreich hat, können im laufenden Kalenderjahr 2020 insbesondere die folgenden handelsrechtlichen Regelungen weiterhin angewendet werden:

- **§§ 264 Abs. 3, 264b HGB**: Befreiung eines inländischen Tochterunternehmens von Aufstellungs-, Prüfungs- und/oder Offenlegungspflichten in Bezug auf dessen Jahresabschluss und/oder Lagebericht durch Einbeziehung in den Konzernabschluss und Konzernlagebericht eines Mutterunternehmens mit Sitz in der EU.
- **§ 289b Abs. 2 HGB**: Befreiung eines inländischen Tochterunternehmens von der Erweiterung seines Lageberichts um eine nichtfinanzielle Erklärung durch Einbeziehung in den Konzernlagebericht eines Mutterunternehmens mit Sitz in der EU.
- **§ 291 HGB**: Befreiung eines inländischen Tochterunternehmens von der Pflicht zur Teilkonzernrechnungslegung durch Einbeziehung in einen Konzernabschluss und Konzernlagebericht eines Mutterunternehmens mit Sitz in der EU.

Bis zum 30.6.2020 bestand die Möglichkeit, den Übergangszeitraum um höchstens 1 oder 2 Jahre zu verlängern (Art. 132 des Austrittsabkommens). Der britische Premierminister hat diese Verlängerungsoption nicht in Anspruch genommen, sodass die Übergangsphase am 31.12.2020 definitiv ausläuft.

Für den Zeitraum danach bleibt abzuwarten, ob es den Verhandlungspartnern gelingen wird, im Rahmen eines Freihandels- bzw. Partnerschaftsabkommens das Vereinigte Königreich weiterhin wie ein EU-Mitglied zu behandeln oder ob ggf. ein Beitritt als Vertragsstaat des Abkommens über den EWR erfolgt. Sofern dies nicht gelingen sollte, droht ggf. schon mit Wirkung zum 1.1.2021 ein sog. harter Brexit, durch den das Vereinigte Königreich den Status eines Drittstaates erlangen würde.

Solchenfalls könnten die zuvor genannten handelsrechtlichen Befreiungen von Tochterunternehmen britischer Mutterunternehmen ab dem 1.1.2021 nicht mehr in Anspruch genommen werden. Eine Befreiung von der Teilkonzernrechnungslegung dieser Tochterunternehmen ist indes weiterhin möglich, sofern sämtliche Voraussetzungen des § 292 HGB erfüllt werden. Konzernabschlüsse und -lageberichte britischer Mutterunternehmen, die in der Vergangenheit die Voraussetzungen des § 291 HGB erfüllt haben, tun dies c. p. auch nach § 292 HGB. Erleichternd kommt hinzu, dass § 292 HGB – abweichend von § 291 HGB – nur eine Prüfung des befreienden Konzernabschlusses, nicht aber des befreienden Konzernlageberichts verlangt. Umgekehrt hindert ein Versagungsvermerk zu einem Konzernabschluss eines Mutterunternehmens aus einem Drittstaat – anders als nach dem Wortlaut des § 291 Abs. 1 Satz 1 HGB – die Befreiung gem. § 292 HGB.

Erfreulich ist, dass die befreiende Konzernrechnungslegung für Teil-Konzernabschlüsse/-lageberichte, deren Stichtag **nach dem 31.12.2019** liegt, auch in englischer Sprache offengelegt werden kann, um eine Befreiung nach § 292 HGB zu bewirken.

5 DRSC verabschiedet DRÄS 9 und 10

Das DRSC hat am 24.10.2019 DRÄS 9 (Änderungen an DRS 17 und DRS 20 infolge des ARUG II; vgl. hierzu weiterführend Abschn. 2) und am 17.10.2019 DRÄS 10 (Änderungen an DRS 25 sowie Änderungen an verschiedenen DRS infolge geänderter WpHG-Nummerierungen) verabschiedet. Die **Bekanntmachung** gem. § 342 Abs. 2 HGB durch das Bundesministerium der Justiz und für Verbraucherschutz des DRÄS 9 erfolgte am 9.4.2020 (BAnz AT 9.4.2020 B2) und des DRÄS 10 am 20.12.2019 (BAnz AT 20.12.2019 B3). Aufgrund dessen wird mit der ordnungsgemäßen Anwendung der DRÄS 9 und 10 die Vermutung verbunden, dass die die Konzernrechnungslegung betreffenden Grundsätze ordnungsmäßiger Buchführung beachtet wurden.

Zuvor wurden vom DRSC die Entwurfsfassungen E-DRÄS 9 sowie E-DRÄS 10 veröffentlicht und i. R. d. Konsultationsprozesses in der Öffentlichkeit zur Diskussion gestellt. Die **wesentlichen Inhalte** des E-DRÄS 9 wurden bereits im Bilanz Check-up 2020, Kap. A 1.5, S. 52 ff. und des E-DRÄS 10 im Bilanz Check-up 2020, Kap. A 1.6, S. 55 ff. dargestellt. Im Vergleich zu den Entwurfsfassungen haben sich in den verabschiedeten Änderungsstandards die **folgenden Änderungen** ergeben.

5.1 DRÄS 9

Im Vergleich zu E-DRÄS 9 wurden nur **geringfügige Änderungen** in DRÄS 9 eingearbeitet, die auf der Internetseite des DRSC (abrufbar unter: https://www.drsc.de/app/uploads/2019/10/DRÄS_9_Änderungen_ggü_E-DRÄS_9.pdf, Abrufdatum: 1.9.2020) dargestellt werden. Sie betreffen v. a. Klarstellungen zu Vorjahresvergleichsinformationen und zum Verhältnis der Veröffentlichung des aktienrechtlichen Vergütungsberichts zur Konzernerklärung zur Unternehmensführung auf der Internetseite der Gesellschaft.

5.2 DRÄS 10

Im Vergleich zu E-DRÄS 10 haben sich in der verabschiedeten Fassung des DRÄS 10 nur **geringfügige Änderungen** ergeben, die auf der Internetseite des DRSC (abrufbar unter: https://www.drsc.de/app/uploads/2019/10/191031_Änderungen_DRÄS10-ggü-E-DRÄS10.pdf, Abrufdatum: 1.9.2020) veröffentlicht wurden. Sie betreffen neben Änderungen in der Formulierung der Tz. 104 die Ergänzung von zusätzlichen Begründungen und die Aufnahme eines Beispiels zur Inflationsbereinigung durch Indexierung zur Verbesserung der Verständlichkeit der komplexen Regelungen. Außerdem hat sich das DRSC dazu entschlossen, den dynamischen Verweis auf IAS 29 *Rechnungslegung in Hochinflationsländern* in der Begründung B40 des DRS 25 aufzuheben. Stattdessen wird in DRS 25 in der neuen Tz. 104a eine Empfehlung zur Ermittlung und Erfassung von Inflationsgewinnen/-verlusten aus der Nettoposition monetärer Posten aufgenommen.

Hinweis

Die mit **DRÄS 9** geänderten Fassungen des DRS 17 und DRS 20 sind in Übereinstimmung mit den Erstanwendungsvorschriften des ARUG II erstmals für das **nach dem 31.12.2020 beginnende Geschäftsjahr** anzuwenden. Sofern ein aktienrechtlicher Vergütungsbericht nach § 162 AktG bereits für ein vor dem 1.1.2021 beginnendes Geschäftsjahr erstellt werden soll, sind die geänderten Fassungen bereits für dieses Geschäftsjahr zu beachten.

Demgegenüber traten die Änderungen des **DRÄS 10 mit ihrer Verabschiedung** durch das DRSC in Kraft.

6 DRS 28 *Segmentberichterstattung* verabschiedet

6.1 Ausgangssituation

Der Konzernabschluss – bestehend aus Konzernbilanz, Konzern-GuV, Konzernanhang, Kapitalflussrechnung und Eigenkapitalspiegel – kann gem. § 297 Abs. 1 Satz 2 HGB freiwillig um eine Segmentberichterstattung erweitert werden. Die Segmentberichterstattung hat das Ziel, Informationen über die wesentlichen Segmente eines Konzerns, die unterschiedliche Chancen- und Risikoprofile haben können, zu geben. Über die inhaltliche Ausgestaltung einer solchen Segmentberichterstattung schweigt das Gesetz und überantwortet dies dem DRSC, der den DRS 3 *Segmentberichterstattung* entwickelt hat.

6.2 Aktuelle Entwicklungen

Am 12.5.2020 hat der HGB-Fachausschuss des DRSC den DRS 28 *Segmentberichterstattung* verabschiedet, durch den der bislang geltende DRS 3 aufgehoben wurde. **DRS 28 folgt konsequent(er) dem sog. *Management Approach***, nach dem sich die Segmentierung aus der internen Organisations- und Berichtsstruktur ergibt.

Ein operatives Segment ist nach der Definition in DRS 28.9 der Teil des Konzerns, der geschäftliche Tätigkeiten entfaltet, die potenziell oder tatsächlich zu externen bzw. intersegmentären Umsatzerlösen oder vergleichbaren Erträgen führen, für welchen eigenständige Finanzinformationen vorliegen, und der regelmäßig von der Konzernleitung zum Zwecke der Konzernsteuerung wirtschaftlich beurteilt wird. Hierzu zählen auch Segmente, die ihre Leistungen ausschließlich oder überwiegend an andere operative Segmente abgeben (vertikal integrierte Segmente). Des Weiteren unterscheidet DRS 28 produktorientierte von geografischen Segmenten. Die Anlage zu DRS 28 enthält ein Prüfschema zur Bestimmung der anzugebenden Segmente.

Im Gegensatz zu DRS 3.20 sind die Segmentdaten und -werte gem. DRS 28 – dem *Management Approach* folgend – in Übereinstimmung mit den Methoden und Wertansätzen der internen Berichterstattung (nicht: mit denen der externen Rechnungslegung), die von der Konzernleitung vornehmlich für die Konzernsteuerung verwendet wird, zu erstellen. Folge ist, dass der Segmentberichterstattung vom Konzernabschluss abweichende Ansatz- und Bewertungsmethoden zugrunde liegen können. Damit die Adressaten die Daten der Segmentberichterstattung mit den Daten des Konzernabschlusses vergleichen können, verlangt DRS 28 bestimmte Überleitungsrechnungen sowie die Erläuterung der Bewertungsgrundlagen.

DRS 28 enthält – anders als DRS 3 – **keine geschäftszweigspezifischen Regelungen für Kreditinstitute und Versicherungsunternehmen** mehr.

DRS 28 ist am 5.8.2020 im Bundesanzeiger bekannt gemacht worden (§ 342 Abs. 2 HGB). Diese Bekanntmachung wurde am 18.8.2020 aufgrund eines redaktionellen Versehens berichtigt. Der Standard ist **erstmals für Geschäftsjahre, die nach dem 31.12.2020 beginnen, anzuwenden** (DRS 28.47). Eine frühere Anwendung wird empfohlen (DRS 28.48).

7 Überarbeitung des DRS 18 *Latente Steuern* durch E-DRÄS 11

Der HGB-Fachausschuss des DRSC hat am 23.12.2019 den Entwurf eines Deutschen Rechnungslegungs Änderungsstandards zur Anpassung des DRS 18 *Latente Steuern* vorgeschlagen. Mit E-DRÄS 11 wird bezweckt, **Anwenderfragen zu adressieren** und **Unklarheiten** im Standard zu **bereinigen** sowie einige **redaktionelle Änderungen** am Standard einzuarbeiten.

Mit E-DRÄS 11 wird die in der Literatur kontrovers diskutierte Frage behandelt, ob und inwieweit im **Jahresabschluss** für Buchwertdifferenzen zwischen der Handels- und der Steuerbilanz aus dem **erstmaligen Ansatz eines Geschäfts- oder Firmenwerts** ein Ansatzgebot, ein Ansatzverbot oder ein Ansatzwahlrecht für (passive) latente Steuern besteht. Für den erstmaligen Ansatz eines Geschäfts- oder Firmenwerts (bzw. eines passiven Unterschiedsbetrags) im Konzernabschluss wird in § 306 Satz 3 HGB i.V.m. § 301 Abs. 3 HGB klargestellt, dass ein Ansatzverbot latenter Steuern besteht, was mit der neu eingefügten Tz. 27a in DRS 18 zum Ausdruck gebracht wird. Für den Jahresabschluss fehlt es an einer entsprechenden Regelung in § 274 HGB. Insoweit sieht E-DRÄS 11 vor, dass auf die Buchwertdifferenzen aus dem erstmaligen Ansatz eines Geschäfts- oder Firmenwerts nach § 246 Abs. 1 Satz 4 HGB Tz. 27a entsprechend angewendet werden darf, aber nicht muss. Damit besteht im Jahresabschluss nach der Auffassung des HGB-Fachausschusses ein zumindest implizites **Wahlrecht** zwischen einem Ansatz und einem Nicht-Ansatz passiver latenter Steuern, wobei er in der Begründung eine Präferenz zugunsten eines Nicht-Ansatzes zum Ausdruck bringt (vgl. E-DRÄS 11.47).

Außerdem werden mit den Tz. 31b und 31c Regelungen zur Bildung latenter Steuern bei der **Währungsumrechnung** von **Zweigniederlassungen bzw. Betriebsstätten** mit Sitz außerhalb der Eurozone formuliert, deren Einkommen im Sitzstaat der Besteuerung unterliegt und im Inland aufgrund von Doppelbesteuerungsabkommen freigestellt ist. Demnach sind bei diesen Zweigniederlassungen bzw. Betriebsstätten temporäre Differenzen im Vermögen und die daraus resultierenden latenten Steuern in deren Währung zu ermitteln. Zur Ermittlung der temporären Differenzen sind die in fremder Währung nach den deutschen handelsrechtlichen Bestimmungen ermittelten Wertansätze der Vermögensgegenstände und Schulden der Zweigniederlassung den entsprechenden steuerrechtlichen Wertansätzen gegenüberzustellen. Im Ergebnis werden die temporären Differenzen und damit verbundenen latenten Steuern so ermittelt, als sei die Zweigniederlassung bzw. Betriebsstätte ein rechtlich selbständiges Unternehmen.

Bereits in der aktuellen Fassung des DRS 18 regelt Tz. 45, dass bei temporären Differenzen, die bei der Eliminierung von **Zwischenergebnissen** aus konzerninternen Lieferungen und Leistungen gem. § 304 Abs. 1 HGB entstehen, der Steuersatz des die Lieferung oder Leistung **empfangenden Unternehmens** maßgeblich ist, weil dieses Unternehmen die künftige Realisation der Differenz versteuern muss. In Ausnahmefällen können bei der Zwischenergebniseliminierung **andere Steuersätze** verwendet werden, wenn dadurch realitätsnähere Informationen als bei Verwendung der Steuersätze nach Tz. 45 vermittelt werden (vgl. E-DRÄS 11.26). Dies kann z.B. bei konzerninternen Lieferungen der Fall sein, bei denen das die Lieferung empfangende Unternehmen eine Personengesellschaft ist. Diese Überlegungen werden in der Begründung mit einem Beispiel in der Tz. B10b weiter erläutert.

Im **Konzernanhang** sind die latenten Steuersalden am Ende des Geschäftsjahrs und die im Laufe des Geschäftsjahrs erfolgten Änderungen dieser Salden anzugeben, wenn latente Steuerschulden in der Konzernbilanz angesetzt werden (§ 314 Abs. 1 Nr. 22 HGB). Die hierzu in DRS 18.63c formulierte Konkretisierung wird sprachlich angepasst, um klarzustellen, dass die Angabepflicht unabhängig davon besteht, ob die in der Konzernbilanz ausgewiesenen **latenten Steuerschulden** aus der Anwendung des § 274 HGB i.V.m. § 298 Abs. 1 HGB oder aus der Anwendung von § 306 HGB resultieren.

Außerdem werden die Angabepflichten gem. **DRS 18.66 und 18.67** zu Betrag und etwaigem Zeitpunkt des Verfalls von nicht berücksichtigten abzugsfähigen temporären Differenzen sowie zur Erstellung einer sog. **steuerlichen Überleitungsrechnung gestrichen**. Bislang war ohnehin umstritten, ob diese Angabepflichten die gesetzlichen Vorgaben konkretisieren oder darüber hinausgehen. Mit der Streichung dieser Angabepflichten kann die bislang erforderliche Angabepflicht des Abschlussprüfers im Prüfungsbericht gem. IDW PS 450.134 entfallen, wenn die Angaben entgegen dem bisherigen DRS 18 nicht im Konzernanhang gemacht wurden.

Hinweis

Durch E-DRÄS 11 werden einzelne Zweifelsfragen zur Bilanzierung latenter Steuern beseitigt. Aus Sicht der Praxis positiv zu sehen ist die Streichung der Angabepflichten zu nicht berücksichtigten temporären Differenzen und v. a. zu der sog. steuerlichen Überleitungsrechnung.

8 IDW: Fachliche Hinweise zum Ausweis von Negativzinsen auf Bankguthaben

Wie bereits im Bilanz Check-up 2019, Kap. A 1.2, S. 23 ff. dargestellt, erheben inzwischen Kreditinstitute, die auf ihre Einlagen bei der Europäischen Zentralbank negative Zinsen zu entrichten haben, zunehmend auch auf die Kapitalanlagen (Spar- und Geldanlagen) ihrer Kunden negative Zinsen. Dies hat nicht nur zur Folge, dass die Anleger keinen Zins für ihr angelegtes Kapital erhalten, sondern dass die **Kapitalgeber** für ihre Geldanlage einen bestimmten Betrag (sog. negative Einlagezinsen) an die Kreditinstitute **zu entrichten haben**. Spiegelbildlich dazu ist zu beobachten, dass bei Kapitalaufnahmen der **Darlehensnehmer** nun Zinsen vom Darlehensgeber **erhält**.

Vor diesem Hintergrund ist auch für Nicht-Kreditinstitute zu entscheiden, wie negative Zinsen in deren handelsrechtlichem Jahresabschluss abzubilden sind. In diesem Zusammenhang war insbesondere fraglich, **in welchem Posten der handelsrechtlichen GuV** diese **„Zinsanomalien" auszuweisen** sind. Im handelsrechtlichen Schrifttum wurde (zunächst nur bei Kreditinstituten, inzwischen auch bei Industrie- und Handelsunternehmen) diskutiert, ob die für Bankguthaben zu entrichtenden Entgelte als Zinsaufwendungen, (negative) Zinserträge oder sonstiger betrieblicher Aufwand zu erfassen sind (vgl. hierzu ausführlich Bilanz Check-up 2019, Kap. A 1.2, S. 24 ff.).

Für **Kreditinstitute** hat sich unter Beachtung der Vorgaben der RechKredV die Auffassung gefestigt, die negativen Zinszahlungen innerhalb des Zinsergebnisses auszuweisen. Nach Auffassung des Bankenfachausschusses (BFA) des IDW (vgl. IDW-FN 2015, S. 449) liegt kein Verstoß gegen das Verrechnungsverbot des § 246 Abs. 2 Satz 1 HGB vor, wenn die Negativzinsen in einer zusätzlichen Vorspalte offen von den Zinserträgen abgesetzt werden. Alternativ können auch 2 separate GuV-Positionen („Negative Zinsen aus [Kapitalanlagen, d. Verf.]" hinter die bisherige GuV-Position für Zinserträge bzw. „Positive Zinsen aus [Kapitalaufnahmen, d. Verf.]" hinter den bisherigen GuV-Posten für Zinsaufwendungen) eingefügt werden. Zudem ist ein separater GuV-Posten für die Zinsanomalien mit entsprechenden Unterpositionen für die negativen Zinsen aus Kapitalanlagen und die positiven Zinsen aus Kapitalaufnahmen denkbar. Eine Erfassung der negativen Zinsen im sonstigen betrieblichen Ergebnis lehnt der BFA jedoch ausdrücklich ab, da es sich bei den negativen Zinsen auf finanzielle Vermögensgegenstände um Ergebnisse aus dem Bankengeschäft handelt. Der BFA weist in diesem Zusammenhang darauf hin, dass unter dem sonstigen betrieblichen Ergebnis nur alle nicht unter einem anderen

GuV-Posten zu erfassenden Ergebnisbeträge aus der Geschäftstätigkeit ausgewiesen werden. Darüber hinaus wird es als zulässig erachtet, bei den entsprechenden GuV-Positionen in Form eines Darunter-Ausweises auf die abgesetzten negativen Zinsen hinzuweisen (vgl. Bär u.a., WPg 2017, S. 1134).

Am 25.3.2020 hat sich der Fachausschuss Unternehmensberichterstattung (FAB) des IDW in seiner 259. Sitzung mit dem GuV-Ausweis negativer Zinsen bei **Nicht-Kreditinstituten** befasst (vgl. IDW Life 2020, S. 594). Der FAB erachtet zum einen den Ausweis innerhalb des Finanzergebnisses (§ 275 Abs. 2 Nr. 9 bis 13 HGB bei Anwendung des Gesamtkostenverfahrens bzw. § 275 Abs. 3 Nr. 8 bis 12 HGB bei Anwendung des Umsatzkostenverfahrens) für sachgerecht. Dies kann nach Auffassung des FAB entweder durch Ausweis eines in einer Vorspalte offen abgesetzten negativen Zinsertrags (§ 275 Abs. 2 Nr. 11 bzw. Abs. 3 Nr. 10 HGB: negatives Kapitalüberlassungsentgelt) oder durch den Ausweis eines nach § 265 Abs. 5 HGB hinzugefügten und eindeutig bezeichneten Postens sui generis erfolgen. Zum anderen hält der FAB den Ausweis der negativen Zinsen im Posten „sonstige betriebliche Aufwendungen" (§ 275 Abs. 2 Nr. 8 bzw. Abs. 3 Nr. 7 HGB) für vertretbar. Der Ausweis soll dabei grundsätzlich unter Beachtung der Darstellungsstetigkeit (§ 265 Abs. 1 HGB) erfolgen.

Im Ergebnis weicht der FAB von der Auffassung des BFA ab, der für Kreditinstitute ausdrücklich die Erfassung der negativen Zinsen im sonstigen betrieblichen Ergebnis verneinte. Dies hat zur Folge, dass Kreditinstitute bei der Erstellung von Jahresabschlüssen restriktivere Vorgaben des Berufsstands zu beachten haben. Branchenspezifische Gründe sind hierfür u. E. nicht ersichtlich.

Zudem ist in diesem Zusammenhang zu beachten, dass sich der FAB in seiner Stellungnahme lediglich zu den von Nicht-Kreditinstituten (als Kapitalanleger) an Kreditinstitute (als Kapitalnehmer) zu entrichtenden Entgelten für Guthaben auf Bankkonten äußert. Sofern die Nicht-Kreditinstitute für eine Kapitalaufnahme spiegelbildlich negative Zinsen von den Kreditinstituten erhalten, sollten u. E. analoge Ausweisvarianten zulässig sein. Darüber hinaus ist eine Beschränkung der (sachgerechten und vertretbaren) Ausweisalternativen für den Fall einer Kapitalanlage von Nicht-Kreditinstituten bei Kreditinstituten u. E. nicht zielführend. Die getroffenen Aussagen sollten auch für Kapitalanlagen bzw. Kapitalaufnahmen zwischen 2 Nicht-Kreditinstituten entsprechend gelten.

Die von uns im Hinblick auf die traditionelle Aufwands- und Ertragsdefinition als sachgerechteste Lösung empfundene Erfassung der zu entrichtenden negativen Zinsen als Zinsaufwand erwähnt der FAB in seiner Stellungnahme bedauerlicherweise nicht. Daraus zu schließen, dass der FAB daher einen Ausweis der negativen Zinsen als Zinsaufwand weder als sachgerecht noch als vertretbar erachtet (so z.B. Henckel, StuB 2020, S. 521), geht u.E. fehl.

Hinweis

Angesichts mehrerer Ausweisvarianten negativer Zinsen kann der Bilanzersteller i.R.d. Abbildung negativer Zinsen im handelsrechtlichen Jahresabschluss von Nicht-Kreditinstituten die Höhe des Betriebs- und Finanzergebnisses gestalten. Da Negativzinsen, die als sonstige betriebliche Erträge bzw. Aufwendungen erfasst werden, das EBIT bzw. EBITDA des Unternehmens und damit letztlich auch vertragliche Vereinbarungen, die auf diese betriebswirtschaftlichen Kennzahlen zielen, beeinflussen, kann mit dem Ausweis von negativen Zinsen zukünftig u.U. auf die Einhaltung (bzw. Nichteinhaltung) der *Financial Covenants* Einfluss genommen werden.

9 Update zur Bilanzierung bei *Cloud Computing*

In Literatur, Praxis und Facharbeit des IDW ist die bilanzielle Behandlung von *Customizing*-Aufwendungen für eine Software, die auf Grundlage einer SaaS-Vereinbarung i.R.v. *Cloud Computing* genutzt wird, **umstritten**. In der Praxis fehlt es aus Sicht des Anwenders (Bilanzierenden) regelmäßig am (rechtlichen und) wirtschaftlichen Eigentum an der zugrunde liegenden Software. In Ermangelung eines immateriellen Vermögensgegenstands „Software“ müssten die *Customizing*-Aufwendungen nach IDW RS HFA 11.20 als Aufwand verrechnet werden. Angesichts der erheblichen materiellen Bedeutung von *Customizing*-Aufwendungen lassen sich vermehrt Stimmen ausmachen, die in analoger Anwendung der Grundsätze zur Bilanzierung von Mietereinbauten für eine Aktivierung(spflicht) der *Customizing*-Ausgaben als gesonderter, separater immaterieller Vermögensgegenstand plädieren.

9.1 Unzulässiger Analogieschluss zu Mietereinbauten

Dem Analogieschluss zu Mietereinbauten in Gebäuden ist zu widersprechen (im Ergebnis ebenso Hoffmann/Lüdenbach, NWB Kommentar Bilanzierung, 11. Aufl. 2020, § 246 HGB Rz. 24a). Er verbietet sich aus den folgenden 3 Erwägungen:

Erstens handelt es sich bei Mietereinbauten in Gebäude um ein von der Rechtsprechung entwickeltes Institut, das in den bürgerlich-rechtlichen Besonderheiten des Eigentumserwerbs nach §§ 93, 94 BGB gründet. Danach ist der zivilrechtliche Eigentümer eines Grundstücks grundsätzlich auch Eigentümer seiner wesentlichen Bestandteile (Ausnahme: Errichtung eines Gebäudes auf einem fremden Grundstück bei Existenz eines Erbbaurechts). Im Gefolge hat die Finanzverwaltung aufgrund bilanzsteuerlicher Rechtsprechung Grundsätze für Ein- oder Umbauten eines Mieters oder Pächters in Gebäude oder Gebäudeteile entwickelt, um dem „Problem“ (i.S.e. Automatismus) der zivilrechtlichen Zuordnung derartiger Maßnahmen zum Eigentümer des Grundstücks (steuer-)bilanziell Rechnung zu tragen. Dem „besondere[n] Risiko, das für den Mieter insbesondere im Falle des auf §§ 93, 94 BGB beruhenden *Eigentumserwerbs des Vermieters* [Hervorheb. d. Verf.] bestehe“, soll durch eine – gesonderte – Bilanzierung Rechnung getragen werden (vgl. BFH, Urteil v. 26.2.1975, I R 32/73, BStBl. II 1975, S. 443). Eine Analogie zum *Cloud Computing* scheitert indes bereits daran, dass der Software-Eigentümer das durch den Anwender vorgenommene *Customizing* weder rechtlich noch wirtschaftlich erwirbt noch sonst verwerten kann.

Eine noch weitergehende Verallgemeinerung der Grundsätze zu Mietereinbauten des Inhalts, sie auf „gemietete Software“ und darüber hinaus auf sämtliche gemietete/gepachtete Vermögensgegenstände analog anzuwenden, verwässert u.E. – auch im Hinblick auf die besondere Bedeutung von Grundstücken und Gebäuden (und Ein- oder Umbauten Dritter in eben diese), wie sie im BGB bestehen – grundlegende Prinzipien der handelsrechtlichen Rechnungslegung.

Zweitens kommt es auch technisch betrachtet durch den Anwender zu keinem Einbau in die oder Umbau an der im Eigentum des Dienstleisters und auf dessen IT-Infrastruktur befindliche Software. Vielmehr stellen die *Customizing*-Aufwendungen des Anwenders Zugangswege (Schnittstellen) zu bzw. Parametrisierungen (Einstellungen) an einer für ihn ansonsten grundsätzlich „schreibgeschützten“ Software dar, sodass es sich – auch nicht vergleichsweise – um Ein- oder Umbaumaßnahmen an eben dieser Software handeln kann.

Drittens verbietet sich ein Analogieschluss, da es sich bei den Mieterein- und -umbauten aus Sicht eines (Gebäude-)Eigentümers um wertbestimmende Faktoren handelt, soweit bspw. das Miet-/Pachtverhältnis gekündigt wird und der Eigentümer (mit oder ohne „Abstandszahlung“ an den Mieter oder Pächter für die ggf. noch weiterhin nutzbaren Ein-/Umbauten) über diese als zivilrechtlicher und wirtschaftlicher Eigentümer verfügen kann. Ebendies kann der (Software-)Eigentümer in Bezug auf die vom Anwender getätigten *Customizing*-Ausgaben gerade nicht; er hat im Zweifel nicht einmal Kenntnis, ob und bei welchem der Anwender derartige

Maßnahmen existieren. Ein Vergleich von *Customizing*-Ausgaben mit Mietereinbauten in ein Gebäude und der daraus gezogene Analogieschluss sind nach alledem abzulehnen.

9.2 Fehlendes Schuldendeckungspotenzial der *Customizing*-Aufwendungen

Hinzu kommt, dass der gesonderte immaterielle Vermögensgegenstand „*Customizing*-Ausgaben" u. E. kein Schuldendeckungspotenzial repräsentiert. Zwar ist den gegensätzlichen Auffassungen beizupflichten, dass ein Erwerber des (Gesamt-) Unternehmens die *Customizing*-Aufwendungen im Kaufpreis honorieren würde. Diese (separate) Honorierung bedeutet indes nicht, dass der Vorteil als (separater) Vermögensgegenstand – abseits eines Geschäfts- oder Firmenwerts – aktiviert werden kann. Solchenfalls bspw. im Rahmen eines *Asset Deals* honorierte Kaufpreisbestandteile, die gerade nicht die Voraussetzungen für die Aktivierung eines Vermögensgegenstands erfüllen, münden – auch wenn sie entsprechend mithonoriert werden – vielmehr in die Residualgröße Geschäfts- oder Firmenwert (§ 246 Abs. 1 Satz 4 HGB).

Ebenfalls zutreffend ist, dass das Kriterium der abstrakten Einzelverwertbarkeit gegenüber einem Dritten (nach DRS 24.B11–B16 das entscheidende Kriterium für das Vorliegen eines Vermögensgegenstands) als nicht erfüllt angesehen werden muss, da die Verwertung derartiger *Customizing*-Aufwendungen durch Dritte auch weiterhin nur im erworbenen Unternehmen und nicht unternehmensextern möglich ist.

Da der Gesetzgeber mit der Vermögensgegenstandsdefinition das Ziel verbindet, nur solche Güter in die Bilanz münden zu lassen, die den Gläubigern auch als Schuldendeckungspotenzial dienen können, ist es notwendig, dass die (zumindest abstrakte) Einzelverwertbarkeit gegenüber einem Dritten („unternehmensextern") möglich ist. D. h. erst die mögliche Transformation des Guts gegenüber einem Dritten in Geld ermöglicht es, dieses zur Befriedigung der Ansprüche der Gläubiger einzusetzen. Eine ausschließlich unternehmensinterne Verwertung bietet diese Möglichkeit gerade nicht (vgl. DRS 24.B13). Dabei ist nicht zuvörderst die Auffassung des Bilanzierenden hinsichtlich der Qualifikation eines Guts als Vermögensgegenstand, sondern die Verkehrsauffassung maßgebend. Die dadurch erreichte Objektivierung wird insbesondere bei immateriellen Gütern als bedeutsam erachtet (vgl. DRS 24.B16). Im Ergebnis weisen *Customizing*-Ausgaben kein Schuldendeckungspotenzial auf, sodass keine (abstrakte) Einzelverwertbarkeit und damit keine Vermögensgegenstandseigenschaft gegeben ist.

Zusammengefasst: Ohne Anschaffungsvorgang (aufgrund fehlenden wirtschaftlichen Eigentums an der Software) auch keine Anschaffungsnebenkosten bzw. Herstellungskosten in Bezug auf die „*Customizing*-Aufwendungen" – und mangels Vermögensgegenstandseigenschaft dieser auch kein „ersatzweise" separat zu aktivierender immaterieller Vermögensgegenstand. Mangels (automatischen) Eigentumserwerbs des Software-Eigentümers in Bezug auf das durch den Anwender (allein für seine Zwecke) vorgenommene *Customizing* ist der Schluss zur analogen Behandlung von *Customizing*-Ausgaben wie Mieterein- und -umbauten in Gebäude verfehlt.

Allenfalls bei Mieterein- oder -umbauten von nicht im wirtschaftlichen Eigentum des Mieters stehenden Vermögensgegenständen (auch) außerhalb von „Gebäuden" käme eine analoge Anwendung der Grundsätze zur Behandlung von Mieterein- und -umbauten (in Gebäude) auch für andere Vermögensgegenstände in Betracht, sofern es sich dabei nicht bereits um separate Vermögensgegenstände (z. B. Autoradio in geleastem Pkw) handelt. Allerdings kommt nach dem von der h. M. vertretenen Grundsatz, wonach die Aktivierung von Anschaffungs(neben)kosten schon begriffsnotwendig einen Anschaffungsvorgang voraussetzt (vgl. bspw. Schubert/Gadek, in Beck'scher Bilanz-Kommentar, 12. Aufl. 2020, § 255 HGB Rz. 72), keine Aktivierung derartiger Ein- oder Umbauten des Mieters in Betracht (z. B. auf Fahrer eingestellte bzw. umgebaute Kopfstütze in geleastem Pkw).

9.3 Kein aktiver Rechnungsabgrenzungsposten für *Customizing*-Aufwendungen

Schließlich scheidet ebenso eine Aktivierung der *Customizing*-Aufwendungen als aktiver Rechnungsabgrenzungsposten aus. Die *Customizing*-Aufwendungen qualifizieren nicht als Vorleistungen aus einem schwebenden Miet-/Leasingvertrag. Vielmehr stellen Ausgaben für das *Customizing* vor dem Bilanzstichtag (sofern das *Customizing* vor dem Bilanzstichtag vollständig abgeschlossen wurde) Aufwand dar, dessen Verursachung im abgelaufenen Geschäftsjahr liegt. Ein Zeitraum nach dem Bilanzstichtag, in dem (noch) ein Anspruch auf eine Gegenleistung von einem Dritten in Bezug auf das *Customizing* besteht bzw. von dem Dritten geschuldet wird, liegt nicht vor. Lediglich vor dem Bilanzstichtag getätigte Ausgaben für (erst) nach dem Bilanzstichtag zu beziehende Leistungen sind – solange die Gegenleistung aussteht – als Aktivposten (im Falle von geleisteten Anzahlungen auf Dienstleistungen in den sonstigen Vermögensgegenständen) in die Bilanz aufzunehmen.

Dagegen – jedoch nicht mit dem *Customizing* zu verwechseln oder zu vermengen – kommt es für im Voraus an den Software-Eigentümer gezahlte Nutzungsentgelte für die i.R.d. SaaS/*Cloud Computings* (eigentlich) genutzte Software für den Teil der Ausgaben, die einen Zeitraum nach dem Bilanzstichtag betreffen (vgl. dazu Abb. 2, insbesondere die farblich unterlegte Fallkonstellation), zum Ausweis eines aktiven Rechnungsabgrenzungspostens.

9.4 Ergebnis

Customizing-Aufwendungen, die für eine überlassene Software entstehen, die nicht wirtschaftliches Eigentum des Softwarenutzers ist, dürfen in einem handelsrechtlichen Abschluss nicht als gesonderter immaterieller Vermögensgegenstand aktiviert werden. Eine Analogie zur Bilanzierung von Mietereinbauten verbietet sich. Auch scheidet regelmäßig (mangels Vorleistung) eine Aktivierung der *Customizing*-Ausgaben als aktiver Rechnungsabgrenzungsposten aus.

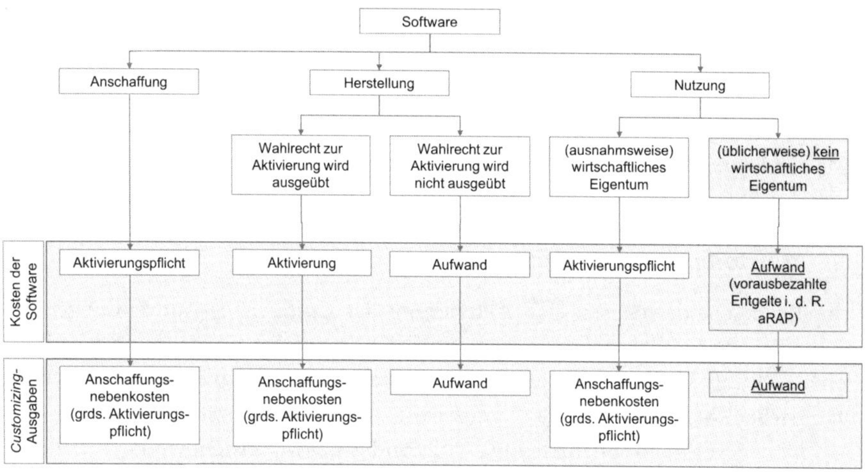

***Abb. 2:** Customizing-Ausgaben bei Saas-Verträgen i.R.v. Cloud Computing*

Vorstehendes auszugsweise und m.w.N. aus Oser/Gerlach, StuB 2020, S. 263ff.

Literatur

- Oser/Gerlach, Bilanzierung bei Cloud Computing – Zur verfehlten Analogie des Customizings zu Mietereinbauten (zugleich Replik zu Roos, StuB 2020 S. 101 ff.), StuB 2020, S. 263 ff.
- Gerlach/Oser, Handelsrechtliche Behandlung von Implementierungskosten bei SaaS-Verträgen im Rahmen von Cloud Computing, DB 2019, S. 1969 ff.
- Deubert/Lewe, Bilanzierung von Software beim Anwender nach HGB – Besonderheiten bei Cloud-Lösungen, BB 2019, S. 811 ff.
- Roos, Cloud-Lösungen zur Nutzungsüberlassung von Softwareprodukten, StuB 2020, S. 101 ff.

10 Kürzungen von Versorgungsleistungen bei externen Versorgungsträgern

10.1 Ausgangssituation

Bei der Bilanzierung von Altersversorgungsverpflichtungen ist die Unterscheidung zwischen sog. unmittelbaren und mittelbaren Altersversorgungsverpflichtungen von materieller Bedeutung. Während sich der Bilanzierende bei den **unmittelbaren Altersversorgungsverpflichtungen** durch die Erteilung der Altersversorgungszusage verpflichtet, bei Eintritt des Versorgungsfalls die Leistung gegenüber dem Versorgungsberechtigten **selbst** zu erbringen, erfolgt die Durchführung der Altersversorgungsverpflichtung gegenüber dem Versorgungsberechtigten im Falle einer **mittelbaren Verpflichtung** nicht durch den Bilanzierenden direkt, sondern unter **Zwischenschaltung einer Versorgungseinrichtung** wie z. B. einer Pensionskasse, einem Pensionsfonds, einer Unterstützungskasse oder einer Direktversicherung (vgl. IDW RS HFA 30.10).

Reicht das **Vermögen** der Versorgungseinrichtung zur Erfüllung der Verpflichtungen **nicht** aus, erwirbt der Begünstigte einen unmittelbaren Anspruch gegenüber dem die mittelbare Zusage erklärenden Unternehmen, i. d. R. dem Arbeitgeber (**Subsidiärhaftung** nach § 1 Abs. 1 Satz 3 BetrAVG; vgl. IDW RS HFA 30.36). Aufgrund des Wahlrechts nach Art. 28 Abs. 1 Satz 2 EGHGB **muss** der Bilanzierende für **mittelbare Altersversorgungszusagen** auch dann **keine Rückstellung** für ungewisse Verbindlichkeiten bilden, wenn das bei der Versorgungseinrichtung vorhandene Vermögen zur Deckung der Versorgungsverpflichtungen nicht ausreicht. In diesem Fall ist (lediglich) der Fehlbetrag nach Art. 28 Abs. 2 bzw. Art. 48 Abs. 6 EGHGB im Anhang anzugeben, um das Haftungsrisiko des Bilanzierenden aus den mittelbaren Versorgungszusagen ersichtlich zu machen. Wird das Trägerunternehmen aus seiner Haftung **in Anspruch genommen**, muss in Höhe der Zahlungsverpflichtung eine **Verbindlichkeit** passiviert werden; für solche Rückstände gilt das Passivierungswahlrecht des Art. 28 Abs. 1 Satz 2 EGHGB nicht (vgl. IDW RS HFA 30.37).

10.2 Aktuelle Entwicklungen

Vor dem Hintergrund der **anhaltenden Niedrigzinsphase** erfreuen sich externe Durchführungswege bei der betrieblichen Altersversorgung großer Beliebtheit. Indes lässt sich zunehmend beobachten, dass externe Versorgungseinrichtungen (insbesondere Pensionskassen) ihre Leistungszusagen kürzen (müssen), weil das ihnen zugewendete Vermögen und die damit zusammenhängenden Erträge nicht mehr ausreichen, um die vom Arbeitgeber zugesagten Versorgungsleistungen erfüllen zu können.

Der Fachausschuss Altersversorgung der Deutschen Aktuarvereinigung e.V. (DAV) hat sich in einem kürzlich veröffentlichten Ergebnisbericht („Handelsrechtliches Passivierungswahlrecht und Passivierungspflicht beim Arbeitgeber aus mittelbaren Versorgungszusagen“) u.a. mit den Auswirkungen von Leistungskürzungen durch (mittelbare) Versorgungsträger auf die Bilanzierung beim Arbeitgeber befasst.

Besteht bspw. bei einer Leistungskürzung eines Versorgungsträgers für den Arbeitgeber **keine Möglichkeit**, den Versorgungsträger durch zusätzliche Finanzierungsmittel zur Anhebung der Leistungen auf das bisherige Leistungsniveau zu veranlassen (definitive Leistungskürzung), hat der Versorgungsträger „wirksam seine Durchführungsverpflichtung reduziert mit der Folge, dass hierfür das Passivierungswahlrecht insoweit entfällt und [beim Arbeitgeber] eine Pensionsrückstellung zu bilden ist.“ (Ergebnisbericht des Fachausschusses Altersversorgung, Handelsrechtliches Passivierungswahlrecht und Passivierungspflicht beim Arbeitgeber aus mittelbaren Versorgungszusagen, S. 9). Die **zunächst mittelbare Altersversorgungsverpflichtung wächst insoweit in eine (passivierungspflichtige) unmittelbare** hinein. Arbeitsrechtlich liegt in diesen Fällen indes kein formaler Wechsel des Durchführungswegs zu einer Direktzusage vor (vgl. Ergebnisbericht des Fachausschusses Altersversorgung, Handelsrechtliches Passivierungswahlrecht und Passivierungspflicht beim Arbeitgeber aus mittelbaren Versorgungszusagen, S. 9).

Hinweis

Der Ergebnisbericht des DAV ist ein mit zahlreichen Beispielen illustrierter wertvoller Ratgeber, um praktisch relevante Fallgestaltungen mittelbarer Altersversorgungszusagen zu erkennen und bilanziell zu würdigen.

Insbesondere bei Unternehmen, die sich zur Erfüllung ihrer Altersversorgungsverpflichtung einer **externen Versorgungseinrichtung** bedienen, sollten Prüfungs- und Beratungsteams hinterfragen, ob die Versorgungseinrichtungen **definitive Leistungskürzungen** planen oder bereits avisiert haben. Hierzu ist zu prüfen, „ob der Arbeitgeber weiterhin einen Anspruch gegen den Versorgungsträger auf Erfüllung der Leistungen hat oder durch einseitige Finanzierungsmaßnahmen (z.B. durch Zahlung zusätzlicher Beiträge oder durch Annahme eines verbindlichen Versicherungsangebotes für die Kürzung) wieder herstellen kann." (Ergebnisbericht des Fachausschusses Altersversorgung, Handelsrechtliches Passivierungswahlrecht und Passivierungspflicht beim Arbeitgeber aus mittelbaren Versorgungszusagen, S. 9).

11 Aktuelle Brennpunkte der Rückstellungsbilanzierung

Die Bilanzierung und Bewertung von Rückstellungen ist ein Zankapfel in vielen Betriebsprüfungen. Dieser Streit wird nicht selten vor den Finanzgerichten ausgetragen. Im Folgenden sollen besonders bedeutsame Entscheidungen des BFH aus dem Jahr 2020 vorgestellt werden.

11.1 Bedingt rückzahlbare Filmförderdarlehen (§ 5 Abs. 2a EStG)

Die Bilanzierung bedingt rückzahlbarer (Filmförder-)Darlehen ist ein Dauerbrenner in der Rechtsprechung der Finanzgerichte, die den Gesetzgeber zur Einführung einer rechtsprechungsbrechenden Korrekturvorschrift, § 5 Abs. 2a EStG, veranlasst hat. Angesichts der systematischen Verortung des § 5 Abs. 2a EStG und seines Wortlauts („wenn die Einnahmen oder Gewinne angefallen sind") war bislang höchstrichterlich nicht geklärt, ob sich das Passivierungsverbot des § 5 Abs. 2a EStG in einer **Ansatz**norm erschöpft, die bei erstmaligem Anfall tilgungspflichtiger Einnahmen/Gewinne suspendiert ist, sodass die nicht mehr ansatzgehemmte Verpflichtung nach allgemeinen Grundsätzen als Verbindlichkeit oder Rückstellung zu passivieren/bewerten ist, **oder** ob sie **auch** eine **Bewertungs**norm ist, die einen zulässigen Passivposten auf den bis zum Bilanzstichtag erzielten Betrag der Einnahmen/Gewinne („der Höhe nach") begrenzt.

Die Literatur hierzu ist uneinheitlich. Der BFH hat sich mit Urteil v. 10.7.2019 (XI R 53/17, BStBl. II 2019, S. 803) für die Deutung des § 5 Abs. 2a EStG als eine Ansatz- **und** Bewertungsnorm entschieden. **Dem ist beizupflichten.** Im Zentrum der Entscheidung des BFH steht die Erwägung, ob die bedingt rückzahlbare Verpflichtung bereits das gegenwärtige oder (nur) das künftige Vermögen des Schuldners belastet. Nur wenn **und** soweit es – durch am Bilanzstichtag bereits erzielte, tilgungspflichtige Einnahmen/Gewinne – bereits das gegenwärtige Vermögen des Schuldners belastet, ist ein Passivposten zulässig; dabei dürfte der Passivposten nicht selten als Verbindlichkeit qualifizieren, da insoweit die Rückzahlungsverpflichtung nicht mehr ungewiss ist. Dagegen ist der überschießende Betrag der Darlehensvaluta eine – durch künftige Einnahmen/Gewinne – kompensierte Last. Diese Grundsätze gelten einerlei, ob die Verpflichtung aufschiebend oder auflösend bedingt ist.

Hinweis

In der Handelsbilanz ist § 5 Abs. 2a EStG – so die h.M. in der Literatur (vgl. Prinz, StuB 2019, S. 881) – nicht anzuwenden mit der Folge, dass eine Rückstellung zu bilden ist (Passivierungspflicht). U.E. regelt § 5 Abs. 2a EStG dagegen einen allgemeinen Grundsatz ordnungsmäßiger Buchführung, der auch im EStG deklaratorisch ist.

11.2 Pfandrückstellungen

Die Getränkeindustrie unterscheidet zum einen zwischen

- **Einheitsleergut** (keine individuelle Kennzeichnung des Leerguts),
- **Individualleergut** (eindeutige individuelle Kennzeichnung des Leerguts) und
- **Brunnen-Einheitsleergut** (Pool-System der Genossenschaft Deutscher Brunnen e.G.)

und zum anderen zwischen

- **Einweg-** und **Mehrwegleergut**.

Vereinnahmte Pfandgelder sind stets erfolgswirksam zu erfassen. Entsprechend war für die Verpflichtung zur Rückzahlung des erhaltenen Pfandgelds bei Rückgabe des Leerguts stets eine (ergebnisneutralisierende) Rückstellung für ungewisse Verbindlichkeiten zu bilden (BMF, Schreiben v. 13.6.2005, IV B 2 – S 2137 – 30/05, BStBl. I 2005, S. 715).

Mit Urteil v. 9.1.2013 (I R 33/11, BStBl. II 2019, S. 150) hat der BFH dagegen für Mehrweg-**Einheitsleergut** entschieden, dass der Getränkehersteller oder -händler keine Rückstellung für vereinnahmte Pfandgelder bilden dürfe. Dem stehe **§ 5 Abs. 4b EStG** entgegen. Denn bei Einheitsleergut übertrage der Getränkehersteller oder -händler nicht nur das (rechtliche **und** wirtschaftliche) Eigentum am Flascheninhalt, sondern **auch** am Leergut (Flaschen und Kästen) (§§ 948 Abs. 1, 947 BGB); entsprechend schaffe er bei Rückgabe des Leerguts dieses an; dies gelte unabhängig von abweichenden mit den Kunden getroffenen privatrechtlichen Vereinbarungen (z.B. in den AGB der Getränkehersteller oder -händler).

Nach mehr als 6 Jahren hat sich die Finanzverwaltung mit **BMF-Schreiben v. 19.2.2019** (IV C 6 – S 2133/13/10002, BStBl. I 2019, S. 210) dem BFH angeschlossen; es enthält indes keine Übergangsregelung. Nach dem für das Bilanzsteuerrecht maßgeblichen objektiven Fehlerbegriff müssen nunmehr in allen noch offenen Veranlagungen bislang gebildete Rückstellungen **ertragswirksam aufgelöst** werden. Für die Getränkeindustrie hat das steuerliche Passivierungsverbot bei Einheitsleergut weitreichende Auswirkungen.

Hinweis

Die handelsrechtliche Literatur lehnt das BFH-Urteil ab (zuletzt Deubert/Lewe, DStR 2020, S. 1975). Da der BFH indes Handelsbilanzrecht ausgelegt hat (§§ 246 und 249 HGB i.V.m. § 5 Abs. 1 Satz 1 EStG), ist eine entsprechende Anwendung der Urteilsgrundsätze auf die Handelsbilanz vertretbar, aber nicht zwingend. Deshalb ist u.E. die (Neu-)Bildung von Rückstellungen für Pfandgelder in der **Handelsbilanz** nicht zu beanstanden.

11.3 Keine Rückstellung für Umtauschanleihe bei Deckungsbestand

Emittiert ein Unternehmen eine Umtauschanleihe und erhöht sich im Gefolge der Aktienkurs der Referenzaktien, ist die zusätzliche Vermögensbelastung des Emittenten – aufgrund der „Einheitlichkeit der eingegangenen Verpflichtung“ – **nicht** durch eine **Erhöhung des Teilwerts** der Anleiheverbindlichkeit, **sondern** durch die Bildung einer **Rückstellung für ungewisse Verbindlichkeiten** (nicht: Drohverlustrückstellung) zu erfassen (so BFH, Urteil v. 27.3.2019, I R 20/17, BFH/PR 2019, S. 314). Eine Rückstellungsbildung scheide dagegen aus, wenn das emittierende Unternehmen am Bilanzstichtag die Referenzaktien bereits in seinem Bestand halte **und** handelsrechtlich eine Bewertungseinheit zwischen Referenzaktien und Anleiheverbindlichkeit gebildet habe.

Hinweis

Die Anwendung des BFH-Urteils für die **Handelsbilanz** ist (subjektiv) vertretbar. Nach IDW RS HFA 22 ist die Umtauschanleihe in der Handelsbilanz – entgegen dem BFH – in eine Anleihe- und eine Umtauschverbindlichkeit zu zerlegen. Falls der Emittent die Referenzaktien nicht im Bestand hat, ist die infolge eines späteren Anstiegs des Marktpreises der Referenzaktien eintretende zusätzliche Vermögensbelastung nicht durch Erhöhung des Buchwerts der Anleiheverbindlichkeit, sondern durch die Bildung einer Drohverlustrückstellung zu erfassen. Falls der Emittent die Referenzaktien im Bestand hat und eine Bewertungseinheit bildet, ist eine imparitätische Bilanzierung suspendiert.

Zu weiteren steuerlichen Überlegungen siehe Kap. B.3.6.

12 Ergebnisabführungsvertrag – Kein Verlustausgleich mit abführungsgesperrten Rücklagen

Bei Existenz eines EAV darf die Untergesellschaft nach § 301 Satz 1 AktG höchstens den Jahresüberschuss vor Ergebnisabführung vermindert um einen Verlustvortrag aus dem Vorjahr, ggf. nach § 300 AktG zu bildende gesetzliche Rücklagen und **nach § 268 Abs. 8 HGB ausschüttungs- und abführungsgesperrte Beträge** abführen. Eine Gewinnabführung ist ausgeschlossen, soweit die frei verfügbaren Rücklagen zuzüglich eines Gewinnvortrags nicht mindestens dem ausschüttungsgesperrten Betrag nach § 268 Abs. 8 HGB entsprechen. Der abführungsgesperrte Teil des Jahresüberschusses verbleibt bei der Untergesellschaft entweder im Gewinnvortrag oder kann in die Gewinnrücklagen eingestellt werden.

Umgekehrt ist die Obergesellschaft gem. § 302 Abs. 1 AktG grundsätzlich zum Ausgleich eines Jahresfehlbetrags der Untergesellschaft verpflichtet, soweit dieser nicht durch Entnahmen aus in **organschaftlicher** Zeit gebildeten **Gewinn**rücklagen ausgeglichen wird. Anders als § 301 AktG nimmt § 302 Abs. 1 AktG nicht Bezug auf § 268 Abs. 8 HGB, sodass nach h.M. im Geschäftsjahr entstandene ausschüttungsgesperrte Beträge, die den Jahresfehlbetrag reduziert haben, den Betrag des ausgleichspflichtigen Verlusts nicht erhöhen (vgl. Stephan, in Schmidt/Lutter, AktG, 3. Aufl. 2015, § 302 AktG Rz. 18; a.A. Altmeppen, in Münchener Kommentar zum AktG, 5. Aufl. 2020, § 302 AktG Rz. 17).

Fraglich ist jedoch, ob die Untergesellschaft zum Ausgleich eines Jahresfehlbetrags auch in organschaftlicher Zeit gebildete Gewinnrücklagen verwenden darf, für welche am Abschlussstichtag (noch) eine Abführungssperre besteht. Eine Verwendung von in organschaftlicher Zeit gebildeten Gewinnrücklagen (bzw. eines entsprechenden Gewinnvortrags) zum Ausgleich eines Jahresfehlbetrags setzt voraus, dass diese **tatsächlich disponibel sind, d.h. aufgelöst werden können**. Zweckgebundene Gewinnrücklagen stehen dagegen nicht zur Verfügung, solange die Zweckbindung besteht. Im Übrigen richtet sich die Entnahme aus den Gewinnrücklagen nach den Bestimmungen des **§ 301 Satz 2 AktG**.

Danach sind während der Vertragsdauer in Gewinnrücklagen eingestellte Beträge bei deren Entnahme als Gewinn an die Obergesellschaft abzuführen (und dürfen nicht an die Gesellschafter ausgeschüttet werden). Für eine Abführung gelten jedoch die Beschränkungen des § 268 Abs. 8 HGB als **Abführungssperre** (vgl. Gelhausen/Althoff, WPg 2009, S. 632), da andernfalls die durch § 301 Satz 1 AktG bezweckte Vermögensbindung umgangen werden kann.

Für die Entnahme aus Gewinnrücklagen zum Zwecke des Verlustausgleichs nach § 302 Abs. 1 AktG kann – erst recht – nichts anderes gelten. Soweit eine Abführungssperre nach § 268 Abs. 8 HGB besteht, können die abführungsgesperrten Gewinnrücklagen nicht zum Ausgleich von Verlusten verwendet werden.

Nach a.A. (vgl. Schmidt/Heinz, in Beck'scher Bilanz-Kommentar, 12. Aufl. 2020, § 277 HGB Rz. 77; IDW, WP Handbuch, 16. Aufl. 2019, Kap. F Rz. 551) soll eine Entnahme abführungsgesperrter Bestandteile des Eigenkapitals zur Erfüllung einer Verlustausgleichsverpflichtung dagegen zulässig sein, da bei Gewinnen in Folgejahren § 301 Satz 2 AktG wie ein „Verlustvortrag„ wirke (der einen – künftigen – Gewinn konsumiert und damit vor einer Abführung schützt) und der Schutzmechanismus des § 302 AktG im Übrigen erhalten bleibe.

Dem ist zu widersprechen. Die Gegenansicht verstößt gegen § 302 AktG und gefährdet – infolge einer **nicht ordnungsgemäßen Durchführung des EAV** – zudem die Anerkennung einer ertragsteuerlichen Organschaft. Dieser Verstoß wiegt umso schwerer, als zweifelhaft ist, ob für den Verstoß gegen § 302 AktG die Durchführungsfiktion des § 14 Abs. 1 Satz 1 Nr. 3 Satz 4 KStG anwendbar ist.

Ziel der Verlustausgleichspflicht ist, das bilanzielle Eigenkapital der Untergesellschaft zum Zeitpunkt der Begründung des EAV im Interesse der Gesellschaft, ihrer (Minderheits-)Gesellschafter und Gläubiger zu sichern. Der Anspruch auf Verlustausgleich entsteht rechtlich mit Ablauf des Geschäftsjahrs und ist unmittelbar fällig; einer Feststellung des Jahresabschlusses bedarf es nicht.

Die Obergesellschaft könnte die Pflicht zum Verlustausgleich allenfalls durch einen Anspruch auf Gewinnausschüttung (aus einem Bilanzgewinn) durch Aufrechnung erfüllen. Ein Anspruch auf Gewinnausschüttung setzt indes disponibles Eigenkapital der Untergesellschaft voraus, welches im Falle greifender Ausschüttungssperren aber nicht vorliegt. Mithin scheitert eine Aufrechnung an einem aufrechnungsfähigen Anspruch der Obergesellschaft.

Eine Inanspruchnahme abführungsgesperrter Gewinnrücklagen zum Ausgleich eines Jahresfehlbetrags lässt sich auch nicht mit der Erwägung rechtfertigen, dass § 301 AktG eine Vermögensauskehrung von der Unter- an die Obergesellschaft, § 302 AktG dagegen eine Vermögenzuwendung der Ober- an die Untergesellschaft regelt und § 268 Abs. 8 HGB nur für den Höchstbetrag der Gewinn**abführung** zu berücksichtigen ist (§ 301 Satz 1 AktG). Denn sub specie Gläubigerschutz, dem §§ 301 und 302 AktG zu dienen bestimmt sind, ist es einerlei, ob die Untergesellschaft unzulässigerweise Vermögen an die Obergesellschaft auskehrt oder ihr eine Vermögenszuwendung vorenthalten wird.

Hinweis

Im Ergebnis können in organschaftlicher Zeit gebildete Gewinnrücklagen und Gewinnvorträge nur insoweit zum Ausgleich eines Jahresfehlbetrags nach § 302 Abs. 1 AktG verwendet werden, als sie keiner Abführungssperre nach § 268 Abs. 8 HGB unterliegen. Eine Entnahme abführungsgesperrter Beträge aus den Gewinnrücklagen zum Verlustausgleich würde zu einer Verletzung der Abführungssperre führen, sodass der EAV insgesamt nicht ordnungsgemäß durchgeführt wäre. Aufgrund der nachteiligen Auswirkungen auf die Jahresabschlüsse der beteiligten Unternehmen sowie deren Besteuerung ist hiervon dringend abzuraten.

Vorstehendes auszugsweise und m. w. N. aus Oser/Scholz, StuB 2020, S. 560 f.

13 Angabe von Erträgen und Aufwendungen aus der Währungsumrechnung

Gemäß § 277 Abs. 5 Satz 2 HGB sind Erträge und Aufwendungen aus der Währungsumrechnung in der GuV jeweils gesondert unter den Posten „Sonstige betriebliche Erträge“ bzw. „Sonstige betriebliche Aufwendungen“ auszuweisen. Die **Reichweite der Angabepflicht** ist in der Literatur bisher **umstritten**. Teilweise wurde die Auffassung vertreten, dass aufgrund des Wortlauts der Vorschrift lediglich unrealisierte Erträge und Aufwendungen aus der Anwendung des § 256a HGB anzugeben seien.

Nach dem erstmals für Geschäftsjahre, die nach dem 31.12.2018 beginnen, anzuwendenden DRS 25 *Währungsumrechnung im Konzernabschluss* umfasst der davon-Vermerk zu den Erträgen und Aufwendungen aus Währungsumrechnung (§ 277 Abs. 5 Satz 2 HGB i. V. m. § 298 Abs. 1 HGB) sowohl die realisierten als auch die unrealisierten Währungsgewinne bzw. -verluste (DRS 25.36). DRS 25 wurde vom Bundesministerium für Justiz und Verbraucherschutz (BMJV) bekannt gemacht, sodass dem Standard nach § 342 Abs. 2 HGB für die Konzernrechnungslegung GoB-Vermutung zukommt.

Aufgrund der Ausstrahlungswirkung des DRS 25 auf den Jahresabschluss hat sich der Ausschuss Rechnungslegung und Prüfung der **WPK** dafür ausgesprochen, die Regelung des DRS 25.36 auf den Jahresabschluss entsprechend anzuwenden (vgl. WPK-Magazin 3/2020, S. 40).

Sowohl für den Jahres- als auch den Konzernabschluss gilt somit: Die anzugebenden Erträge und Aufwendungen aus Währungsumrechnung umfassen jeweils realisierte und unrealisierte Währungsgewinne bzw. -verluste. Eine Beschränkung der Angabe auf unrealisierte Gewinne und Verluste aus der Anwendung des § 256a HGB ist hingegen nicht (mehr) sachgerecht.

14 GmbH: Angaben zur Frauenquote bei pflichtwidriger Nichteinrichtung eines Aufsichtsrats

Seit 2015 ist das Gesetz für die gleichberechtigte Teilhabe von Frauen und Männern an Führungspositionen in der Privatwirtschaft und im öffentlichen Dienst (BGBl. I 2015, S. 642) in Kraft. Börsennotierte oder mitbestimmungspflichtige Gesellschaften sind seitdem dazu verpflichtet, **verbindliche Zielgrößen für den Frauenanteil** in Aufsichtsrat (durch den Aufsichtsrat selbst bzw. den Gesellschafter), Vorstand bzw. Geschäftsführung (durch den Aufsichtsrat bzw. den Gesellschafter) und den beiden unterhalb der Vorstands- bzw. Geschäftsführungsebene liegenden Führungsebenen (durch den Vorstand bzw. die Geschäftsführung) **festzulegen** und innerhalb der Erklärung zur Unternehmensführung (EzU) als gesondertem Abschnitt im Lagebericht hierüber zu berichten.

Bei AG zählt die Einrichtung eines Aufsichtsrats zu den Gründungsvoraussetzungen (§ 30 AktG). Sofern die Gründer keinen Aufsichtsrat bestellen, kann die AG nicht in das Handelsregister eingetragen werden. Im Gegensatz dazu ist für die GmbH die Einrichtung eines Aufsichtsrats nur dann verpflichtend, wenn die GmbH die Anwendungsvoraussetzungen eines Mitbestimmungsgesetzes (DrittelbG, MitbestG, MontanMitbestG, MontanMitbestGErgG) erfüllt.

In der Praxis ist immer wieder zu beobachten, dass mitbestimmungspflichtige GmbHs pflichtwidrig – möglicherweise auch in Unkenntnis der Rechtslage – keinen Aufsichtsrat einrichten. In diesen Fällen stellt sich die **Frage**, welche Auswirkungen sich aus der **pflichtwidrigen Nichteinrichtung des Aufsichtsrats** auf die **Berichterstattung zur Frauenquote** in der EzU dieser GmbHs ergeben.

Die Berichterstattungspflicht für die mitbestimmungspflichtige GmbH ergibt sich aus § 289f Abs. 4 HGB. Demnach haben Unternehmen, deren Vertretungsorgan und Aufsichtsrat nach § 36 GmbHG oder § 52 GmbHG verpflichtet sind, Zielgrößen für den Frauenanteil und Fristen für deren Erreichung festzulegen, in ihrem Lagebericht als gesonderten Abschnitt eine EzU mit den Festlegungen und Angaben nach § 289f Abs. 2 Nr. 4 HGB aufzunehmen.

§ 36 GmbHG knüpft die Verpflichtung der Geschäftsführer zur Festlegung der Zielgrößen für den Frauenanteil in den beiden Führungsebenen unterhalb der Geschäftsführung daran, dass die GmbH „der Mitbestimmung unterliegt". § 52 Abs. 2 GmbHG stellt für die Verpflichtung der Gesellschafterversammlung zur Festlegung von Zielgrößen für den Frauenanteil innerhalb der Geschäftsführung und des Aufsichtsrats darauf ab, dass nach einem der Mitbestimmungsgesetze ein Aufsichtsrat zu bestellen ist.

Fraglich ist, ob die §§ 36, 52 GmbHG auf den normativen Sollzustand zielen oder ob der tatsächliche Istzustand maßgeblich ist. Das Abstellen auf den normativen Sollzustand hätte zur Folge, dass die Verpflichtungen nach §§ 36, 52 GmbHG immer dann bestehen, wenn die GmbH die Voraussetzungen eines der Mitbestimmungsgesetze erfüllt. Auf die Tatsache, ob die GmbH auch tatsächlich einen Aufsichtsrat eingerichtet hat oder nicht, käme es nicht an. Wird hingegen der tatsächliche Istzustand für maßgeblich erachtet, ergibt sich eine Verpflichtung zur

Festlegung von Zielgrößen nur im Falle einer tatsächlich praktizierten Mitbestimmung.

Die inzwischen **herrschende Auffassung** in der gesellschaftsrechtlichen Literatur (vgl. Noack, in Baumbach/Hueck, GmbHG, 22. Aufl., § 36 GmbHG Rz. 3; Zöllner/Noack, in Baumbach/Hueck, GmbHG, 22. Aufl., § 52 GmbHG Rz. 332 jeweils m.w.N.; a.A. Hommelhoff, in Lutter/Hommelhoff, GmbHG, 19. Aufl., § 36 GmbHG Rz. 2 bzw. § 52 GmbHG Rz. 64b; Schüppen/Walz, WPg 2015, S. 1155) geht davon aus, dass nur der tatsächliche Istzustand relevant ist. Hat eine GmbH entgegen den Vorgaben eines der Mitbestimmungsgesetze pflichtwidrig keinen Aufsichtsrat eingerichtet, so unterliegt sie nach diesem Verständnis nicht der Mitbestimmung. Der Anwendungsbereich der §§ 36, 52 GmbHG gilt als nicht eröffnet. In der Folge ergibt sich für eine solche GmbH auch keine Berichterstattungspflicht nach § 289f Abs. 4 HGB. Eine GmbH unterliegt erst infolge der Feststellungen des Statusverfahrens (analog zu §§ 97ff. AktG) der Mitbestimmung i.S.d. §§ 36, 52 GmbHG (vgl. Bayer/Hoffmann, GmbHR 2017, S. 443; ebenso Fromholzer/Simons, AG 2015, S. 458).

Gleichwohl liegt bei der pflichtwidrigen Nichteinrichtung eines Aufsichtsrats ein Gesetzesverstoß vor, über den der Abschlussprüfer im Prüfungsbericht gem. § 321 Abs. 1 Satz 3 HGB zu berichten hat, da dem Fehlen eines gesetzlich zwingend vorgeschriebenen Kontrollorgans generell erhebliches Gewicht beizumessen ist.

15 CSR-Richtlinie-Umsetzungsgesetz – Update

Mit dem CSR-Richtlinie-Umsetzungsgesetz – CSR-RLUG (BGBl. I 2017, S. 802) wurde für bestimmte Unternehmen von öffentlichem Interesse (PIE) die Verpflichtung zur **Abgabe einer nichtfinanziellen Erklärung ins HGB eingeführt**, die verschiedene Nachhaltigkeitsaspekte adressiert (siehe hierzu bereits Bilanz Check-up 2020, Kap. A 1.7, S. 58ff.). Zur Praxis der nichtfinanziellen Berichterstattung nach dem CSR-RLUG mit Fokus auf das Thema Klimawandel vgl. die empirische Studie von *EY Climate Change and Sustainability Services* (CCaSS), *Wie deutsche Unternehmen sich im Kampf gegen den Klimawandel positionieren – eine Analyse der nichtfinanziellen Erklärungen 2019* (September 2020).

Verschiedene nationale und internationale Initiativen werden die nichtfinanzielle Berichterstattung in den nächsten Jahren beeinflussen. Insbesondere die Überarbeitung der CSR-Richtline (EU-Richtlinie 2014/95/EU) durch die EU-Kommission wird für das Geschäftsjahr 2022 voraussichtlich zu umfassenderen Berichtspflichten führen. Bereits für das Geschäftsjahr 2021 werden Unternehmen außerdem verpflichtet sein, auf Basis der EU-Taxonomie für nachhaltige Wirtschaftstätigkeiten, die einen wesentlichen Baustein des EU-Aktionsplans *Financing Sustainable Growth* darstellt, in ihre nichtfinanzielle Erklärung bestimmte Angaben zum Thema Klimaschutz aufzunehmen.

Der **Aufsichtsrat** ist befugt (nicht: verpflichtet), eine externe inhaltliche Prüfung der CSR-Berichterstattung z. B. durch den Abschlussprüfer – zu beauftragen (vgl. § 111 Abs. 2 AktG). In diesem Fall muss ab dem Berichtsjahr 2019 auch das Prüfungsurteil veröffentlicht werden (vgl. §§ 289b Abs. 4, 315b Abs. 4 HGB). Nach der oben genannten empirischen Studie von *EY Climate Change and Sustainability Services* ist der Anteil der Unternehmen, die ihre CSR-Berichterstattung von einem unabhängigen Dritten haben prüfen lassen, von 61 % im Jahr 2017 auf 74 % im Jahr 2019 gestiegen.

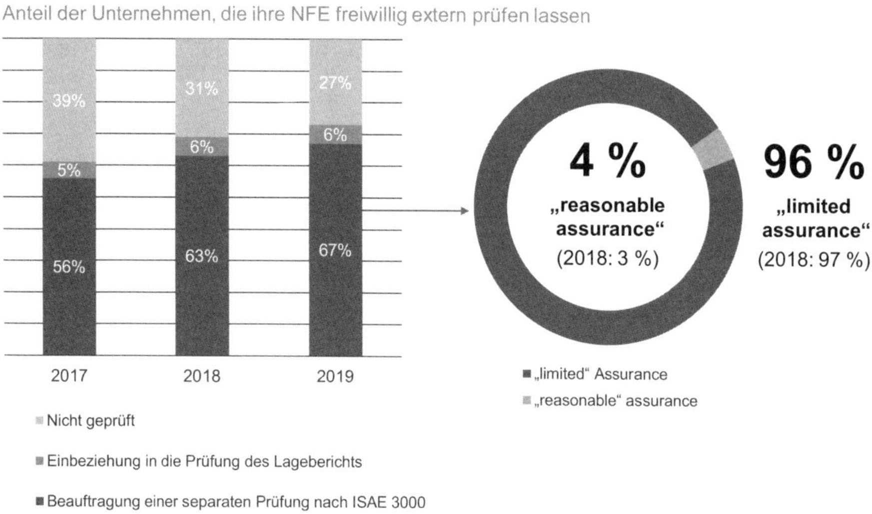

***Abb. 3:** Anteil der Unternehmen, die ihre nichtfinanzielle Erklärung freiwillig extern prüfen lassen, aus: Wie deutsche Unternehmen sich im Kampf gegen den Klimawandel positionieren – eine Analyse der nichtfinanziellen Erklärungen 2019 (September 2020)*

16 ESEF

16.1 Ausgangssituation

Mit der EU-Transparenzrichtlinie-Änderungsrichtlinie (RL 2013/50/EU v. 22.10.2013, ABl. EU Nr. L 294/13) wurde im Jahr 2013 die EU-Transparenzrichtlinie (RL 2004/109/EG v. 15.12.2004, ABl. EU Nr. L 390/38) um die Vorgabe ergänzt, dass **mit Wirkung vom 1.1.2020 Jahresfinanzberichte in einem einheitlichen elektronischen Berichtsformat zu erstellen** sind. Für dieses einheitliche elektronische Berichtsformat hat die europäische Wertpapier- und Marktaufsichtsbehörde ESMA, die mit der Entwicklung der elektronischen Formatvorgaben beauftragt war, als Akronym den Begriff „ESEF" geprägt. ESEF steht für *„European Single Electronic Format"*. Die rechtliche Basis für die Formatanforderungen von ESEF bildet ein **technischer Regulierungsstandard** (RTS), der in Form einer ESEF-Verordnung veröffentlicht wurde (Delegierte Verordnung (EU) 2019/2100 v. 30.9.2019, ABl. EU Nr. L 326/1). Anders als bei EU-Richtlinien sind EU-Verordnungen mit ihrer Veröffentlichung im EU-Amtsblatt unmittelbar anzuwendendes Recht in allen EU-Mitgliedstaaten und bedürfen keiner Umsetzung in nationales Recht.

Hinweis

In Deutschland ist die Vorgabe der EU-Transparenzrichtlinie zur Erstellung und Veröffentlichung von Jahresfinanzberichten im WpHG geregelt. Der Jahresfinanzbericht umfasst die folgenden Bestandteile:

- Geprüfte Abschlüsse für das Geschäftsjahr (Jahresabschluss und Konzernabschluss),
- Lagebericht und Konzernlagebericht und
- Erklärungen der gesetzlichen Vertreter (sog. Bilanzeid).

In technischer Hinsicht regelt der RTS für ESEF als einheitliches Berichtsformat insbesondere:

1. Die Berichtsbestandteile des **Jahresfinanzberichts müssen als XHTML-Dokument erstellt** werden (Art. 3 ESEF-Verordnung). XHTML ist ein XML-konformer Ableger der HTML-Auszeichnungssprache. HTML ist weithin bekannt als technische Grundlage zur Darstellung von Webseiten in einem Web-Browser.

ESEF entspricht vereinfacht formuliert im Wesen dem Charakter einer Webseite.

2. Zusätzlich für den Konzernabschluss sind im entsprechenden XHTML-Dokument maschinenlesbare Auszeichnungen der Finanzinformationen durch Anwendung von InlineXBRL (iXBRL)-Technologie vorzunehmen. Diese **Auszeichnungspflicht mit iXBRL** besteht nur, sofern der **Konzernabschluss nach IFRS-Vorschriften** aufgestellt wird (Art. 4 ESEF-Verordnung). Wesentliche Eigenschaft der Auszeichnung ist die Zuordnung der Finanzinformationen zu Auszeichnungselementen, die für ESEF innerhalb einer Basistaxonomie, einer Art Kontenplan, vordefiniert sind. Finanzinformationen werden somit maschinenlesbar „etikettiert". Dies ermöglicht es dem Adressaten der Abschlüsse, mit geeigneter Software die etikettierten Informationen aus dem XHTML-Dokument automatisch auszulesen und z.B. in Datenbanken zu überführen oder in andere Dateiformate zu wandeln.

   Der Pflichtumfang zur maschinenlesbaren Auszeichnung umfasst zunächst alle monetären Angaben in der Bilanz, Gesamtergebnisrechnung, Kapitalflussrechnung sowie Eigenkapitalveränderungsrechnung. Für Geschäftsjahre mit Beginn am oder nach dem 1.1.2022 sind zusätzlich auch die Anhangangaben als Textblock auszuzeichnen.

Für die Einreichung bzw. Veröffentlichung der Jahresfinanzberichte im ESEF ist im RTS zudem vorgeschrieben, dass dies in einem speziellen Paketformat als sog. ESEF-Berichtspaket (*reporting package*) in Form einer Zip-Datei erfolgt (Anhang III Nr. 3 ESEF-Verordnung).

16.2 Umsetzung der ESEF-Vorgaben in Deutschland

In Deutschland wurde die EU-Transparenzrichtlinie-Änderungsrichtlinie mit dem Gesetz zur weiteren Umsetzung der Transparenzrichtlinie-Änderungsrichtlinie im Hinblick auf ein einheitliches elektronisches Format für Jahresfinanzberichte v. 12.8.2020 (BGBl. I 2020, S. 1874) in nationales Recht umgesetzt. Danach müssen **kapitalmarktorientierte Unternehmen, die als Inlandsemittenten (gem. § 2 Abs. 14 WpHG) Wertpapiere (gem. § 2 Abs. 1 WpHG)** begeben, die **handelsrechtliche Offenlegung künftig nach Maßgabe der ESEF-Verordnung** vornehmen (§ 328 Abs. 1 HGB n.F.), sofern diese Pflichtbestandteile des Jahresfinanzberichts darstellen. Dies bedeutet, dass sie ihre Abschlüsse (Jahres- und Konzernabschluss), Lageberichte sowie Bilanzeide zum Zwecke der Offenlegung als elektronische Wiedergabe im ESEF erstellen müssen. Diese Änderungen bei der Offenlegung sind erstmals auf Rechnungslegungsunterlagen für das **nach dem 31.12.2019 beginnende Geschäftsjahr anzuwenden**. Im Gesetz nicht geregelt ist, in welchem elektronischen Format die übrigen Offenlegungspflichten bei betroffenen Inlandsemittenten, etwa der Bericht des Aufsichtsrats gem. § 325 Abs. 1 Nr. 2 HGB, erfolgen muss.

Verstöße gegen die neuen Offenlegungsvorgaben sind **bußgeldbewehrt**. Zuständig für die Verfolgung etwaiger Verstöße ist künftig die BaFin.

Durch Änderung des § 342b Abs. 2 HGB n.F. wurde zudem die **Überprüfung der ESEF-konformen Wiedergaben der offengelegten Abschlüsse und Lageberichte (nicht: der Bilanzeide) i.R.d. Bilanzkontrollverfahrens** angeordnet. Zusätzlich wurde klargestellt, dass Gegenstand des Bilanzkontrollverfahrens auch ein offengelegter IFRS-Einzelabschluss sein kann.

16.3 Prüfung der ESEF-Konformität als Teil der gesetzlichen Abschlussprüfung

Die neuen Formatvorgaben für die handelsrechtliche Offenlegung sind künftig auch Gegenstand der Abschlussprüfung (§ 317 Abs. 3b HGB). In Folge muss der Abschlussprüfer künftig in einem **besonderen Abschnitt des Bestätigungsvermerks** (§ 322 Abs. 1 HGB n.F.) die elektronischen Wiedergaben zum Zwecke der Offenlegung auf ihre ESEF-Konformität beurteilen. Dies umfasst auch die Beurteilung der maschinenlesbaren Auszeichnung des IFRS-Konzernabschlusses. Der Gesetzgeber folgte mit der Einführung der Prüfungspflicht i.R.d. Abschlussprüfung der Sichtweise der Europäischen Kommission, die die ESEF-Verordnung als eine gesetzliche Vorschrift i.S.d. EU-Abschlussprüferrichtlinie ansieht, die der gesetzlichen Abschlussprüfung unterliegt (EC, Q&A on the RTS on European Single Electronic Format, 2019, abrufbar unter: https://ec.europa.eu/info/sites/info/files/business_economy_euro/banking_and_finance/documents/190529-faq-rts-esfs_en.pdf, Abrufdatum: 1.9.2020). Entsprechend sind die gesetzlichen Vertreter der betroffenen Kapitalmarktunternehmen zur **Vorlage** der zum Zwecke der Offenlegung erstellten elektronischen Wiedergaben der Abschlüsse und Lageberichte im ESEF gegenüber dem Abschlussprüfer verpflichtet (§ 320 Abs. 1 und 3 HGB n.F.).

Zwar besteht für die Offenlegung unverändert die 4-Monatsfrist (§ 325 Abs. 4 HGB). Die **elektronischen Wiedergaben für Zwecke der Offenlegung** müssen aber nunmehr **bereits bis zum Abschluss der Prüfung fertiggestellt** sein, d.h. vor Feststellung bzw. Billigung der geprüften Abschlüsse. Somit verdichten und erweitern sich sowohl für den Rechnungsleger als auch für den Abschlussprüfer die

Prozesse zur Aufstellung und Prüfung in nicht unerheblichem Umfang (vgl. Orth/Obst, WPg 2020, S. 422ff.).

Bis Ende August 2020 gab es noch keinen Prüfungsstandard bzw. keine verbindlichen Leitlinien, die den Aufbau und Umfang einer Prüfung der elektronischen Wiedergaben zum Zwecke der Offenlegung auf ESEF-Konformität regeln. Das IDW hat eine Arbeitsgruppe eingerichtet, die die Fragen der technischen Durchführung der Prüfung der ESEF-Konformität sowie Fragen der Berichterstattung über die Prüfungsergebnisse erörtert und Vorgaben für die Ausgestaltung der Prüfung der ESEF-Konformität gem. § 317 Abs 3b HGB n.F. erarbeitet.

Zur möglichen Ausgestaltung einer Prüfung von ESEF-Vorgaben hat das *Committee of European Auditing Oversight Bodies* (CEAOB) auf Basis einer Konsultationsanfrage der Europäischen Kommission bereits Vorarbeit geleistet. Im Ergebnis der Konsultation hat das **CEAOB unverbindliche Leitlinien zur Prüfung von Abschlüssen in ESEF** veröffentlicht (CEAOB, *Guidelines on the Auditors' Involvement on Financial Statements in ESEF*, 2019). Diese Leitlinien enthalten verschiedene Aspekte zur praktischen Ausgestaltung der Prüfung. Ebenso wurde ein sog. *briefing paper* von *Accountancy Europe* (Zusammenschluss der führenden Berufsorganisationen der Wirtschaftsprüfer in Europa) veröffentlicht, das praktische Hinweise enthält, wie das Ziel der hinreichenden Sicherheit in Bezug auf die Einhaltung der ESEF-Vorgaben erreicht werden kann (*Accountancy Europe, Independent Assurance on ESEF*, 2019). Dabei wird empfohlen, für die Durchführung und Berichterstattung den ISAE 3000 zugrunde zu legen.

B Steuerrecht

1 Gesetzgebung

1.1 Zweites Corona-Steuerhilfegesetz

Das „Zweite Gesetz zur Umsetzung steuerlicher Hilfsmaßnahmen zur Bewältigung der Corona-Krise (Zweites Corona-Steuerhilfegesetz)“ (BGBl. I 2020, S. 1512) setzt den überwiegenden Teil der steuerlichen Maßnahmen aus dem 130 Mrd. EUR schweren Konjunkturprogramm der Bundesregierung vom 3.6.2020 um. Unter bilanzsteuerlichen Gesichtspunkten sind insbesondere die Wiedereinführung der degressiven AfA sowie Verlängerungen der Reinvestitionsfrist des § 6b EStG und der Frist für die Verwendung von Investitionsabzugsbeträgen nach § 7g EStG von Relevanz.

1.1.1 Degressive AfA

Befristet auf die Wirtschaftsjahre 2020 und 2021 ermöglicht § 7 Abs. 2 EStG eine degressive AfA. Bewegliche Wirtschaftsgüter des Anlagevermögens, die nach dem 31.12.2019 und vor dem 1.1.2022 angeschafft oder hergestellt wurden, können somit statt in gleichen Jahresbeträgen (lineare AfA) mit einem festen Prozentsatz vom Buchwert abgeschrieben werden. Der dabei anzuwendende **Prozentsatz** darf **höchstens** das 2,5-fache der derzeit geltenden AfA betragen und 25 % nicht übersteigen.

Die Wirtschaftsgüter müssen jedoch nach § 7 Abs. 2 Satz 3 EStG i. V. m. § 7a Abs. 8 EStG in ein **besonderes, laufend zu führendes Verzeichnis** aufgenommen werden, das den Tag der Anschaffung oder Herstellung, die Anschaffungs- oder Herstellungskosten, die betriebsgewöhnliche Nutzungsdauer und die Höhe der jährlichen AfA enthält, sofern diese Angaben nicht aus der Buchführung ersichtlich sind. Außerdem muss der Absetzungsbetrag, der sich nach der degressiven AfA ermittelt, bei unterjähriger Anschaffung oder Herstellung des Wirtschaftsguts um jeweils ein Zwölftel für jeden vollen Monat, der dem Monat der Anschaffung oder Herstellung vorangeht, gekürzt werden (§ 7 Abs. 2 Satz 3 i. V. m. Abs. 1 Satz 4 EStG). Daneben dürfen für Wirtschaftsgüter, die degressiv abgeschrieben werden, nach § 7 Abs. 2 Satz 4 EStG keine Absetzungen für außergewöhnliche technische oder wirtschaftliche Abnutzung vorgenommen werden.

Je länger die betriebsgewöhnliche Nutzungsdauer ist, umso deutlicher wirkt sich der Effekt der degressiven AfA aus. Ab 5 Jahren betriebsgewöhnlicher Nutzungsdauer können Liquiditätseffekte erzielt werden. Ab dem Jahr, in dem die lineare AfA höher ist als die degressive AfA, ist ein **Wechsel** der Abschreibungsmethode nach § 7 Abs. 3 Satz 1 EStG zulässig.

Die Regelung ersetzt wortgleich die derzeit noch in § 7 Abs. 2 EStG enthaltene degressive Abschreibung, die mit dem letzten Konjunkturpaket im Zuge der Finanzkrise für die Wirtschaftsjahre 2009 und 2010 eingeführt wurde.

Hinweis

Die Regelung ist für Wirtschaftsgüter anwendbar, die nach dem 31.12.2019 und vor dem 1.1.2022 angeschafft oder hergestellt werden (§ 7 Abs. 2 Satz 1 EStG) und ist nach der allgemeinen Anwendungsregelung in § 52 Abs. 1 EStG erstmals für den Veranlagungszeitraum 2020 anzuwenden.

Zur (Un-)Zulässigkeit der degressiven AfA in der Handelsbilanz siehe Kap. A.1.5.

1.1.2 Verlängerung der Reinvestitionsfrist nach § 6b EStG

Die Reinvestitionsfristen des § 6b EStG (§ 6b Abs. 3 Satz 2, 3 und 5, Abs. 8 Satz 1 Nr. 1 sowie Abs. 10 Satz 1 und 8 EStG) werden vorübergehend **um ein Jahr** verlängert. Die Fristverlängerung gilt nur, sofern eine Reinvestitionsrücklage am Schluss des nach dem 28.2.2020 und vor dem 1.1.2021 endenden Wirtschaftsjahres noch vorhanden ist und aufzulösen wäre. Die Reinvestitionsfrist endet in diesen Fällen dann erst am Schluss des darauffolgenden Wirtschaftsjahres (§ 52 Abs. 14 Satz 4 EStG).

Bei ggf. anhaltenden Auswirkungen der COVID-19-Pandemie ermöglicht eine Verordnungsermächtigung dem BMF mit Zustimmung des Bundesrats eine Verlängerung der Fristen um ein weiteres Jahr bis höchstens zum 31.12.2022 (§ 52 Abs. 14 Satz 5 EStG).

Darüber hinaus soll das BMF mit Zustimmung des Bundesrats auch die entsprechenden Reinvestitionsfristen für Wirtschaftsjahre, die nach dem 31.12.2020 und vor dem 1.1.2022 enden, um ein Jahr verlängern können, falls die COVID-19-Pandemie dies erforderlich macht (§ 52 Abs. 14 Satz 6 EStG).

Ausweislich der Gesetzesbegründung soll die vorübergehende Verlängerung der Fristen für die Übertragung stiller Reserven (§ 6b EStG) um ein Jahr die Liquidität der Unternehmen während der COVID-19-Pandemie erhalten, indem in diesem Zeitraum keine Reinvestitionen zur Vermeidung der Rücklagenauflösung mit Gewinnzuschlag erzwungen werden.

1.1.3 Fristverlängerung für Investitionsabzugsbetrag nach § 7g EStG

Auch für Investitionsabzugsbeträge nach § 7g EStG wird die Investitionsfrist um ein Jahr verlängert. So endet die Investitionsfrist bei Investitionsabzugsbeträgen, welche in nach dem 31.12.2016 und vor dem 1.1.2018 endenden Wirtschaftsjahren beansprucht wurden, abweichend von § 7g Abs. 3 Satz 1 EStG erst **zum Ende des 4.** anstatt des 3. auf das Wirtschaftsjahr des Abzugs folgenden **Wirtschaftsjahres** (§ 52 Abs. 16 EStG).

Diese Verlängerung soll laut Gesetzesbegründung ebenfalls die Liquidität der Unternehmen steigern und ihnen die Möglichkeit geben, die in 2020 auslaufende 3-jährige Investitionsfrist zu verlängern. Damit können geplante Investitionen im Jahr 2021 nachgeholt werden, ohne die negativen steuerlichen Folgen wie die Verzinsung der Steuernachforderung aus der Rückgängigmachung der Investitionsabzüge tragen zu müssen.

1.2 Steuern auf Digitales

Zahlreiche Regierungen drängen auf eine neue Abgabe, um digitale Leistungen in ihrem Land zu besteuern, obwohl dies dem klassischen Betriebsstättenprinzip und der Ertragsbesteuerung am Ort der Wertschöpfung widerspricht. Ziel ist die **Besteuerung von sog. Digitalkonzernen**, die zwar via Internet Geschäfte in einem Land tätigen, diese aber dort bisher nicht versteuern (müssen). Bei der Digitalsteuer (DST) handelt es sich – bspw. gem. dem EU-Richtlinienvorschlag – um eine hybride Steuer. Sie soll eine Ertragsteuer sein, die aber nicht beim Gewinn, sondern bei den (Brutto-)Umsatzerlösen ohne Abzugsmöglichkeiten ansetzt. Diese Doppeldeutigkeit führt zu einem andauernden Qualifikationskonflikt zwischen Ertrag- und Umsatzsteuer. Doppelbesteuerungen sind unvermeidlich, da sich die DST nicht in das bestehende DBA-System einordnen lässt. Die DST kann auch nicht in das bestehende Körperschaftsteuersystem integriert werden, da sie nicht auf einer adäquaten Gewinnaufteilung bzw. Aufteilung der Wertschöpfung basiert.

Die EU-Regierungen haben sich im Frühjahr 2019 auf die europaweite Einführung einer DST verständigt – wenn es nicht zu einer internationalen Lösung i. R. d.

G20-Staaten und der OECD kommt. Das **EU-Konzept** sieht 3 % Steuer auf erfasste Dienstleistungen vor. Dazu zählen die Platzierung von Werbung auf einer digitalen Schnittstelle und Vermittlungsleistungen für die damit verbundenen Lieferungen von Gegenständen oder Dienstleistungen, außerdem die Übermittlung gesammelter Nutzerdaten, die aus den Aktivitäten der Nutzer auf digitalen Schnittstellen generiert werden. Als Schwellenwerte, ab der die DST abzuführen ist, gelten für Unternehmen Umsatzerlöse von weltweit 750 Mio. EUR und EU-weit 50 Mio. EUR pro Jahr.

Vorreiter einer DST ist **Frankreich**. Tatsächlich hat die dortige Regierung bereits die DST eingeführt. Sie gilt rückwirkend seit Anfang 2019. Die französische Regelung basiert auf dem EU-Vorschlag, soll aber im Fall einer internationalen Einigung wieder abgeschafft und alle von multinationalen Unternehmen gezahlten DST-Beträge sollen erstattet werden. Die **Briten** wollen 2 % auf Umsätze aus Social-Media-Plattformen, Online-Suchmaschinen oder Online-Handelsplattformen mit Wertschöpfungsbeiträgen von britischen Usern erheben. Ausgenommen sind bestimmte Finanzdienstleistungen. Als Schwellenwerte hat die Regierung in London Digital-Umsatzerlöse von 500 Mio. GBP weltweit und 25 Mio. GBP im UK festgelegt. Der Gesetzesentwurf wurde am 2.7.2020 verabschiedet. In **Österreich** müssen große Unternehmen mit einem weltweiten Umsatz von 750 Mio. EUR und über 25 Mio. EUR Digital-Umsatz in Österreich ab 2020 5 % Steuern auf Online-Werbeeinnahmen zahlen.

Italien wiederum plant eine 3 %-ige und **Tschechien** eine 7 %-ige DST. **Polen und Slowenien** haben Regelungen angekündigt. Es droht ein globaler Flickenteppich, wenn es nicht zu einer international abgestimmten Regelung kommt. Zwar legte die **OECD** Anfang Oktober 2019 einen *Unified Approach* zur Besteuerung der digitalen Wirtschaft vor und kündigte eine Neuordnung der Besteuerung von Digitalunternehmen an, jedoch wurde keine Einigung Anfang 2020 erzielt. Der *Unified Approach* sieht u.a. vor, einen neuen Anknüpfungspunkt für die Besteuerung (*Nexus*) im Marktstaat zu schaffen, der sich vom Prinzip der physischen Präsenz loslöst und sich stattdessen stärker am Absatz orientiert. Davon betroffen sollen nicht nur hoch digitalisierte Unternehmen, sondern insbesondere auch die Konsumgüterindustrie und andere konsumentenorientierte Unternehmen sein.

Hinweis

Trotz einer Verschiebung der für Anfang 2020 geplanten politischen Einigung zu *Pillar One* und *Pillar Two* auf Mitte 2020 plant die OECD weiterhin, den Abschlussbericht mit dem im Detail ausformulierten Konzept bis Ende 2020 auszuarbeiten. Sollte hierbei keine Konsenslösung erzielt werden, will sich die EU-Kommission erneut an einen eigenen Vorschlag wagen.

2 Finanzverwaltung

2.1 Neues Anwendungsschreiben zu GoBD

Das BMF hat sein aus dem Jahr 2014 stammendes Anwendungsschreiben zu den Grundsätzen zur ordnungsmäßigen Führung und Aufbewahrung von Büchern, Aufzeichnungen und Unterlagen in elektronischer Form sowie zum Datenzugriff (GoBD) umfangreich überarbeitet (BMF, Schreiben v. 28.11.2019, IV A 4 – S 0316/19/10003 :001, BStBl. I 2019, S. 1269).

Dabei wurden u.a. der Grundsatz der **Einzelaufzeichnungspflicht** und der zugehörige Passus im AEAO zu § 146 AO aufgenommen, nebst den Voraussetzungen, unter denen aus Zumutbarkeitsgründen von einer Einzelaufzeichnung abgesehen werden kann. Die Einzelaufzeichnungspflicht gilt unabhängig davon, ob digitale Aufzeichnungen nach § 146a Abs. 3 AO i.V.m. der KassenSichV zu schützen sind. Erheblich verkürzt wird der Zeitraum für die periodische Erfassung von unbaren Geschäftsvorfällen. Während das alte Schreiben noch einen Monat vorsah, sieht das neue Schreiben nur noch 10 Tage vor. Bare Geschäftsvorfälle müssen täglich erfasst werden. Daneben äußert sich das Schreiben u.a. zu *Cloud*-Anwendungen, zur elektronischen Aufbewahrung und bildlichen Erfassung von Papierdokumenten und enthält neue Regelungen zu elektronischen Meldungen (z.B. EDI) bzw. Datensätzen, die neben bildhaften Urschriften ausgestellt werden.

Hinweis

Das neue BMF-Schreiben soll grundsätzlich mit Wirkung vom 1.1.2020 das bisherige Anwendungsschreiben ersetzen. Es enthält auch eine Nichtbeanstandungsregelung für frühere Zeiträume.

2.2 Bewertung von Pensionsrückstellungen nach § 6a EStG

Mit dem BMF-Schreiben v. 17.12.2019 (IV C 6 – S 2176/19/10001 :00, BStBl. I 2020, S. 82) fasst die Finanzverwaltung die Randnummern 5 der BMF-Schreiben v. 19.10.2018 (IV C 6 – S 2176/07/10004 :001) und v. 16.12.2005 (IV B 2 – S 2176 – 106/05) entsprechend neu und wendet die Entscheidungsgrundsätze des BFH an. Laut BFH (Beschluss v. 13.2.2019, XI R 34/16, BStBl. II 2020, S. 2) findet die **3-Jahresverteilungsregelung** des § 6a Abs. 4 Satz 2 EStG keine Anwendung, wenn eine Pensionszusage im Jahr der erstmaligen Veröffentlichung neuer Heubeck-Richttafeln 2018 G erteilt und gleichzeitig auch erstmalig eine Pensionsrückstellung gebildet wird.

Die Verteilungsregelung gilt damit nicht für (neue) Versorgungszusagen, die im jeweiligen Übergangsjahr auf die Heubeck-Richttafeln 2018 G erteilt wurden. Die entsprechenden Pensionsrückstellungen sind somit zum Schluss des betreffenden Wirtschaftsjahres in Höhe der Teilwerte unter Zugrundelegung der Heubeck-Richttafeln 2018 G anzusetzen. Auch hinsichtlich der Erstanwendung der Heubeck-Richttafeln 2005 G ändert das BMF sein Schreiben v. 16.12.2005.

Hinweis

Die angepasste Verwaltungsauffassung ist in allen noch offenen Fällen anzuwenden. Aus Billigkeitsgründen beanstandet es die Finanzverwaltung nicht, wenn der Steuerpflichtige die 3-Jahresverteilungsregelung des § 6a Abs. 4 Satz 2 EStG entsprechend dem bisherigen BMF-Schreiben v. 19.10.2018 bei der Bewertung der Pensionsrückstellung berücksichtigt. Dies darf dann nur einheitlich für alle entsprechende Versorgungszusagen geschehen.

2.3 Bewertung von Rückstellungen für Zuwendungen anlässlich eines Dienstjubiläums

Das BMF hat ein Schreiben zur pauschalen Bewertung von Jubiläumsrückstellungen veröffentlicht (BMF, Schreiben v. 27.2.2020, IV C 6 – S 2137/19/10002 :001, BStBl. I 2020, S. 254). In diesem wurden die Werte an die neuen Heubeck-Richttafeln 2018 G angepasst.

Zum steuerrechtlichen Umgang mit den neuen **Heubeck-Richttafeln 2018 G** für die Bewertung von Pensionsrückstellungen hatte die Finanzverwaltung bereits ein auf den 19.10.2018 datiertes BMF-Schreiben veröffentlicht (IV C 6 – S 2176/07/10004 :001), BStBl. I 2018, S. 1107). Mit den Richttafeln 2018 sollen die biometrischen Rechengrundlagen an die Entwicklungen bei Sterblichkeits-, Invalidisierungs-, Verheiratungs- und Fluktuationswahrscheinlichkeiten angepasst werden.

Die Finanzverwaltung äußert sich auch zu den Auswirkungen der Heubeck-Richttafeln 2018 G auf Rückstellungen für Zuwendungen anlässlich eines Dienstjubiläums. Die Bewertung einer solchen Jubiläumsverpflichtung kann gem. dem BMF-Schreiben v. 8.12.2008 (IV C 6 – S 2137/07/10002, BStBl. I 2008, S. 1013) entweder nach anerkannten Regeln der Versicherungsmathematik oder nach dem Pauschalwertverfahren erfolgen. Die für das Pauschalwertverfahren heranzuziehenden Werte aus dem BMF-Schreiben aus dem Jahr 2008 beruhten bislang auf den Heubeck-Richttafeln 2005 G. Durch das BMF-Schreiben v. 27.2.2020 halten nun die neuen biometrischen Richttafeln 2018 auch in das Pauschalwertverfahren Einzug.

Hinweis

Die neuen Werte sind spätestens für Wirtschaftsjahre, die nach dem 29.6.2020 und frühestens für Wirtschaftsjahre, die nach dem 20.7.2018 enden, anzuwenden.

2.4 Zweifelsfragen im Zusammenhang mit § 6 Abs. 3 EStG

Das BMF ändert in einem umfangreichen Schreiben seine Auffassung zur **Gesamtplanbetrachtung** bei Übertragungsvorgängen und äußert sich zur unentgeltlichen Übertragung von Mitunternehmer(teil-)anteilen mit Sonderbetriebsvermögen und der Übertragung unter Vorbehaltsnießbrauch (BMF, Schreiben v. 20.11.2019, IV C 6 – S 2241/15/10003, BStBl. I 2019, S. 1291).

Bislang versagte die Finanzverwaltung unter Anwendung der Gesamtplanbetrachtung die **steuerneutrale Übertragung** eines Mitunternehmeranteils nach § 6 Abs. 3 EStG, wenn zuvor bzw. zeitgleich funktional wesentliches (Sonder-)Betriebsvermögen in ein anderes (Sonder-)Betriebsvermögen nach § 6 Abs. 5 EStG übertragen wurde. Diese Sichtweise hat das BMF mit Schreiben v. 20.11.2019 geändert und die gegenteilige BFH-Rechtsprechung anerkannt (Urteile v. 2.8.2012, IV R 41/11, BStBl. II 2019, S. 715 und v. 12.5.2016, IV R 12/15, BStBl. II 2019, S. 726).

Die gleichzeitige Anwendung der beiden Buchwertprivilegien ist jedoch nur dann möglich, wenn nach Auslagerung von funktional wesentlichem (Sonder-)Betriebsvermögen weiterhin eine funktionsfähige betriebliche Einheit besteht und die Besteuerung der stillen Reserven sichergestellt ist. Andernfalls liegt hinsichtlich des verbleibenden Restbetriebsvermögens eine Betriebszerschlagung und damit eine nicht nach §§ 16 Abs. 4, 34 EStG steuerbegünstigte Betriebsaufgabe vor.

Weiterhin will das BMF die Gesamtplanbetrachtung i. R. d. Gewährung der Steuervergünstigung nach §§ 16 Abs. 4, 34 EStG weiterhin anwenden.

Des Weiteren hat das BMF zur **quotalen und disquotalen Übertragung** von Mitunternehmer(teil-)anteilen mit Sonderbetriebsvermögen erstmals die Grundsätze des BFH-Urteils v. 2.8.2012 adaptiert. Demnach wird für die Beurteilung, ob ein Vorgang nach § 6 Abs. 3 Satz 1 2. Halbsatz EStG (quotale Übertragung) oder § 6 Abs. 3 Satz 2 EStG (unterquotale Übertragung) vorliegt, eine rein wertmäßige Betrachtung vorgenommen. In letzterem Fall ist es jedoch nun keine Voraussetzung für die Buchwertübertragung mehr, dass das zurückbehaltende Sonderbetriebsvermögen dauerhaft zum Betriebsvermögen derselben Mitunternehmerschaft gehört. Auch in diesem Zusammenhang gibt das BMF nun die Gesamtplanbetrachtung auf. Hinsichtlich einer überquotalen Übertragung von Sonderbetriebsvermögen muss keine Aufteilung in einen Vorgang nach § 6 Abs. 3 Satz 1 EStG und einen weiteren Vorgang nach § 6 Abs. 5 EStG mehr vorgenommen werden, sondern es soll insgesamt eine Buchwertübertragung nach § 6 Abs. 3 Satz 1 EStG erfolgen. Auch stellt das BMF zur Übertragung von Mitunternehmer(teil-)anteilen unter Vorbehaltsnießbrauch klar, dass die Grundsätze des BFH-Urteils v. 25.1.2017 (X R 59/14, BStBl. II 2019, S. 730) zur Übertragung gewerblicher Einzelunternehmen nicht anwendbar sind.

Hinweis

Das Schreiben löst das BMF-Schreiben v. 3.3.2005 mit Ergänzungen v. 7.12.2006 ab und ist auf alle noch nicht abgeschlossenen Übertragungsvorgänge gem. § 6 Abs. 3 und Abs. 5 EStG anzuwenden. Allerdings gewährt das BMF die Möglichkeit, aus Vertrauensschutzgründen auf Antrag die bisherige Verwaltungsauffassung für bereits abgeschlossene Übertragungsvorgänge weiterhin anzuwenden.

2.5 Anwendung des Investitionsabzugsbetrags nach § 7g EStG

Bisher hat die Finanzverwaltung bei der Anwendung des Investitionsabzugsbetrags (§ 7g EStG) bei Personengesellschaften zwischen den einzelnen Vermögensbereichen der Personengesellschaft getrennt. So wurde z. B. bei Bildung des Investitionsabzugsbetrags in der Gesamthandsbilanz eine spätere Investition im Sonderbetriebsvermögen eines Mitunternehmers nicht begünstigt.

Dem hat der BFH jedoch 2017 widersprochen (Beschluss v. 15.11.2017, VI R 44/16, BStBl. II 2019, 466). Das BMF hat sich dem angeschlossen und die strenge **Trennung zwischen den einzelnen Vermögensbereichen** aufgegeben (BMF, Schreiben v. 26.8.2019, IV C 6 – S 2139–b/07/10002–02, BStBl. I 2019, S. 870). Weiterhin nicht begünstigt ist die Investition eines bereits im Gesamthandsvermögen bzw. Sonderbetriebsvermögen befindlichen Investitionsguts.

Hinweis

Die neuen Grundsätze gelten in allen noch offenen Fällen und auch für Investitionsabzugsbeträge, die in Wirtschaftsjahren in Anspruch genommen wurden, die vor dem 1.1.2016 enden.

Im Zusammenhang mit § 7g EStG ist weiterhin auf die Verlängerung der Frist für die Verwendung von Investitionsabzugsbeträgen im Zweiten Corona-Steuerhilfegesetz hinzuweisen (vgl. dazu auch Abschn. 1.1).

2.6 Berücksichtigung von Währungskursverlusten

Die steuerliche Behandlung von Verlusten aus Währungskursgeschäften ist strittig. Insbesondere mit der Frage nach der Saldierung mit gegenläufigen Erträgen aus einem korrespondierenden Sicherungsgeschäft und der Abzugsfähigkeit von Verlusten aus Gesellschafterdarlehen bei einem fremdüblich gesicherten Währungskursrisiko haben sich Rechtsprechung, Gesetzgebung und nun auch die Finanzverwaltung auseinander gesetzt.

Gewinnminderungen aufgrund von Währungskursverlusten im Zusammenhang mit Gesellschafter-Darlehensforderungen sind unter den Voraussetzungen des § 8b Abs. 3 Satz 4 ff. KStG außerbilanziell dem Gewinn wieder hinzuzurechnen. Eine außerbilanzielle Hinzurechnung unterbleibt nur, wenn ein fremder Dritter das Darlehen bei sonst gleichen Umständen gewährt oder noch nicht zurückgefordert hätte (Gegenbeweis gem. § 8b Abs. 3 Satz 6 KStG). Strittig sind in diesem Zusammenhang insbesondere 2 Kernfragen, die in jüngster Vergangenheit vom BFH und vom Bundesrat aufgegriffen wurden:

- Ist der Verlust aus einem Währungskursgeschäft (Grundgeschäft) mit einem gegenläufigen Ertrag aus dem Sicherungsgeschäft zu saldieren?
- Kann eine außerbilanzielle Hinzurechnung des Verlustes aus dem Währungskursgeschäft gem. § 8b Abs. 3 Satz 4 ff. KStG unterbleiben, wenn nachgewiesen wird, dass das Währungskursrisiko für sich benommen fremdüblich gesichert ist (Gegenbeweis des Sicherungsgeschäfts)?

Zu diesen Fragen hat sich das Niedersächsische Landesamt für Steuern geäußert (LfSt Niedersachsen, Verfügung v. 15.4.2020, S 2750a-113-St 241, DB 2020, S. 1093). Danach ist eine **Saldierung von Währungskursverlusten** mit gegenläufigen Erträgen aus Sicherungsgeschäften nicht möglich. Vielmehr unterliegen in der Folge auch die Wechselkursverluste der Einkommenskorrektur des § 8b Abs. 3 Satz 4 ff. KStG.

Der BFH hat hingegen mit Urteil v. 10.4.2019 (I R 20/16, BFHE 265, S. 63) eine Saldierung der Erträge aus Währungskurssicherungsgeschäften bei Ermittlung des Veräußerungsgewinns aus einer Aktienveräußerung (Grundgeschäft) bejaht (vgl. dazu auch Abschn. 3.7). Sofern ein konkreter Veranlassungszusammenhang zum Grundgeschäft vorliegt (*Micro Hedge*), erhöhen Gewinne aus einem Sicherungsgeschäft den Veräußerungspreis. Verluste aus einem Sicherungsgeschäft stellen im Gegenzug Veräußerungskosten dar. Dieser Rechtsprechung folgt die Verfügung aus Niedersachsen nicht, sodass betroffene Steuerpflichtige ggf. selbst den Weg über die Finanzgerichte beschreiten müssen.

Auch verneint das Niedersächsische Landesamt für Steuern den partiellen Ausschluss des Abzugsverbots für einen Währungsverlust bei **Nachweis der fremdüblichen Sicherung** des Währungskursrisikos. Da § 8b Abs. 3 Satz 4 KStG nach dem Wortlaut nur das Darlehen erfasst, greift der Gegenbeweis des § 8b Abs. 3 Satz 6 KStG nur, wenn das gesamte Darlehen fremdüblich abgesichert ist. Allein die fremdübliche Sicherung des Währungskursrisikos kann nicht zu einer partiellen Nichtanwendung des § 8b Abs. 3 Satz 4 KStG für die Währungskursverluste führen, wenn das Darlehen wegen anderer Bedingungen nicht fremdüblich ist.

Hinweis

Auch wenn sich die Verfügung aus Niedersachsen dazu nicht explizit äußert, ist in der Praxis davon auszugehen, dass die Finanzverwaltung ihre Argumentation auch auf die Schwestervorschrift des § 3c Abs. 2 EStG übertragen wird.

2.7 Aussetzung der Vollziehung bereits für Verzinsungszeiträume ab Anfang 2012

Nachdem der BFH schwerwiegende verfassungsrechtliche Zweifel an der Höhe des Zinssatzes nach § 238 AO auch für Verzinsungszeiträume ab 2012 äußerte, gewährt das BMF **Aussetzung der Vollziehung** auf Antrag auch für Verzinsungszeiträume **ab dem 1.1.2012** (BMF, Schreiben v. 27.11.2019, IV A 3 – S 0465/19/10004 :001, BStBl. I 2019, S. 1266).

Bisher gewährt die Finanzverwaltung Aussetzung der Vollziehung für Verzinsungszeiträume ab 1.4.2012 auf Antrag des Zinsschuldners in allen Fällen, in denen gegen eine vollziehbare Zinsfestsetzung (unter Zugrundelegung des Zinssatzes nach § 238 Abs. 1 Satz 1 AO) Einspruch eingelegt wurde (BMF, Schreiben v. 14.12.2018, IV A 3 – S 0465/18/10005–01, BStBl. I 2018, S. 1393).

Diesen Zeitraum zieht das BMF mit dem Schreiben v. 27.11.2019 in Reaktion auf den BFH-Beschluss v. 4.7.2019 (VIII B 128/18, BFH/NV 2019, S. 1060) auf Verzinsungszeiträume ab 1.1.2012 vor.

Hinweis

Seit dem BMF-Schreiben v. 2.9.2019 nimmt die Finanzverwaltung Zinsfestsetzungen regelmäßig nur noch vorläufig vor. Letztlich bleibt die Entscheidung des BVerfG abzuwarten, bei dem die Verfahren 1 BvR 2237/14 und 1 BvR 2422/17 zur verfassungsrechtlichen Frage der Zinshöhe nach § 238 AO anhängig sind.

3 Rechtsprechung zum Steuerrecht

3.1 Gezahlte Optionsprämie als Teil der Anschaffungskosten

Mit Urteil v. 22.5.2019 (XI R 44/17, BStBl. II 2020, S. 44) hat der BFH das Prinzip der Erfolgsneutralität von Anschaffungsvorgängen im Zusammenhang mit dem Erwerb von Aktien nach Ausübung von (wertgeminderten) Optionen konkretisiert.

Gegenstand der Entscheidung des BFH ist der Begriff der Anschaffungskosten nach § 6 Abs. 1 Nr. 2 EStG i.V.m. § 255 Abs. 1 HGB bei einem bilanzierenden Anteilseigner. Das Urteil betrifft den Erwerb von Aktien im Jahr 1996 in Ausübung von im Jahr 1986 erworbenen Optionsscheinen, die im Jahr 1987 auf den niedrigeren Teilwert abgeschriebenen wurden. Eine dem § 6 Abs. 1 Satz 1 Nr. 1 Satz 4 EStG i.d.F. des Steuerentlastungsgesetzes 1999/2000/2002 entsprechende steuerrechtliche Vorschrift, die eine Teilwertaufholung hätte anordnen können, war nicht ersichtlich.

Laut BFH sind **Anschaffungsvorgänge erfolgsneutral** zu behandeln. Werden Aktien durch Ausübung von Optionen erworben, entsteht in Höhe der bisher bilanzierten Optionen ein Aufwand in Höhe des entfallenden Buchwerts. Die für die Einräumung der Option gezahlten Beträge sind als Anschaffungsnebenkosten der erworbenen Aktien zu erfassen.

Wurden die Optionen zuvor auf den niedrigeren Teilwert abgeschrieben (beachte: voll abzugsfähige Betriebsausgabe), sind laut BFH die (höheren) historischen Anschaffungskosten der Optionen als Anschaffungsnebenkosten der Aktien anzusetzen. Die Teilwertabschreibung auf die Optionen ist im Zeitpunkt der Ausübung der Optionen rückgängig zu machen und wirkt sich somit gewinnerhöhend aus (beachte: voll steuerpflichtige Betriebseinnahme). Nach Ansicht des BFH entspricht dies dem Prinzip der Erfolgsneutralität von Anschaffungskosten.

Hinsichtlich der Bewertung der erworbenen Aktien zum Bilanzstichtag könne laut BFH zwar bei einer voraussichtlich dauernden Wertminderung eine Teilwertabschreibung in Betracht kommen. Da der Marktwert der erworbenen Aktien indes oberhalb des vereinbarten Basispreises und der gezahlten Optionsprämien lag, waren dafür im konkreten Fall die Voraussetzungen nicht erfüllt.

3.2 Maßgeblichkeit der Handelsbilanz für die Steuerbilanz nach Inkrafttreten des BilMoG

Der BFH hat die Auffassung der Finanzverwaltung bestätigt, dass Rückstellungen für ungewisse Verbindlichkeiten in der Steuerbilanz höchstens mit ihrem handelsrechtlich zulässigen Wert anzusetzen sind (Urteil v. 20.11.2019, XI R 46/17, BStBl. II 2020, S. 195).

Im Streitfall bildete die Klägerin in ihrer Handels- und Steuerbilanz Rückstellungen für Verpflichtungen zur Rekultivierung von Abbaugrundstücken. Zum 31.12.2010 wurde handelsbilanziell eine Ansammlungsrückstellung i. H. v. 295.870 EUR erfasst, bei deren Ermittlung geschätzte Kostensteigerungen bis zum Erfüllungszeitpunkt einbezogen wurden. Der ermittelte Erfüllungsbetrag wurde mit einem nach § 253 Abs. 2 Satz 1 HGB ermittelten Zinssatz von 4,49 % abgezinst. In der Steuerbilanz erfolgte die Ermittlung der Rückstellung ohne künftige Kostensteigerungen und der Verpflichtungsbetrag wurde nicht abgezinst, sodass 348.105 EUR angesetzt wurden. Das Finanzamt kürzte in einer Außenprüfung unter Hinweis auf § 6 Abs. 1 Nr. 3a EStG die Rückstellung auf den niedrigeren Handelsbilanzwert i. H. v. 295.870 EUR, weil ansonsten steuerrechtlich ein höherer Rückstellungsbetrag als in der Handelsbilanz ausgewiesen werde. Die Klägerin vertrat die Auffassung, dass der höhere steuerrechtliche Rückstellungsbetrag zum Ansatz kommt, da mit dem BilMoG (Bilanzrechtsmodernisierungsgesetz v. 25.5.2009, BGBl. I 2009, S. 1102; Inkrafttreten: 29.5.2009) die formelle Maßgeblichkeit, die eine Bindung des konkreten Bilanzansatzes in der Handelsbilanz für die Steuerbilanz vorsieht, abgeschafft worden sei.

Der BFH folgt der Finanzverwaltung und führt aus, dass sich aus der einleitenden Formulierung „höchstens insbesondere" des § 6 Abs. 1 Nr. 3a EStG keine Durchbrechung der Maßgeblichkeit ergebe. Die Anwendbarkeit handelsrechtlicher Vorschriften i. R. d. **Maßgeblichkeitsprinzips** nach § 5 Abs. 1 Satz 1 EStG werde nicht per se durch eine speziellere steuerrechtliche Norm ausgeschlossen.

Der „höchstens insbesondere"-Hinweis umfasst also nicht nur einen anderen steuerlichen Wert, sondern auch einen niedrigeren handelsrechtlichen Wert. Diese Auslegung ergebe sich auch explizit aus der Gesetzesbegründung des § 6 Abs. 1 Nr. 3a EStG (vgl. BT-Drs. 14/443). Da der Gesetzgeber keine anderweitigen Anpassungen vorgenommen habe, sei trotz der intendierten Steuerneutralität des handelsrechtlichen Reformteils auch nach BilMoG ein Fortgelten der formellen Maßgeblichkeit zu bejahen.

Hinweis

Für Pensionsrückstellungen nach § 6a EStG erkennt jedoch die Finanzverwaltung in R 6.11 Abs. 3 Satz 1 EStR an, dass der steuerliche Rückstellungswert den handelsrechtlichen Wert übersteigen kann.

3.3 Keine Verbindlichkeitsrückstellung bei überwiegendem Eigeninteresse

Auch bei einer dem Grunde nach rechtlich bestehenden Außenverpflichtung scheidet der Ansatz einer Verbindlichkeitsrückstellung aus, wenn die Verpflichtung in ihrer wirtschaftlichen Belastungswirkung von einem eigenbetrieblichen Interesse vollständig „überlagert" wird. An dieser Rechtsprechung hält der BFH entgegen kritischen Literaturstimmen fest (BFH, Urteil v. 22.1.2020, XI R 2/19, DB 2020, S. 1317).

Unter Berücksichtigung des Verbots sog. **Aufwandsrückstellungen** (§ 249 Abs. 2 Satz 1 HGB) setzt der Ansatz einer Rückstellung für ungewisse Verbindlichkeiten eine Verpflichtung voraus, die gegenüber einem Dritten besteht (sog. Außenverpflichtung) und als erzwingbarer Anspruch eine wirtschaftliche Belastung darstellt. Eine solche wirtschaftliche Belastung setzt nach ständiger Rechtsprechung des BFH (auch bei Bestehen einer Außenverpflichtung) die Gewichtung der wirtschaftlichen Interessen des Leistungsverpflichteten voraus mit der möglichen Folge, dass im Einzelfall das überwiegende eigenbetriebliche Interesse als das wirtschaftlich auslösende Moment der Belastung zu werten sein kann und damit der Sache nach eine Aufwandsrückstellung vorliegt.

Im Streitfall lag ein solches Eigeninteresse neben einer bestehenden Außenverpflichtung (hier: zivilrechtliche Pflicht zur Räumung des Grundstücks bei Vertragsende) vor, sodass der BFH eine Rückstellung ablehnte. Als Gerüstbauunternehmen war die Klägerin darauf angewiesen, Gerüstbaumaterialien und Betriebs- und Geschäftsausstattung für Folgeaufträge wieder zur Verfügung zu haben. Daraus ergab sich die Notwendigkeit einer Auflösung des jeweiligen Materiallagers an den Baustellen und des Rücktransports des eigenen betriebsnotwendigen Materials in das Zentrallager der Klägerin zur Verwendung auf weiteren Baustellen. Selbst bei erheblichen Entfernungen zwischen den Baustellen und dem Zentrallager erfolgte ein Rücktransport des Materials in das Zentrallager, was laut BFH die Betriebsnotwendigkeit unterstrichen habe. Darüber hinaus war vor dem Hintergrund des einheitlichen Transportvorgangs eine Aufteilung der gesamten Kosten und die Anerkennung eines Teils des Rückstellungsbetrags unter dem Gesichtspunkt, dass insoweit ausschließlich die Grundstücke der Auftraggeber betroffen sind, nicht möglich.

> **Hinweis**
>
> Das Urteil überzeugt nicht. Jede Ausgabe des Kaufmanns erfolgt auch in seinem Interesse („Ein Kaufmann hat nichts zu verschenken."). Abgrenzungsschwierigkeiten im konkreten Einzelfall (und Streit in Betriebsprüfungen) sind unvermeidlich. Es gibt kein positiv-rechtliches Tatbestandsmerkmal „Eigeninteresse" für Rückstellungen.
>
> Das Urteil ist im Bilanzsteuerrecht zu respektieren (objektiver Fehlerbegriff). In der Handelsbilanz ist eine Rückstellung für ungewisse Verbindlichkeiten zu bilden (subjektiver Fehlerbegriff). Dies umso mehr, als die Honorare des Gerüstbauunternehmens auch die Aufwendungen für die Baustellenräumung abgelten (Nettorealisationsprinzip).
>
> Fraglich ist, ob der BFH eine Rückstellungsbildung (ggf. teilweise) anerkennen würde, wenn das Interesse des Kaufmanns an der (Außen-)Verpflichtung nicht **vollständig** durch sein eigenes Interesse überlagert wird.

3.4 Rückstellung für die Kosten der Aufbewahrung von Mandantendaten

Eine Rückstellung für die Pflicht eines Steuerberaters zur Aufbewahrung von Mandantendaten setzt laut BFH eine öffentlich-rechtliche oder eine zivilrechtliche Pflicht zur Aufbewahrung dieser Daten voraus (Urteil v. 13.2.2019, XI R 42/17, BFH/NV 2019, S. 1197).

Bei Rückstellungen für ungewisse Verbindlichkeiten, die auf öffentlich-rechtlichen Vorschriften beruhen, bedarf es einer Konkretisierung des Inhalts, dass die Verpflichtungen inhaltlich hinreichend bestimmt, in zeitlicher Nähe zum Bilanzstichtag zu erfüllen sowie sanktionsbewehrt sind.

Im konkreten Fall der **Aufbewahrung** von Mandantendaten und Handakten durch eine Steuerberatungsgesellschaft folgte eine öffentlich-rechtliche Pflicht weder aus

§ 66 Abs. 1 StBerG noch aus einer eigenständigen öffentlich-rechtlichen **Aufbewahrungsverpflichtung** des Mandanten bei tatsächlicher Aufbewahrung durch den Berater. Dem Argument, aus einer **Herausgabepflicht** leite sich eine Pflicht zur Aufbewahrung ab, da diese die Existenz und mithin die (geordnete) Aufbewahrung der Unterlagen voraussetze, folgte das Gericht nicht. Der reine Umstand der Aufbewahrung, der durch Herausgabe an den Berechtigten jederzeit beendet werden kann (§ 66 Abs. 1 Satz 3 StBerG), reiche nicht aus, von einer rückstellungsfähigen öffentlich-rechtlichen Aufbewahrungspflicht des Steuerberaters auszugehen.

Auch das Vorliegen einer zivilrechtlichen ungewissen Verbindlichkeit des Steuerberaters zur Aufbewahrung der Mandantendaten, für die eine Rückstellung zu bilden wäre, verneinte der BFH im vorliegenden Fall, da es hierzu an einer vertraglichen Verpflichtung (mit einem ausdrücklich vereinbarten Entgelt) fehlte; so beendete der Steuerberater die Aufbewahrung der Unterlagen bei Mandatsbeendigung. Eine rückstellungsfähige Verpflichtung aus einer „ständigen Übung des Steuerberaters" und einem daraus abgeleiteten Vertrauen der Mandanten auf Fortführung einer unentgeltlichen Aufbewahrung, lehnte der BFH ebenfalls ab.

Für die Frage, ob am Bilanzstichtag ein sog. Erfüllungsrückstand vorliegt, ist für den BFH von Bedeutung, dass eine Pflicht zur Aufbewahrung der Klägerin jedenfalls nicht unabhängig vom Fortbestand des Mandatsverhältnisses angenommen werden kann. Indes ist die Erwartung in den Fortbestand der Mandatsbeziehung keine „Gegenleistung" für die Aufbewahrung der Unterlagen.

3.5 Sachleistungsrückstellungen bei stillgelegten Deponien

Nach einer Entscheidung des FG Münster im 2. Rechtsgang ist ein Deponiebetreiber dem Grunde nach berechtigt, Rückstellungen für Nachsorgeverpflichtungen stillgelegter Deponien zu bilden (Urteil v. 13.2.2019, 13 K 1042/17 K, G, EFG 2019, S. 1002). Die enthaltenen Investitionskosten zur umweltgerechten Wiederherstellung von Deponiegrundstücken sind dabei von der Rückstellungsbildung nicht ausgeschlossen (§ 5 Abs. 4b Satz 1 EStG).

Unter Verweis auf das im ersten Rechtsgang ergangene BFH-Urteil v. 8.11.2016 (I R 35/15, BStBl. II 2017, S. 768) kam das FG Münster zum Schluss, dass die Steuerpflichtige für die von ihr unterhaltenen Deponien verpflichtet war, Stilllegungs- und Nachsorgemaßnahmen durchzuführen und dass die in den Nachsorgeverpflichtungen enthaltenen **Investitionskosten** nicht nach § 5 Abs. 4b Satz 1 EStG von der Rückstellungsbildung ausgeschlossen sind. Für die konkrete Passivierung einer Sachleistungsrückstellung war für das FG u. a. entscheidend, dass kein neues

Wirtschaftsgut entstanden sei, welches zur Entstehung neuer Herstellungskosten geführt hätte. Die strittigen sog. „Investitionskosten" dienten vielmehr der Wiederherstellung der Deponiegrundstücke und betrafen einen Zeitpunkt nach Ende des Befüllungszeitraums, weshalb sie auch nicht als nachträgliche Herstellungskosten für die Deponiegrundstücke einzustufen seien. Auch entstehe durch den Übergang in die Stilllegungs- oder Nachsorgephase kein neues Wirtschaftsgut.

Zudem sind laut FG Münster auch keine (2) separaten Abzinsungszeiträume hinsichtlich der Stilllegungs- und der Nachsorgephase zu bilden, da es sich im Ergebnis um Teilleistungen einer einheitlichen Sachleistungsverpflichtung und nicht um jeweils selbstständige Leistungen handelt. Den maßgeblichen **Abzinsungszeitraum** bildet daher der Zeitraum bis zum Beginn der ersten, nicht völlig unbedeutenden Erfüllungshandlung der (einheitlichen) Sachleistungsverpflichtung.

Hinweis

Die Ausführungen des Urteils dürften auch für ähnlich gelagerte Fälle, wie bspw. bei der Stilllegung von Energieerzeugungsanlagen oder Schließung von Bergwerken, von Interesse sein. Gegen das Urteil ist Nichtzulassungsbeschwerde beim BFH anhängig (XI B 31/19), sodass nun abzuwarten bleibt, wie der BFH zu den strittigen Punkten nochmals Stellung nimmt.

3.6 Keine Teilwertzuschreibung auf Verpflichtung aus Umtauschanleihe bei Deckungsbestand

Wird bei Umtauschanleihen die Option auf Aktienlieferung durch den Anleihegläubiger ausgeübt, ist der Buchwert der Anleiheverbindlichkeit gegen den Buchwert der abgegebenen Aktien auszubuchen. Eine Teilwertzuschreibung der Anleiheverbindlichkeit ist laut BFH bei Bildung einer handels- und steuerrechtlichen Bewertungseinheit mit bereits im Bestand der Anleiheschuldnerin gehaltenen Aktien nicht möglich (Urteil v. 27.3.2019, I R 20/17, BFH/PR 2019, S. 314).

Unter Umtauschanleihen (sog. *Exchangeables*) sind Schuldverschreibungen zu verstehen, bei denen den Gläubigern regelmäßig ein Umtausch- oder (eher selten) ein Bezugsrecht auf Aktien einer **3.** Gesellschaft eingeräumt wird, wobei diese Gesellschaft nicht die Sicherstellung dieses Umtausch- oder Bezugsrechts übernimmt. Vielmehr hält der Emittent der Umtauschanleihe die zur Sicherung des Umtausch- oder Bezugsrechts erforderlichen (Alt-)Aktien i. d. R. bereits oder verpflichtet sich, diese Aktien – etwa wie im Streitfall von einem konzernzugehörigen Unternehmen – zu erwerben.

Umtauschanleihen sind in der Steuerbilanz bei ihrer Begebung als **einheitliche** Verbindlichkeiten mit dem Rückzahlungsbetrag zu passivieren; die Bilanzierung zusätzlicher Stillhalterpositionen aus Verkaufsoptionen bzw. eine Aufspaltung in einen Anleiheanteil und eine Optionsprämie kommt angesichts der Einheitlichkeit der eingegangenen Verpflichtungen nicht in Betracht. Hält der Emittent zum Zwecke der Erfüllung der potenziellen Umtauschabsicht des Investors einen Deckungsbestand an zum Umtausch bestimmten Aktien vor, ist seine Vermögensbelastung durch diesen Bestand begrenzt und es scheidet – bei Bildung einer Bewertungseinheit mit den zur Deckung vorgehaltenen Aktien – der Ausweis einer Verbindlichkeitsrückstellung bei einer Kurserhöhung der Aktien aus.

Laut BFH werden bei Optionsausübung durch die Anleihegläubiger die Anleiheverbindlichkeiten gegen den Buchwert der abgegebenen Aktien ausgebucht. Übersteigt der Ansatz der Anleiheverbindlichkeit den Buchwert der (im Deckungsbestand gehaltenen) Aktien, entsteht ein Gewinn, welcher § 8b Abs. 2 KStG unterfällt und außerbilanziell i. R. d. Einkommensermittlung korrigiert wird.

Soweit für die der Anleihe zugrunde liegende Aktie kein Deckungsbestand unterhalten wird, scheidet bei Kurssteigerung der noch zu beziehenden Aktien in der Folgebewertung eine Teilwerterhöhung der Anleiheverbindlichkeiten aus. Dies ergibt sich aus dem Umstand, dass bis zur Ausübung des Umtauschrechts lediglich eine Verpflichtung des Emittenten zur Tilgung der Verbindlichkeit in Höhe des Nennbetrags besteht. Der Risikoüberhang bei potenzieller Ausübung des Umtauschrechts ist durch eine Verbindlichkeitsrückstellung zu erfassen.

Hinweis
Zu weiteren handelsrechtlichen Überlegungen siehe Kap. A.11.3.

3.7 Ertrag aus Währungskurssicherungsgeschäften

Laut BFH können Erträge aus Währungskurssicherungsgeschäften als **Bestandteil des Veräußerungspreises** bei der Ermittlung des Veräußerungsgewinns nach § 8b Abs. 2 Satz 2 KStG zu berücksichtigen sein (Urteil v. 10.4.2019, I R 20/16, BFHE

265, S. 63), falls das Währungskurssicherungsgeschäft durch den Aktienerwerb veranlasst ist.

Im konkreten Fall war streitig, ob auch Erträge aus Devisentermingeschäften (Sicherungsgeschäft) zur Kurssicherung von ausländischen Aktien (Grundgeschäft), die mit dem Ziel der alsbaldigen Veräußerung erworben wurden, von dem Privileg des § 8b Abs. 2 Satz 2 KStG erfasst sind. Grund- und Sicherungsgeschäft waren zu einer Bewertungseinheit zusammengefasst worden.

Der BFH bejahte die Einbeziehung des Ergebnisses aus dem Sicherungsgeschäft, wenn und soweit das Sicherungsgeschäft ausschließlich auf die Minimierung des Währungskursrisikos aus dem konkret erwarteten Veräußerungserlös zielte (***Micro Hedge***). Das hat der IX. Senat des BFH im Zusammenhang mit Beteiligungen im Privatvermögen (§ 17 EStG) anders beurteilt (Urteil v. 2.4.2008, IX R 73/04, BFH/NV 2008, S. 1658). Das Urteil des I. Senats hat folgende Konsequenzen:

Wenn ein konkreter Veranlassungszusammenhang zum Grundgeschäft vorliegt,

- erhöhen Gewinne aus einem Sicherungsgeschäft den Veräußerungspreis bzw.
- stellen Verluste aus einem Sicherungsgeschäft Veräußerungskosten dar

und wirken sich damit unmittelbar auf den Veräußerungsgewinn i. S. v. § 8b Abs. 2 Satz 2 KStG aus.

Ergebnisse aus einer unspezifischen, globalen Absicherung für Währungskursrisiken für eine Vielzahl von Grundgeschäften (***Macro Hedges* oder *Portfolio Hedges***) sind hingegen nicht zu berücksichtigen.

Interessant ist die Begründung des BFH: Die Privilegierung des Ertrags aus dem Sicherungsgeschäft stützt der Senat nicht auf die Bildung einer Bewertungseinheit von Grund- und Sicherungsgeschäft. Zum einen existierten im Streitjahr weder § 5 Abs. 1a Satz 2 EStG (ab Veranlagungszeitraum 2006) noch § 254 HGB (ab Geschäftsjahr 2010) und sind auch nicht rückwirkend anwendbar. Zum anderen hätte sich jedenfalls zum Zeitpunkt der Beendigung der Bewertungseinheit kein anderes Ergebnis ergeben. Insoweit scheint der BFH der Auffassung des BMF (Schreiben v. 25.8.2010, IV C 6 – S 2133/07/10001, DB 2010, S. 2024) zu folgen, wonach bei Beendigung der Bewertungseinheit die Ergebnisse aus Grund- und Sicherungsgeschäft unter Einkommensermittlungsgesichtspunkten gesondert nach den für sie geltenden Vorschriften zu würdigen sind.

Das gefundene Ergebnis wird nach Ansicht des BFH auch von der durch § 8b Abs. 2 KStG verwirklichten gesetzgeberischen Intention getragen, eine „symmetrische" Freistellung von Veräußerungsgewinnen einerseits und Wertminderungen im Zusammenhang mit Anteilen andererseits zu gewährleisten. Dies sei auch unionsrechtlich geboten.

3.8 Einschränkung des Kombinationsmodells

Beim sog. Kombinationsmodell wird eine **Pensionsrückstellung** hinsichtlich des erdienten Teils (*Past-Service*) auf einen Pensionsfonds und zugleich hinsichtlich des noch zu erdienenden Teils (*Future-Service*) auf eine Unterstützungskasse übertragen. Der BFH lässt in 2 Urteilen den **Betriebsausgabenabzug nur anteilig** in Bezug auf den *Past-Service* bzw. Pensionsfonds zu, sodass der Buchgewinn aus der Ausbuchung der Rückstellung nicht vollständig neutralisiert werden könne (Urteile v. 20.11.2019, XI R 52/17 und XI R 42/18, BStBl. II 2020, S. 264).

Lohnsteuerlich ist Voraussetzung für die Steuerfreiheit nach § 3 Nr. 66 EStG bei den begünstigten Arbeitnehmern ein Antrag nach § 4e Abs. 3 EStG. Hierbei gilt bilanzsteuerlich: Zum einen ist das Entgelt des Übertragenden in Höhe des korrespondierenden Ertrags aus der Auflösung der Rückstellung gem. § 4e Abs. 3 Satz 3 EStG sofort abzugsfähig. Zum anderen ist nur das über den Rückstellungsbetrag hinausgehende Entgelt (u.a. wegen des steuerlichen Abzinsungssatzes von 6 %) in voller Höhe über 10 Jahre nach § 4e Abs. 3 Satz 1 EStG zu verteilen. Das FG München (Urteil v. 4.10.2017, 6 K 3285/14, EFG 2018, S. 1022) und das FG Hessen (Urteil v. 7.11.2018, 4 K 2332/15, EFG 2019, S. 904) bejahten übereinstimmend den Sofortabzug in Höhe der gesamten aufgelösten Rückstellung, sodass es durch § 4e EStG zur vollständigen Neutralisation des Ertrags kam.

Der **BFH** widerspricht dem in 2 Parallelentscheidungen. Für ihn kann das Entgelt nach § 4e Abs. 3 Satz 3 EStG auch nur insoweit abgezogen werden, als es auf den an einen Pensionsfonds übertragenen *Past-Service* entfällt. Das ergibt sich laut BFH daraus, dass bei einer fiktiven schrittweisen Übertragung (zunächst *Past-Service*, dann *Future-Service*) auch nur der Aufwand bezogen auf den *Past-Service* mit der anteiligen Auflösung der Rückstellung für den *Past-Service* verrechnet werden könne. Selbiges müsse daher für die zeitgleiche Übertragung i.R.d. Kombinationsmodells gelten, auch wenn die Rückstellung voll aufzulösen ist. Durch diese **enge Auslegung** ist eine vollständige Verrechnung beim Kombinationsmodell nicht möglich und es verbleibt ein Ertrag aus der Rückstellungsauflösung trotz Zahlung eines höheren Entgelts. Für Zwecke des § 4e Abs. 3 Satz 3 EStG sei laut BFH zudem auf den letzten Pensionsbarwert nach § 6a Abs. 3 EStG abzustellen. Eine unterjährige Erhöhung komme daher nicht infrage.

Hinweis

Obwohl die Streitjahre vor Einführung des § 4f EStG im Jahr 2013 liegen, dürften die Urteilsgrundsätze auch für die aktuelle Rechtslage anzuwenden sein. Denn laut dem BMF-Schreiben v. 30.11.2017 (IV C 6 – S 2133/14/10001, BStBl. I 2017, S. 1619), Tz. 4, sind die Wahlrechte nach § 4d Abs. 3 EStG und § 4e Abs. 3 EStG bei Übertragungen von Versorgungsleistungen unter Änderung des Durchführungsweges lex specialis zu § 4f EStG.

3.9 Gebühren eines Konsortialkredits im Lichte der Zinsschranke (§ 4h Abs. 3 Satz 2 EStG)

Die Finanzverwaltung vertritt hinsichtlich der Gebühren im Zusammenhang mit einem Konsortialkredit regelmäßig die Auffassung, dass sämtliche Gebühren als Zinsaufwendungen i.S.d. Zinsschranke (§ 4h Abs. 3 Satz 2 EStG) einzubeziehen sind, die an den Darlehensgeber zu zahlen sind (vgl. Tz. 15 des BMF-Schreibens v. 4.7.2008, IV C 7 – S 2742–a/07/10001, BStBl. I 2008, S. 718).

Das FG Münster beurteilt dies differenzierter (Urteil v. 12.4.2019, 10 K 2859/15 K, EFG 2019, S. 1211). So ist laut FG Münster danach zu differenzieren, ob mit den Gebühren besondere, über die eigentliche Kreditüberlassung hinausgehende Leistungen vergütet werden. Nicht allein ausreichend sei der Umstand, dass die Gebühren an den Darlehensgeber gezahlt werden. Vor diesem Hintergrund kam das FG zu dem Ergebnis, dass die ***Arrangement Fee*** keinen Zinsaufwand i.S.v. § 4h Abs. 3 Satz 2 EStG darstellt. Es handele sich um eine Gebühr für die Vermittlungstätigkeit, welche über eine allgemeine Bearbeitungs- und Verwaltungsgebühr eines Darlehensgebers hinausgehe.

Die ***Agency*** **und** ***Security Agency Fee*** gehören nach Auffassung des FG Münster dagegen zu den Zinsaufwendungen i.S.v. § 4h Abs. 3 Satz 2 EStG. Diese Gebühren waren für die laufende Verwaltung des Konsortialkredits bzw. der gewährten Kreditsicherheiten durch den Konsortialführer zu entrichten. Solche Gebühren gelten nach Auffassung des FG Münster die laufende Verwaltung des Konsortialkredits (als eines besonderen Darlehensvertrags) ab. Sie seien daher vergleichbar mit einer allgemeinen Bearbeitungs- und Verwaltungsgebühr, welche zu den Zinsaufwendungen i. S. d. § 4h Abs. 3 Satz 2 EStG zähle.

Hinweis

Gegen das Urteil ist Revision beim BFH anhängig (I R 33/19), sodass abzuwarten bleibt, wie der BFH entscheidet. Die Frage der Verfassungsmäßigkeit der Zinsschranke ist beim BVerfG unter dem Az. BvL 1/16 anhängig.

C Internationale Rechnungslegung

1 Neue und geänderte Standards für das Geschäftsjahr zum 31.12.2020

1.1 Überblick

Die nachfolgende Übersicht bietet einen Überblick über neue und geänderte IFRS, die erstmals in **gesetzlichen EU-IFRS-Abschlüssen** für das **Kalendergeschäftsjahr zum 31.12.2020** verpflichtend anzuwenden sind (für weitergehende Ausführungen zu den neuen und geänderten IASB-Verlautbarungen siehe die Abschn. 1.2–1.5). Ihr liegt der Rechtsstand vom 1.9.2020 zugrunde. Aufgrund von IASB- und EU-Aktivitäten können sich im weiteren Verlauf des Jahres 2020 und in den ersten Monaten des Jahres 2021 Änderungen ergeben.

Bezeichnung	Veröffentlichung		Zeitlicher Anwendungsbereich in der EU[1)]
	durch den IASB	im EU-Amtsblatt	
Änderungen der Verweise auf das Rahmenkonzept in IFRS Standards	29.3.2018	6.12.2019	1.1.2020
Änderungen an IFRS 3: Definition von „Geschäftsbetrieb“	22.10.2018	22.4.2020	1.1.2020
Änderungen an IAS 1 und IAS 8: Definition von „wesentlich“	31.10.2018	10.12.2019	1.1.2020
Änderungen an IFRS 9, IAS 39 und IFRS 7: Reform der Referenzzinssätze	26.9.2019	15.1.2020	1.1.2020
[1] Sofern nichts anderes angegeben ist, sind die Verlautbarungen erstmals in der Berichtsperiode anzuwenden, die am oder nach dem angegebenen Zeitpunkt beginnt. Eine vorzeitige Anwendung ist i. d. R. zulässig. Zu Einzelheiten vgl. die Bestimmungen zum Zeitpunkt des Inkrafttretens und die Übergangsvorschriften in den jeweiligen Verlautbarungen.			

Tab. 1: Übersicht über Verlautbarungen mit Erstanwendungszeitpunkt zum Geschäftsjahr 31.12.2020

Bei der Beurteilung, ob die Anwendung von neuen Standards in **EU-Abschlüssen** zum 31.12.2020 zulässig ist, ist entscheidend, ob das EU-Endorsement **bis zur Freigabe des Abschlusses zur Veröffentlichung** erfolgt. Andernfalls scheidet eine

Anwendung regelmäßig aus. Dies gilt unabhängig davon, ob bei den betreffenden Standards der Zeitpunkt der erstmaligen verpflichtenden Anwendung gem. IASB vor dem Zeitpunkt des EU-Endorsements liegt bzw. eine vorzeitige Anwendung zulässig ist. Indes können insbesondere die IFRIC auch bei ausstehendem EU-Endorsement grundsätzlich zur Beurteilung von Bilanzierungs- und Bewertungsfragen, für die eine Regelungslücke besteht, herangezogen werden (allerdings nicht deren Übergangsregelungen; zum Vorgehen bei Regelungslücken siehe IAS 8.10–IAS 8.12).

Über die erstmalige Anwendung neuer oder geänderter IFRS muss gem. **IAS 8.28** im **Anhang** berichtet werden. Bei neuen bzw. geänderten Standards und Interpretationen, die vom IASB bis zum Zeitpunkt der Freigabe des Abschlusses veröffentlicht wurden, jedoch zum Abschlussstichtag noch nicht verbindlich anzuwenden sind und vom Unternehmen nicht angewendet wurden, sind die Angabepflichten nach **IAS 8.30** zu beachten. Die Angabepflicht erstreckt sich u. E. sowohl auf Verlautbarungen, die bereits in EU-Recht übernommen wurden, als auch auf solche, über deren Übernahme bis zur Freigabe des Abschlusses zur Veröffentlichung noch nicht entschieden wurde.

1.2 Änderungen der Verweise auf das Rahmenkonzept in IFRS Standards

Mit Veröffentlichung des überarbeiteten Rahmenkonzepts am 29.3.2018 wurden auch die *Änderungen der Verweise auf das Rahmenkonzept in IFRS Standards* veröffentlicht. Inhaltliche Änderungen in den Standards gibt es durch die Änderungen der Verweise nicht. Die Verweise auf das Rahmenkonzept in IFRS 3 bleiben durch diese Änderung unberührt. Für diese gibt es eine separate Änderung (siehe Abschn. 2.6). Die *Änderungen der Verweise auf das Rahmenkonzept in IFRS Standards* sind auf Geschäftsjahre anzuwenden, die am oder nach dem 1.1.2020 beginnen.

1.3 Änderungen an IFRS 3: Definition von „Geschäftsbetrieb"

Am 22.10.2018 veröffentlichte der IASB die *Änderungen an IFRS 3: Definition von „Geschäftsbetrieb“*.

Gem. der überarbeiteten Definition ist ein Geschäftsbetrieb eine integrierte Gruppe von Tätigkeiten und Vermögenswerten, die mit dem Ziel geführt und geleitet werden kann, Güter oder Dienstleistungen für Kunden zu erzeugen und Kapitalerträge oder sonstige Erträge aus gewöhnlicher Geschäftstätigkeit zu erwirtschaften.

Ein Geschäftsbetrieb besteht aus Ressourceneinsätzen und auf diese Einsätze anzuwendenden Verfahren, die zur Leistungserzeugung beitragen können. Nach alter Definition reichte es nicht aus, lediglich einen Beitrag zur Leistungserzeugung erbringen zu können. Entscheidend war vielmehr, dass der Geschäftsbetrieb die Leistung generierte. Zudem stellen reine Kostensenkungen nunmehr keine „Leistung" mehr dar.

IFRS 3: Definition von „Geschäftsbetrieb" führt darüber hinaus einen **optionalen Konzentrationstest** ein, mit dessen Hilfe die Beurteilung, ob bei einer Transaktion ein Geschäftsbetrieb oder lediglich eine Gruppe von Vermögenswerten erworben wird, vereinfacht werden soll. Getestet wird, ob sich der beizulegende Zeitwert der gesamten Transaktion in einem (einzigen) Vermögenswert erschöpft (konzentriert). Sofern sich der gesamte *Fair Value* im Wesentlichen auf einen einzigen identifizierbaren Vermögenswert oder eine Gruppe gleichartiger identifizierbarer Vermögenswerte konzentriert, wurde **kein** Geschäftsbetrieb erworben (positives Testergebnis). In diesem Fall ist keine weitere Beurteilung notwendig. Fällt das Testergebnis negativ aus oder entscheidet sich ein Unternehmen gegen die Anwendung des Konzentrationstests, muss anhand der Definition des Geschäftsbetriebs beurteilt werden, ob ein solcher vorliegt. Unternehmen können je Transaktion wählen, ob sie den Konzentrationstest anwenden oder nicht.

Die Änderungen des IFRS 3 sind prospektiv auf Unternehmenszusammenschlüsse in Geschäftsjahren anzuwenden, die am oder nach dem 1.1.2020 beginnen.

1.4 Änderungen an IAS 1 und IAS 8: Definition von „wesentlich"

Der IASB veröffentlichte am 31.10.2018 die *Änderungen an IAS 1 und IAS 8: Definition von „wesentlich"* mit dem Ziel, die Definition von Wesentlichkeit im Rahmenkonzept und in den verschiedenen Standards zu vereinheitlichen. Die zuvor in IAS 8 enthaltene eigenständige Definition des Begriffs wird i.R.d. Änderung durch einen Verweis auf die überarbeitete Definition von „wesentlich" in IAS 1 ersetzt.

Bislang waren nach IAS 1 Informationen wesentlich, wenn deren Auslassung oder fehlerhafte Darstellung die wirtschaftlichen Entscheidungen der Adressaten beeinflussen konnte. Nach der neuen Definition sind Informationen auch dann wesentlich, wenn deren **Verschleierung** die wirtschaftlichen Entscheidungen der Adressaten beeinflussen könnte.

Eine Information ist verschleiert, wenn sie so kommuniziert wird, dass sie für die Hauptadressaten des Abschlusses eine ähnliche Wirkung wie eine unterlassene oder falsche Information hat. Der Standard führt hierzu folgende Beispiele auf:

- Die Information über einen wesentlichen Posten, eine wesentliche Transaktion oder ein anderes wesentliches Ereignis ist im Abschluss enthalten, aber vage oder unklar formuliert.
- Die Information über einen wesentlichen Posten, eine wesentliche Transaktion oder ein anderes wesentliches Ereignis ist über den gesamten Abschluss verstreut dargestellt.
- Nicht ähnliche Posten, Transaktionen oder sonstige Ereignisse sind in unangemessener Weise aggregiert dargestellt.
- Ähnliche Posten, Transaktionen oder sonstige Ereignisse sind in unangemessener Weise getrennt dargestellt.
- Die Verständlichkeit des Abschlusses wird dadurch eingeschränkt, dass wesentliche Informationen in unwesentlichen Informationen versteckt dargestellt werden, sodass die Hauptadressaten nicht erkennen können, welche Informationen wesentlich sind.

Zukünftig reicht die Möglichkeit einer Entscheidungsbeeinflussung der Adressaten nicht mehr aus (*could influence*), um eine Information als wesentlich einzustufen. Vielmehr muss vernünftigerweise zu erwarten sein, dass die Informationen die Entscheidung der Adressaten beeinflussen könnte (*could reasonably be expected to influence*).

Die Änderungen sind prospektiv auf Geschäftsjahre anzuwenden, die am oder nach dem 1.1.2020 beginnen.

1.5 Änderungen an IFRS 9, IAS 39 und IFRS 7: Reform der Referenzzinssätze

Am 26.9.2019 veröffentlichte der IASB die *Änderungen an IFRS 9, IAS 39 und IFRS 7: Reform der Referenzzinssätze* und schloss damit die **Phase 1** seines **Projekts zu den Auswirkungen der aktuellen IBOR-Reform auf die Finanzberichterstattung** ab. Die *Interbank Offered Rates* (IBOR) sollen durch neue Referenzzinssätze ersetzt werden. Der Übergang von IBOR zu neuen Referenzzinssätzen wirft für IFRS-Bilanzierer insbesondere hinsichtlich der bilanziellen Abbildung von Sicherungsbeziehungen eine Reihe von Fragen auf. Für den Unsicherheitszeitraum vor dem Ersetzen eines geltenden Referenzzinssatzes durch einen alternativen, risikolosen Zinssatz bieten die Änderungen temporäre Erleichterungen an, die es den Unternehmen ermöglichen sollen, weiterhin *Hedge Accounting* anzuwenden.

Die Erleichterungen sind auf alle Sicherungsbeziehungen anzuwenden, die von der Reform der Referenzzinssätze unmittelbar betroffen sind, und beziehen sich auf folgende Beurteilungen:

- Ist eine erwartete Transaktion hoch wahrscheinlich?
- Wann ist der Betrag aus der Cashflow-Hedge-Rücklage in den Gewinn oder Verlust umzugliedern?
- Wie ist die wirtschaftliche Beziehung zwischen dem gesicherten Grundgeschäft und dem Sicherungsinstrument?

Der jeweiligen Beurteilung ist die Annahme zugrunde zu legen, dass der Referenzzinssatz, auf dem die Cashflows des Grund- oder Sicherungsgeschäfts basieren, durch die IBOR-Reform nicht geändert wird.

Als weitere Erleichterung für die von der Reform betroffene IBOR-bezogene Komponente des Zinsänderungsrisikos ist es ausreichend, dass die Risikokomponente lediglich zu Beginn der Sicherungsbeziehung einzeln identifizierbar ist.

Da sich diverse IFRS-Abschlussersteller – insbesondere Finanzinstitute – für die Fortführung des *Hedge Accounting* nach IAS 39 anstelle einer Anwendung der Vorschriften von IFRS 9 entschieden haben, wird auch IAS 39 geändert. Die Änderungen entsprechen im Wesentlichen den Änderungen an IFRS 9 und betreffen die prospektive Beurteilung der Sicherungsbeziehungen.

Die Änderungen sind erstmals auf Geschäftsjahre anzuwenden, die am oder nach dem 1.1.2020 beginnen. Die Änderungen sind rückwirkend anzuwenden. Jedoch dürfen Sicherungsbeziehungen, deren Designation zuvor aufgehoben wurde, nach der erstmaligen Anwendung der Änderungen nicht wiederhergestellt werden. Darüber hinaus ist es untersagt, Sicherungsbeziehungen auf der Grundlage nachträglich gewonnener Kenntnisse zu designieren.

2 Verabschiedete Standards und Interpretationen für nach dem 31.12.2020 beginnende Geschäftsjahre

2.1 Überblick über verabschiedete Standards und Interpretationen

Die nachfolgende Übersicht bietet einen Überblick über die nach dem 31.12.2020 anzuwendenden, vom IASB verabschiedeten Standards und Interpretationen (Rechtsstand v. 1.9.2020). Diese wurden bisher noch **nicht** von der **EU** in europäisches Recht übernommen ***(endorsed)***. Aufgrund von IASB- und EU-Aktivitäten können sich im weiteren Verlauf des Jahres 2020 und in den ersten Monaten des Jahres 2021 noch Änderungen ergeben.

Bezeichnung	Veröffentlichung durch den IASB	Zeitlicher Anwendungsbereich[1)]	Endorsement erwartet in[2)]
Änderungen an IFRS 16: COVID-19 bezogene Mietkonzessionen	28.5.2020	1.6.2020	Q3/Q4 2020
Änderungen an IFRS 4: Verschiebung der Anwendung von IFRS 9	25.6.2020	1.1.2021	Q4 2020
Änderungen an IFRS 9, IAS 39, IFRS 7, IFRS 4 und IFRS 16: Reform der Referenzzinssätze – Phase 2	27.8.2020	1.1.2021	Offen[4)]
Änderungen an IAS 1: Klassifizierung von Schulden als kurz- oder langfristig	23.1.2020	1.1.2023[3)]	Offen[4)]
Änderungen an IFRS 3: Verweis auf das Rahmenkonzept	14.5.2020	1.1.2022	Offen[4)]
Änderungen an IAS 16: Einnahmen vor der beabsichtigten Nutzung	14.5.2020	1.1.2022	Offen[4)]
Änderungen an IAS 37: Belastende Verträge	14.5.2020	1.1.2022	Offen[4)]

Bezeichnung	Veröffentlichung durch den IASB	Zeitlicher Anwendungsbereich[1)]	Endorsement erwartet in[2)]
Verbesserungen zu IFRS 2018–2020	14.5.2020	1.1.2022	Offen[4)]
IFRS 17: Versicherungsverträge	18.5.2017	1.1.2023[5)]	Offen[4)]

[1] Sofern nichts anderes angegeben ist, sind die Verlautbarungen erstmals in der Berichtsperiode anzuwenden, die am oder nach dem angegebenen Zeitpunkt beginnt. Eine vorzeitige Anwendung ist i. d. R. zulässig. Zu Einzelheiten vgl. die Bestimmungen zum Zeitpunkt des Inkrafttretens und die Übergangsvorschriften in den jeweiligen Verlautbarungen.

[2] Vgl. EFRAG, *The EU endorsement status report, Position as at 28/8/2020*, abrufbar unter: https://www.efrag.org/ (Abrufdatum: 1.9.2020).

[3] Aufgrund der COVID-19-Pandemie hat der IASB eine Änderung des Erstanwendungszeitpunkts beschlossen. Der Erstanwendungszeitpunkt wurde durch die Änderung v. 1.1.2022 auf den 1.1.2023 verschoben.

[4] Zum Zeitpunkt des Redaktionsschlusses ist der Endorsement-Prozess noch in einer frühen Phase, sodass keine Einschätzung über den erwarteten Endorsement-Zeitpunkt abgegeben werden kann.

[5] Durch die Änderungen v. 25.6.2020 wurde der Erstanwendungszeitpunkt von IFRS 17 v. 1.1.2021 auf den 1.1.2023 verschoben.

Tab. 2: Übersicht über Verlautbarungen mit Erstanwendungszeitpunkt nach dem 31.12.2020

2.2 Änderungen an IFRS 16: COVID-19 bezogene Mietkonzessionen

Der IASB hat am 28.5.2020 die *Änderungen an IFRS 16: COVID-19 bezogene Mietkonzessionen* veröffentlicht. Die Änderungen enthalten Erleichterungsregelungen für die Bilanzierung von Mietzugeständnissen beim Leasingnehmer, welche aufgrund der COVID-19-Pandemie gewährt wurden. Statt zu beurteilen, ob eine Mietkonzession als Modifizierung des Leasingvertrags zu bilanzieren ist, kann der Leasingnehmer die Veränderungen der Leasingzahlungen so behandeln, als läge keine Modifizierung vor.

Die Erleichterung kann nur in Anspruch genommen werden, wenn die Mietkonzessionen als direkte Konsequenz der COVID-19-Pandemie gewährt werden und folgende Bedingungen kumulativ erfüllt sind:

- Die Veränderung der Leasingzahlungen resultiert in einer gleichbleibenden oder geringeren Gegenleistung des Leasingnehmers.
- Es werden nur Leasingzahlungen verringert, die ursprünglich am oder vor dem 30.6.2021 fällig waren.
- Es gibt keine substanziellen Veränderungen der übrigen Bedingungen des Mietvertrags.

Die Änderungen sind – vorbehaltlich des noch ausstehenden EU-Endorsements – retrospektiv für Geschäftsjahre anzuwenden, die am oder nach dem 1.6.2020 beginnen.

Hinweis

Die ESMA hat in ihrem *Public Statement* v. 21.7.2020 klargestellt, dass Änderungen, die zum Zeitpunkt der Veröffentlichung des Abschlusses noch nicht *endorsed* sind, nicht in EU-IFRS-Abschlüssen angewendet werden dürfen. Dies gilt auch für Zwischenabschlüsse.

2.3 Änderungen an IFRS 4: Verschiebung der Anwendung von IFRS 9

Nach IFRS 4 können Versicherer unter bestimmten Voraussetzungen die Erstanwendung von IFRS 9 bis spätestens 2021 verschieben, um so den IFRS 9 zeitgleich mit dem IFRS 17 erstmalig in Geschäftsjahren, die am oder nach dem 1.1.2021 beginnen, anwenden zu können. Der Erstanwendungszeitpunkt des IFRS 17 wurde jedoch durch die Änderungen v. 25.6.2020 auf Geschäftsjahre, die am oder nach dem 1.1.2023 beginnen, verschoben. Damit Versicherer auch den Erstanwendungszeitpunkt von IFRS 9 bis spätestens 2023 verschieben können, hat der IASB am 25.6.2020 die *Änderungen an IFRS 4: Verschiebung der Anwendung von IFRS 9* veröffentlicht. Mit der Änderung wird ausschließlich der Erstanwendungszeitpunkt von IFRS 9 verschoben. Die zu erfüllenden Erleichterungsvoraussetzungen wurden nicht geändert.

Die Änderungen sind – vorbehaltlich des noch ausstehenden EU-Endorsements – auf Geschäftsjahre anzuwenden, die am oder nach dem 1.1.2021 beginnen.

2.4 Änderungen an IFRS 9, IAS 39, IFRS 7, IFRS 4 und IFRS 16: Reform der Referenzzinssätze – Phase 2

Am 27.8.2020 veröffentlichte der IASB die *Änderungen an IFRS 9, IAS 39, IFRS 7, IFRS 4 und IFRS 16: Reform der Referenzzinssätze – Phase 2.* Mit diesen Änderungen sollen bilanzielle Fragestellungen zur 2. Phase der **IBOR-Reform** erläutert werden. **Phase 2** konzentriert sich auf Sachverhalte, die sich zum Zeitpunkt der Ablösung eines bislang geltenden Referenzzinssatzes durch einen alternativen, risikolosen Zinssatz auswirken könnten. Phase 1 bezog sich auf den Unsicherheitszeitraum vor dem Ersetzen eines geltenden Referenzzinssatzes durch einen alternativen, risikolosen Zinssatz (siehe Abschn. 1.5).

Die Änderungen sehen einen praktischen Behelf vor, der es gestattet, Vertragsänderungen oder Änderungen der vertraglichen Cashflows, die sich aus der Reform ergeben, als Änderungen eines variablen Zinssatzes gem. IFRS 9.B5.4.5 zu behandeln. Dadurch werden die Vertragsänderungen zu einer Änderung des Effektivzinssatzes führen. Die praktische Erleichterung setzt voraus, dass die Modifizierungen aufgrund der IBOR-Reform notwendig sind und dass die Umstellung auf wirtschaftlich gleichwertiger Basis erfolgen muss.

Die Änderungen enthalten folgende Beispiele für Arten von aufgrund der IBOR-Reform erforderlichen Modifizierungen, auf die der praktische Behelf beschränkt ist:

- Ablösung eines bislang geltenden Zinssatzes durch einen alternativen Referenzzinssatz oder Änderung der Methode, die zur Festsetzung des Referenzzinssatzes angewendet wird,
- Erweiterung um einen festen *Spread* als Ausgleich für die Differenz zwischen einem bislang geltenden und einem alternativen Referenzzinssatz,
- Änderungen der Zinsanpassungsperiode, der Zinsanpassungstermine oder der Anzahl der Tage zwischen den Zinszahlungsterminen, die für den Wechsel des Referenzzinssatzes notwendig sind, und
- Aufnahme einer Auffangbestimmung in die Vertragsbedingungen, um die vorstehend beschriebenen Änderungen durchführen zu können.

Bezüglich des *Hedge Accounting* sehen die Änderungen vor, IFRS 9 und IAS 39 so anzupassen, dass Änderungen der Designation und der Dokumentation einer Sicherungsbeziehung, die sich unmittelbar aus der IBOR-Reform ergeben, nicht zur Beendigung des *Hedge Accounting* führen. Die zulässigen Änderungen umfassen die Neudefinition des abgesicherten Risikos und die Neudefinition der Sicherungsinstrumente und Grundgeschäfte, um auf einen alternativen, risikolosen Zinssatz zu referenzieren.

Wird eine Gruppe von Vermögenswerten als Grundgeschäft designiert, sehen die Änderungen weitere Erleichterungen vor. Da die Grundgeschäfte innerhalb der Gruppe zu unterschiedlichen Zeitpunkten auf einen alternativen Referenzzinssatz umgestellt werden, werden sie zu Untergruppen zusammengefasst, die auf einem alternativen, risikolosen Zinssatz als abgesichertes Risiko beruhen. Bezüglich der Absicherung einer Risikokomponente sollen Unternehmen vorübergehend von der Vorschrift der separaten Identifizierbarkeit befreit werden, wenn der neue Referenzzinssatz als Risikokomponente abgesichert werden soll. Unternehmen dürfen bei Designation der Sicherungsbeziehung annehmen, dass die Bedingung der separaten Identifizierbarkeit erfüllt ist, wenn sie mit hinreichender Sicherheit erwarten, dass die Risikokomponente innerhalb der nächsten 24 Monate einzeln identifizierbar wird.

Die Änderungen sehen vor, dass die Vergleichsperiode nicht angepasst werden soll. Die Effekte aus der erstmaligen Anwendung der Änderungen sollen zum Zeitpunkt der Erstanwendung in den Gewinnrücklagen erfasst werden. Die Änderungen sind erstmals auf Geschäftsjahre anzuwenden, die am oder nach dem 1.1.2021 beginnen.

2.5 Änderungen an IAS 1: Klassifizierung von Schulden als kurz- oder langfristig

Am 23.1.2020 veröffentlichte der IASB die *Änderungen an IAS 1: Klassifizierung von Schulden als kurz- oder langfristig*. Gemäß IAS 1.69(d) ist eine Schuld als kurzfristig einzustufen, wenn das Unternehmen kein uneingeschränktes Recht hat, die Erfüllung der Schuld um mindestens 12 Monate nach dem Bilanzstichtag zu verschieben. Die Änderungen sehen vor, dass der Begriff „uneingeschränkt" entfällt und zukünftig das Fehlen eines Rechts am Ende der Berichtsperiode, die Erfüllung der Schuld um mindestens 12 Monate nach dem Bilanzstichtag zu verschieben, ausreichend ist, um eine Schuld als kurzfristig zu klassifizieren. Der neu eingeführte IAS 1.72A stellt klar, dass dieses Recht Substanz haben und zum Ende der Berichtsperiode bestehen muss. Ist dieses Recht an bestimmte Bedingungen geknüpft (*Covenants*), müssen diese Bedingungen bereits zum Ende der Berichtsperiode erfüllt sein, damit die Schuld als langfristig eingestuft werden kann. Die Wahrscheinlichkeit der Ausübung eines Rechts ist hingegen für die Klassifikation irrelevant: Eine Schuld ist somit selbst dann als langfristig zu klassifizieren, wenn sie voraussichtlich innerhalb der nächsten 12 Monate beglichen wird.

Schließlich meint der Begriff der „Erfüllung“ einer Schuld die Tilgung der Schuld mittels Bargeld, anderer wirtschaftlicher Ressourcen oder eigener Eigenkapitalinstrumente. Sofern der Gläubiger eine Option hat, die Erfüllung der Schuld durch Herausgabe von eigenen Eigenkapitalinstrumenten zu verlangen (z. B. bei Wandelanleihen), wird diese Option bei der Klassifikation nicht berücksichtigt, sofern die Option gem. IAS 32 als Eigenkapitalinstrument eingestuft und getrennt von der Schuld erfasst wird.

Als Reaktion auf die COVID-19-Pandemie hat der IASB am 15.7.2020 den Erstanwendungszeitpunkt um ein Jahr verschoben, um den Unternehmen mehr Zeit für die Umsetzung von Klassifizierungsänderungen zu geben, die sich aus diesen Änderungen ergeben. Die ursprünglichen Änderungen v. 23.1.2020 sahen vor, dass die Änderungen auf Geschäftsjahre anzuwenden sind, die am oder nach dem 1.1.2022 beginnen. Aufgrund der Verschiebung des Erstanwendungszeitpunkts sind die Änderungen – vorbehaltlich des noch ausstehenden EU-Endorsements – retrospektiv auf Geschäftsjahre anzuwenden, die am oder nach dem 1.1.2023 beginnen.

2.6 Änderungen an IFRS 3: Verweis auf das Rahmenkonzept

Am 29.3.2018 veröffentlichte der IASB sein überarbeitetes Rahmenkonzept und aktualisierte in diesem Zusammenhang auch die meisten Verweise auf das neue Rahmenkonzept in den jeweiligen IFRS (siehe Absch. 1.2). Lediglich die Verweise in IFRS 3 blieben von dieser Aktualisierung zunächst unberührt. Die Verweise in IFRS 3 auf das Rahmenkonzept wurden in den am 14.5.2020 veröffentlichten *Änderungen an IFRS 3: Verweis auf das Rahmenkonzept* aktualisiert. Ziel dieser Änderungen ist es, einen sog. *Day 2 gain or loss* zu vermeiden. Dieser könnte entstehen, wenn andere Standards aufgrund der veränderten Definition von Vermögenswerten und Schulden zu einer sofortigen erfolgswirksamen Ausbuchung erworbener Vermögenswerte und Schulden hätte führen können.

Der IASB analysierte, dass ein solcher *Day 2 gain or loss* in der Praxis nur für Verbindlichkeiten relevant ist, welche nach dem Erwerbszeitpunkt gem. IAS 37 *Rückstellungen, Eventualverbindlichkeiten und Eventualforderungen* oder IFRIC 21 *Abgaben* bilanziert werden. Um diesen zu verhindern, sehen die Änderungen vor, dass für Rückstellungen oder Eventualverbindlichkeiten, welche in den Anwendungsbereich des IAS 37 fallen, die Regelungen in IAS 37.15–22 bei der Beurteilung, ob zum Erwerbszeitpunkt eine gegenwärtige Verpflichtung aus früheren Ereignissen besteht, anzuwenden sind. Für Abgaben im Anwendungsbereich der IFRIC 21 ist diese für die Beurteilung heranzuziehen, ob das Ereignis, das eine

Verpflichtung zur Entrichtung einer Abgabe auslöst, bis zum Erwerbszeitpunkt eingetreten ist.

Die Änderungen an IFRS 3 sind – vorbehaltlich des noch ausstehenden EU-Endorsements – prospektiv auf Unternehmenszusammenschlüsse in Geschäftsjahren anzuwenden, die am oder nach dem 1.1.2022 beginnen. Eine vorzeitige Anwendung ist nur zulässig, wenn zur selben Zeit auch die Änderungen der Verweise auf das Rahmenkonzept in IFRS angewendet werden.

2.7 Änderungen an IAS 16: Einnahmen vor der beabsichtigten Nutzung

Die vom IASB am 14.5.2020 veröffentlichten *Änderungen an IAS 16: Einnahmen vor der beabsichtigten Nutzung* ändern die Bilanzierung von Erträgen aus dem Verkauf produzierter Gegenstände, bevor die Sachanlage im betriebsbereiten Zustand ist. Gem. IAS 16.17(e) waren Kosten für Testläufe, mit denen überprüft wird, ob der Vermögenswert ordentlich funktioniert, nach Abzug der Nettoerträge vom Verkauf aller Gegenstände, die während der Zeit, in der der Vermögenswert zum Standort und in den betriebsbereiten Zustand gebracht wurde, hergestellt wurden, als direkt zurechenbare Kosten in den Anschaffungs- oder Herstellungskosten der Sachanlage zu berücksichtigen.

Infolge der Änderungen sind die Kosten für Testläufe, mit denen überprüft wird, ob der Vermögenswert ordentlich funktioniert, weiterhin als direkt zurechenbare Kosten in den Anschaffungs- oder Herstellungskosten zu berücksichtigen, wohingegen die Erträge aus dem Verkauf aller produzierten Gegenstände und die Kosten für deren Produktion während des Zeitraums, in dem die Sachanlage zum Standort gebracht und in einen betriebsbereiten Zustand versetzt wurde, künftig erfolgswirksam zu erfassen sind. Die Kosten für die verkauften Gegenstände sind gem. den Bewertungsvorschriften des IAS 2 zu ermitteln. Ein Abzug der Nettoerträge von den Anschaffungs- oder Herstellungskosten der Sachanlage ist nicht mehr zulässig.

Darüber hinaus wurden die Kosten für Testläufe spezifiziert. Demnach sind hierunter Kosten zu verstehen, die bei der Beurteilung, ob der Vermögenswert technisch und physisch so beschaffen ist, dass er für die Produktion oder Lieferung von Gütern oder Dienstleistungen, zur Vermietung an Andere oder zu Verwaltungszwecken verwendet werden kann, anfallen.

Die Änderungen an IAS 16 sind – vorbehaltlich des noch ausstehenden EU-Endorsements – auf Geschäftsjahre anzuwenden, die am oder nach dem 1.1.2022 beginnen. Die Änderungen sind retrospektiv auf Vermögenswerte anzuwenden, die am oder nach dem Beginn der frühesten im Abschluss dargestellten Periode zu ihrem Standort und in den betriebsbereiten Zustand gebracht werden.

2.8 Änderungen an IAS 37: Belastende Verträge

Am 14.5.2020 veröffentlichte der IASB die *Änderungen an IAS 37: Belastende Verträge*, mit denen klargestellt wird, welche Kosten als Erfüllungskosten anzusehen sind. Der Änderung war eine Anfrage an das IFRS IC vorangegangen, da infolge des Außerkrafttretens von IAS 11 die Definition der Auftragskosten i.R.v. Fertigungsaufträgen entfallen ist. Diese Aufträge fallen nun in den Anwendungsbereich des IFRS 15, der bezüglich belastender Verträge auf die Anwendung des IAS 37 verweist.

IAS 37 definiert einen belastenden Vertrag als einen Vertrag, bei dem die unvermeidbaren Kosten zur Erfüllung der vertraglichen Verpflichtungen höher als der erwartete wirtschaftliche Nutzen sind. Die unvermeidbaren Kosten unter einem Vertrag spiegeln den Mindestbetrag der bei Ausstieg aus dem Vertrag anfallenden Nettokosten wider. Diese stellen den niedrigeren Betrag von Erfüllungskosten und etwaigen aus der Nichterfüllung resultierenden Entschädigungszahlungen oder Strafgeldern dar. Es gab unterschiedliche Auffassungen darüber, welche Kosten in die Erfüllungskosten einzubeziehen sind. Während nach der einen Auffassung nur direkte Kosten zu berücksichtigen sind, ist der Kostenbegriff nach der anderen Auffassung umfassender und enthält auch zurechenbare Kosten.

Mit den Änderungen stellt der IASB klar, dass die Erfüllungskosten die Kosten umfassen, die direkt mit dem Vertrag zusammenhängen. Diese bestehen zum einen aus den Kosten, die einem Unternehmen durch den Vertrag zusätzlich entstehen (*incremental cost*), wie direkte Lohn- und Materialkosten, und zum anderen aus dem Vertrag direkt zurechenbaren sonstigen Kosten, wie anteilige Abschreibungen von Sachanlagen.

Die Änderungen an IAS 37 sind – vorbehaltlich des noch ausstehenden EU-Endorsements – für Geschäftsjahre anzuwenden, die am oder nach dem 1.1.2022 beginnen. Die Übergangsvorschriften sehen vor, dass die Änderungen auf alle Verträge anzuwenden sind, die zum Erstanwendungszeitpunkt noch nicht vollständig erfüllt sind. Die Vergleichsperiode soll nicht angepasst werden und der Effekt der erstmaligen Anwendung ist zum Erstanwendungszeitpunkt in den Gewinnrücklagen zu erfassen.

2.9 Verbesserungen zu IFRS 2018–2020

Der IASB hat am 14.5.2020 die Änderungen i. R. d. *Annual-Improvements-Projects 2018–2020* veröffentlicht. Die Änderungen sind – vorbehaltlich des noch ausstehenden EU-Endorsements – für Geschäftsjahre anzuwenden, die am oder nach dem 1.1.2022 beginnen. Die Verlautbarung enthält folgende Änderungen:

- **IFRS 1:** Ein Tochterunternehmen, das nach seinem Mutterunternehmen ein erstmaliger Anwender der IFRS wird, kann gem. IFRS 1.D16(a) in seinem Abschluss seine Vermögenswerte und Schulden zu den Buchwerten bewerten, die ausgehend von dem Zeitpunkt, zu dem das Mutterunternehmen auf IFRS umgestellt hat, in den Konzernabschluss des Mutterunternehmens angesetzt worden wären, falls keine Konsolidierungsanpassungen und keine Anpassungen wegen der Auswirkungen des Unternehmenszusammenschlusses, in dem das Mutterunternehmen das Tochterunternehmen erwarb, vorgenommen worden wären. Die Regelungen in IFRS 1.D16(a) beziehen sich ausschließlich auf Vermögenswerte und Schulden. Durch die Änderungen sollen diese Erleichterungen gem. IFRS 1.D13A auch für kumulierte Fremdwährungsumrechnungsdifferenzen des Tochterunternehmens in Anspruch genommen werden können.
- **IFRS 9:** Finanzielle Verbindlichkeiten sind bei einer Modifizierung auszubuchen, wenn die Vertragsbedingungen als grundverschieden gelten. Für die Beurteilung, ob Vertragsbedingungen grundverschieden sind, sieht IFRS 9.B.3.3.6 den sog. 10 %-Test vor. Weicht der Barwert der neuen Zahlungsströme um mindestens 10 % vom Barwert der ursprünglichen Zahlungsströme ab, wird die Änderung der Vertragsbedingungen wie eine Tilgung der ursprünglichen und die Begründung einer neuen Schuld bilanziert. Die Änderungen stellen klar, dass nur solche Gebühren in den 10 %-Test einzubeziehen sind, die vom Unternehmen an den Gläubiger oder umgekehrt gezahlt werden.
- **IFRS 16:** In dem erläuternden Beispiel Nr. 13 zum IFRS 16 wurden Passagen zu Erstattungszahlungen für Mietereinbauten gestrichen, da diese zu Missverständnissen führten.
- **IAS 41:** Bei der Bestimmung des beizulegenden Zeitwerts für biologische Vermögenswerte und landwirtschaftliche Erzeugnisse waren gem. IAS 41.22 die Cashflows für die Finanzierung der Vermögenswerte, für Steuern oder für die Wiederherstellung biologischer Vermögenswerte nach der Ernte nicht zu berücksichtigen. Durch die Änderung sind künftig die Cashflows für Steuern bei der Ermittlung des beizulegenden Zeitwerts zu berücksichtigen. Dadurch wurden die Vorschriften in IAS 41 an die Regelungen in IFRS 13 angeglichen.

2.10 Änderungen an IFRS 17

Der IASB hat am 25.6.2020 nachträgliche Änderungen an IFRS 17 veröffentlicht, die im Wesentlichen 8 Themenfelder umfassen. Darüber hinaus ist insbesondere das Wahlrecht im Zusammenhang mit Zwischenabschlüssen von Bedeutung.

Da der **Erstanwendungszeitpunkt** des IFRS 17 auf den 1.1.2023 verschoben wurde, wurde daher auch die maximal zulässige Aufschiebung der Anwendung von IFRS 9 bis zum 1.1.2023 verlängert (siehe Absch. 2.3).

Darlehensverträge, die die Definition eines Versicherungsvertrags erfüllen, dürfen unter bestimmten Voraussetzungen nunmehr wahlweise nach den Vorschriften des IFRS 9 oder IFRS 17 bilanziert werden. Kreditkartenverträge, die die Definition eines Versicherungsvertrags erfüllen, sind hingegen in bestimmten Fällen vom **Anwendungsbereich** des IFRS 17 ausgeschlossen.

Abschlusskosten sind auf Basis einer systematischen und sachgerechten Methode nicht nur den bestehenden, sondern auch den aufgrund von Vertragsverlängerungen erwarteten Gruppen von Versicherungsverträgen zuzuordnen. Sofern die aus der Vertragsverlängerung resultierende Gruppe noch nicht aktiviert wurde, ist auch in diesem Fall ein Vermögenswert für bereits geleistete Abschlusskosten anzusetzen.

Bei der **Auflösung der vertraglichen Servicemarge** anhand von Deckungseinheiten sind im allgemeinen Bilanzierungsmodell bei Erfüllung bestimmter Kriterien auch investmentbezogene Leistungen (*investment-return service*) zu berücksichtigen. Bei Versicherungsverträgen mit direkter Überschussbeteiligung wurde darüber hinaus klarstellend ergänzt, dass bei der Auflösung der vertraglichen Servicemarge ebenfalls investmentbezogene Leistungen (*investment-related service*) zu berücksichtigen sind.

Der Anwendungsbereich der **Risikominderungsoption** für Versicherungsverträge mit direkter Überschussbeteiligung wurde auf gehaltene Rückversicherungsverträge und nicht-derivative Finanzinstrumente, die erfolgswirksam zum beizulegenden Zeitwert bilanziert werden, erweitert.

Wenn bei der Zugangsbewertung von Erstversicherungsverträgen ein erfolgswirksamer Verlust entsteht, ist der aus einem **gehaltenen Rückversicherungsvertrag** resultierende Gewinn ebenfalls erfolgswirksam zu erfassen.

Die aus Versicherungsverträgen resultierenden Vermögenswerte und Verbindlichkeiten sind nunmehr auf der Grundlage von Portfolios zu bestimmen und entsprechend getrennt **auszuweisen**.

Unter den Voraussetzungen des modifizierten retrospektiven Ansatzes darf für Verträge in der Abwicklungsperiode, die vor dem Übergang auf IFRS 17 erworben wurden, eine Verbindlichkeit für bereits eingetretene Versicherungsfälle ausgewiesen werden.

Bei Verträgen mit direkter Überschussbeteiligung darf die Risikominderungsoption prospektiv bereits beim Übergang auf IFRS 17, d.h. mit Beginn der entsprechenden Vergleichsperiode ausgeübt werden.

Unter bestimmten Voraussetzungen darf beim Übergang auf IFRS 17 für Verträge mit direkter Überschussbeteiligung der *Fair Value*-Ansatz auch dann genutzt werden, wenn eine Anwendung des retrospektiven Ansatzes grundsätzlich möglich wäre.

Bewertungsannahmen, die in bisherigen **Zwischenabschlüssen** getroffen wurden, dürfen in nachfolgenden Abschlüssen nun wahlweise zurückgenommen *(year-to-date)* oder beibehalten *(date-to-date)* werden.

3 Aktuelle IASB-Projekte

3.1 DP/2020/1 *Business Combinations – Disclosures, Goodwill and Impairment*

Als Reaktion auf die Rückmeldungen, die der IASB i.R.d. *Post-Implementation Reviews* des IFRS 3 erhalten hat, hat der Board am 19.3.2020 das Diskussionspapier *DP/2020/1 Business Combinations – Disclosures, Goodwill and Impairment* veröffentlicht. Der IASB ist der vorläufigen Meinung, dass die Anhangangaben des IFRS 3 erweitert werden sollten, um den Investoren verbesserte Informationen zu Unternehmenserwerben und deren fortlaufendem Erfolgsbeitrag *(performance)* bereitzustellen. Investoren bemängelten z.B., dass sie nicht beurteilen können, ob das Unternehmen die mit dem Unternehmenserwerb angestrebten Synergien auch tatsächlich realisieren konnte. Um den Investoren das Verständnis der finanziellen Position des Unternehmens zu erleichtern, soll nun in der Bilanz der Posten „Eigenkapital abzüglich *Goodwill*" hinzugefügt werden.

Der IASB ist außerdem der vorläufigen Ansicht, dass er keinen anderen *Impairment*-Test für zahlungsmittelgenerierende Einheiten, denen ein *Goodwill* zugeordnet wurde, entwickeln kann, der signifikant effektiver als der bisherige *Impairment*-Test des IAS 36 ist. Eine Wiedereinführung der planmäßigen Abschreibung des *Goodwills* hat der IASB vorläufig abgelehnt. Allerdings sollte eine Erleichterung des *Impairment*-Tests eingeführt werden, sodass auf den jährlichen *Impairment*-Test für zahlungsmittelgenerierende Einheiten, denen ein *Goodwill* zugeordnet wurde, verzichtet werden kann, wenn es keine Hinweise auf eine Wertminderung gibt. Diese Erleichterung soll auch für immaterielle Vermögenswerte mit unbegrenzter Nutzungsdauer und immaterielle Vermögenwerte, welche noch nicht in ihrem betriebsbereiten Zustand sind, ausgeweitet werden.

In dem Diskussionspapier ist der IASB zudem der Meinung, dass die Ermittlung des Nutzungswerts erleichtert werden soll. Hierzu sollen die Zahlungsströme aus künftigen Restrukturierungen und Erweiterungsinvestitionen bei der Ermittlung des Nutzungswerts berücksichtigt werden dürfen und die Verwendung von Nachsteuerzinssätzen erlaubt werden.

3.2 ED/2019/7 *General Presentation and Disclosures*

Der IASB veröffentlichte am 17.12.2019 den *ED/2019/7 General Presentation and Disclosures*. Der Änderungsvorschlag sieht vor, den bisherigen IAS 1 durch einen neuen IFRS zu ersetzen und schlägt neben neuen Angabe- und Erläuterungspflichten sowie neuen Darstellungsvorschriften für die GuV punktuelle Änderungen an der Bilanz und der Kapitalflussrechnung vor. Außerdem sollen die Wahlrechte zur Darstellung von Posten in den primären Abschlussbestandteilen beschränkt werden, um den Adressaten den Vergleich von Erfolg und Zukunftsaussichten von Unternehmen zu erleichtern. Der Entwurf soll weitverbreitete Inkonsistenzen in der Berichterstattung von Unternehmen beseitigen.

Konkret schlägt der Entwurf vor, Kategorien und Zwischensummen für die GuV einzuführen und zu definieren. Als Kategorien sind die „Betriebliche Tätigkeit“, „Integrale assoziierte Unternehmen und Gemeinschaftsunternehmen“, „Investitionstätigkeit“ und „Finanzierungstätigkeit“ vorgesehen. Mit diesen 4 Kategorien sollen auch 4 Zwischensummen einhergehen: das Betriebsergebnis, das Betriebsergebnis inklusive Erträgen und Aufwendungen aus integralen assoziierten Unternehmen und Gemeinschaftsunternehmen, das Ergebnis vor Finanzierungstätigkeit und Ertragsteuern und das Ergebnis vor Steuern. Während integrale assoziierte Unternehmen und Gemeinschaftsunternehmen in einer separaten Zwischensumme dargestellt werden, sollen nicht integrale assoziierte Unternehmen und Gemeinschaftsunternehmen als Teil der Investitionstätigkeit erfasst werden.

Der Entwurf führt auch Regelungen für alternative Leistungskennzahlen ein. Diese werden im Entwurf als *Management Performance Measures* bezeichnet und sollen in einer einzigen Anhangangabe offengelegt werden. Unternehmen sollen angeben, wie die Kennzahlen berechnet wurden und inwiefern sie nützliche Informationen vermitteln. Auch soll eine Überleitung der Kennzahlen auf die am ehesten vergleichbare Zwischensumme in der GuV erfolgen.

Schließlich sollen zusätzliche Anhangangaben für ungewöhnliche Posten eingeführt werden. Laut den Änderungsvorschlägen sind Aufwendungen und Erträge dann als ungewöhnlich zu betrachten, wenn sie eine begrenzte Aussagekraft für Prognosen bezogen auf das Unternehmen haben. Dies ist dann gegeben, wenn nach vernünftigem Ermessen zu erwarten ist, dass in den kommenden Berichtsperioden keine ihrer Art und Höhe nach vergleichbaren Aufwendungen und Erträge anfallen. Der Entwurf sieht vor, dass Unternehmen ungewöhnliche Aufwendungen und Erträge in einer einzigen Anhangangabe darzustellen haben. Anzugeben sind der Betrag des Postens, eine Erläuterung der Gründe für die Ungewöhnlichkeit und der GuV-Posten, in dem der Sachverhalt enthalten ist. Der IASB betont, dass diese ungewöhnlichen Aufwendungen und Erträge nicht mit den außergewöhnlichen Aufwendungen und Erträgen des IAS 8 zu verwechseln sind.

4 Auswirkungen von COVID-19 auf die internationale Rechnungslegung

Im Verlauf der COVID-19-Pandemie kam es zu diversen Fragestellungen in den verschiedensten Bereichen der Rechnungslegung. Verschiedene Institutionen haben daraufhin Hinweise und Richtlinien verlautbart, um für einzelne Bereiche Hilfestellungen zu leisten. Die folgende Tabelle enthält eine (nicht abschließende) Auflistung diverser Veröffentlichungen, die sich mit COVID-19 bezogenen Fragestellungen beschäftigen:

- 4.3.2020: IDW-Hinweis Teil 1 – Wertbegründung vs. Werterhellung/Nachtragsbericht/Prognosebericht
- 24.3.2020: ESMA-Statement zur Ermittlung des ECL gem. IFRS 9
- 25.3.2020: IDW-Hinweis Teil 2 – Umfassende Hinweise für die Rechnungslegung nach HGB und IFRS
- 25.3.2020: IDW FAUB Hinweis zu Auswirkungen auf die Unternehmensbewertung
- 27.3.2020: IASB-Statement zur Ermittlung des ECL gem. IFRS 9
- 2.4.2020: IDW FAR Hinweis zum Kurzarbeitergeld
- 8.4.2020: IDW-Hinweis Teil 3 – Zweifelsfragen zur Auswirkung der Ausbreitung des Coronavirus auf die Rechnungslegung und Prüfung

- 15.4.2020: IDW IVFA Fachlicher Hinweis zu den Auswirkungen der Coronavirus-Pandemie auf die Rechnungslegung von Investmentvermögen
- 17.4.2020: ESMA Q&A Alternative Performance Measures (inklusive Richtlinien im Zusammenhang mit COVID-19)
- 29.4.2020: IDW BFA F & A – Fachlicher Hinweis zu den Auswirkungen auf Wertminderungen von Finanzinstrumenten nach IFRS 9 im Quartalsabschluss von Banken zum 31.3.2020
- 4.5.2020: ESMA-Verlautbarung zur zeitlichen Verschiebung der bilateralen Margenanforderungen gem. EMIR
- 15.5.2020: IDW Trendwatch Positionspapier „Die Covid-19 Pandemie: Erste Lehren aus der Krise“
- 20.5.2020: ESMA-Verlautbarung zu den Auswirkungen der COVID-19-Pandemie auf die Halbjahresfinanzberichterstattung
- 26.5.2020: IDW aktualisiert Fachlichen Hinweis zu COVID-19 und Steuerrecht
- 28.5.2020: IASB veröffentlicht die *Änderungen an IFRS 16: COVID-19 bezogene Mietkonzessionen*
- 19.6.2020: IDW BFA – Fachlicher Hinweis zu den Auswirkungen der Coronavirus-Pandemie auf Wertminderungen von Finanzinstrumenten nach IFRS 9 im Halbjahresabschluss von Banken zum 30.6.2020
- 26.6.2020: IDW – Fachlicher Hinweis zu den Auswirkungen der Ausbreitung des Coronavirus auf Non-Profit-Organisationen, insbesondere Stiftungen
- 30.6.2020: IDW BFA F & A – Fachliche Hinweise zu den Auswirkungen der Coronavirus-Pandemie auf Kreditinstitute
- 1.7.2020: IDW aktualisiert Fachlichen Hinweis zu COVID-19 und Steuerrecht
- 2.7.2020: IDW aktualisiert IDW-Hinweis Teil 3 – Zweifelsfragen zur Auswirkung der Ausbreitung des Coronavirus auf die Rechnungslegung und Prüfung
- 21.7.2020: ESMA-Statement zu aufsichtsrechtlichen Maßnahmen zur Bilanzierung von COVID-19 bezogenen Leasing Modifizierungen

Hinweis

Weitere Informationen zu COVID-19 bezogenen Fragestellungen finden Sie auch in der englischsprachigen Broschüre EY, *Applying IFRS – Accounting considerations of the coronavirus pandemic* (abrufbar unter: https://www.ey.com/en_gl/ifrs-technical-resources, Abrufdatum: 1.9.2020) sowie der deutschsprachigen Broschüre EY, *Im Fokus – Rechnungslegung in Zeiten der Corona Pandemie* (abrufbar unter: https://www.ey.com/de_de/ifrs-veroeffentlichungen, Abrufdatum: 1.9.2020).

5 Agenda-Entscheidungen des IFRS IC

Seit Veröffentlichung des Bilanz Check-up 2020 mit Redaktionsschluss im September 2019 hat sich das IFRS IC mit einer Reihe von Fragestellungen beschäftigt. Bei einigen dieser Fragen wurde entschieden, sie nicht auf die Agenda des IFRS IC zu nehmen (sog. **NIFRICs**). Diese Entscheidungen wurden jeweils mit einer Begründung im IFRIC-Update veröffentlicht. In seinen Begründungen für die Nichtaufnahme gab das IFRS IC weitere Hinweise zur Anwendung geltender Standards und Interpretationen. Diese Hinweise stellen keine Interpretation dar, geben aber zusätzliche Informationen zu Zweifelsfragen und Informationen, wie die geltenden Standards und Interpretationen anzuwenden sind.

Da die Agenda-Entscheidungen keine IFRS darstellen, enthalten sie auch keinen Erstanwendungszeitpunkt. Im IFRIC-Update März 2019 wurde erstmals dazu Stellung bezogen. Hiernach erwartet der IASB, sofern eine Agenda-Entscheidung eine Änderung einer Bilanzierungs- und Bewertungsmethode nach sich zieht, dass ein Unternehmen ausreichend Zeit hat, diese Entscheidung zu treffen und eine etwaige Änderung zu implementieren (bspw. müssen ggf. neue Informationen eingeholt oder Systeme angepasst werden). In einer Rede führte das IASB-Mitglied Sue Lloyd aus, dass der IASB hier eher an Monate als an Jahre gedacht habe. Im Übrigen stellt der IASB fest, dass aus dem Prozess der Veröffentlichung von Agenda-Entscheidungen oftmals erläuternde Materialien resultieren, die neue Informationen darstellen, die bisher nicht zur Verfügung standen.

Nachfolgend wird ein kurzer Überblick über ausgewählte Agenda-Entscheidungen der letzten 12 Monate gegeben, bei denen solche zusätzlichen Hinweise aus der Begründung des IFRS IC erkennbar waren. Eine vollständige Liste von Themen, die nicht auf die Agenda des IFRS IC genommen wurden, ist mit der jeweiligen Begründung auf der Homepage des IASB (www.ifrs.org) abrufbar.

Hinweis

Im August 2020 hat der IASB sein *Due Process Handbook* überarbeitet, welches die verfahrenstechnischen Anforderungen des IASB und des IFRS IC regelt. In dem überarbeiteten *Due Process Handbook* wird festgestellt, dass die IFRIC-Agenda-Entscheidungen die Anforderungen der IFRS nicht verändern. Dies gilt auch insoweit sie erläuternde Materialien (*Explanatory Material*) enthalten, d.h. Erläuterungen wie die anwendbaren Prinzipien und Anforderungen der IFRS auf die in der IFRIC-Agenda-Entscheidung beschriebenen Geschäftsvorfälle und Sachverhalte anzuwenden sind.

Erläuternde Materialien leiten ihre Berechtigung vielmehr aus dem anzuwendenden IFRS selbst ab und sind dementsprechend bei der Anwendung der IFRS zu beachten. Erläuternde Materialien in Agenda-Entscheidungen können zusätzliche Erkenntnisse liefern, die das Verständnis eines Unternehmens von den Anforderungen in den IFRS verändern könnten. Muss ein Unternehmen als Folge von erläuternden Materialien in einer Agenda-Entscheidung seine eigene Rechnungslegungspolitik ändern, soll es einen Anspruch auf ausreichend Zeit haben, um diese Entscheidung zu treffen und jede notwendige Änderung der Bilanzierungsmethoden umzusetzen. Die Bestimmung, wie viel Zeit für eine Änderung der Bilanzierungsmethoden ausreichend ist, ist eine Ermessensfrage, die von den besonderen Tatsachen und Umständen eines Unternehmens abhängt. Nichtsdestotrotz wird von einem Unternehmen erwartet, dass es jede Änderung zeitnah umsetzt und, falls wesentlich, prüft, ob die IFRS eine Angabe im Zusammenhang mit der Änderung verlangen.

5.1 IAS 7: Angaben zu Veränderungen der Verbindlichkeiten aus Finanzierungstätigkeiten (September 2019)

Das IFRS IC hatte eine Anfrage von Investoren bezüglich der *Änderungen an IAS 7: Angabeninitiative* aus dem Jahr 2016 (siehe hierzu Bilanz Check-up 2018, Kap. C.1.2, S. 159f.) erhalten. Durch die Änderungen wurden zusätzliche Angabepflichten im Zusammenhang mit Verbindlichkeiten aus Finanzierungstätigkeiten eingeführt. Die Investoren bekundeten Zweifel daran, ob die in IAS 7.44B–E aufgeführten Angabepflichten ausreichen, um das in IAS 7.44A beschriebene Ziel zu erreichen. Gem. IAS 7.44A hat ein Unternehmen Angaben zu machen, anhand derer die Abschlussadressaten Veränderungen der Verbindlichkeiten aus Finanzierungstätigkeiten, einschließlich Veränderungen durch Cashflows und nicht zahlungswirksame Veränderungen, beurteilen können.

Eine Möglichkeit zur Erfüllung der Angabepflicht besteht gem. IAS 7.44D in der Bereitstellung einer Überleitungsrechnung der Eröffnungs- und Schlusssalden in der Bilanz für Verbindlichkeiten aus Finanzierungstätigkeiten einschließlich der Veränderungen gem. IAS 7.44B. Wenn ein Unternehmen eine solche Überleitungsrechnung veröffentlicht, hat es ausreichende Angaben zu machen, um den Abschlussadressaten eine Zuordnung der in die Überleitungsrechnung aufgenommenen Posten zur Bilanz und zur Kapitalflussrechnung zu ermöglichen.

Das IFRS IC merkte an, dass ein Unternehmen bei der Bestimmung des Umfangs der Erläuterung und der Untergliederung der in der Überleitungsrechnung enthaltenen Posten Ermessensentscheidungen trifft. Bezüglich der Untergliederung der Posten regelt IAS 1.30A, dass ein Unternehmen die Verständlichkeit der Abschlussbestandteile nicht erschweren darf, indem es wesentliche Informationen dadurch verschleiert, dass es diese zusammen mit unwesentlichen Informationen aufführt oder dass es wesentliche Posten unterschiedlicher Art oder Funktion zusammenfasst. Dementsprechend weist ein Unternehmen jeden einzeln betrachtet wesentlichen Posten in der Überleitungsrechnung separat aus. Außerdem regelt IAS 1.112(c), dass im Anhang Informationen bereitzustellen sind, die nicht in anderen Abschlussbestandteilen ausgewiesen werden, für das Verständnis derselben jedoch relevant sind.

Folglich kam das IFRS IC zu dem Entschluss, dass die Anforderungen in IAS 7 zusammen mit den Anforderungen in IAS 1 ausreichend sind, um die Zielsetzung des IAS 7.44A zu erfüllen. Daher wurde der Sachverhalt nicht auf die Agenda genommen.

5.2 IAS 1: Ausweis von Schulden und Vermögenswerten in Bezug auf unsichere steuerliche Behandlungen (September 2019)

Das IFRS IC wurde gebeten klarzustellen, wie Schulden und Vermögenswerte in Bezug auf unsichere steuerliche Behandlungen, die gem. IFRIC 23 bilanziert wurden, auszuweisen sind. Konkret ging es um die Frage, ob Unternehmen unsichere Steuerverbindlichkeiten als tatsächliche oder latente Steuerschulden gem. IAS 12 auszuweisen haben oder ob ein Ausweis in anderen Bilanzposten wie bspw. den Rückstellungen möglich ist.

Sofern Unsicherheit bezüglich der ertragsteuerlichen Behandlung besteht, hat das Unternehmen gem. IFRIC 23.4 seine tatsächlichen oder latenten Steueransprüche oder Steuerschulden unter Anwendung der Vorschriften von IAS 12 anzusetzen und zu bewerten. Das IFRS IC kam zu dem Entschluss, dass unsichere Steuerschulden die Definition der tatsächlichen Ertragsteuer und der latenten Steuerschulden in IAS 12.5 erfüllen. Da weder IAS 12 noch IFRIC 23 genaue Regelungen bezüglich des Ausweises solcher unsicheren Steuerschulden enthalten, sind die Regelungen in IAS 1 anzuwenden. IAS 1.54(n) und (o) sehen vor, das tatsächliche Steuerschulden und latente Steuerschulden einen gesonderten Bilanzposten darstellen. IAS 1.57 regelt, dass die in IAS 1.54 beschriebenen Posten ihrem Wesen oder ihrer Funktion nach so unterschiedlich sind, dass ein getrennter Ausweis in der Bilanz erforderlich ist. Eine Zusammenfassung mit anderen Posten ist nicht erlaubt, da gem. IAS 1.29 Posten einer nicht ähnlichen Art oder Funktion gesondert darzustellen sind, sofern sie nicht unwesentlich sind.

Das IFRS IC kam zu dem Ergebnis, dass unsichere Steuerschulden als tatsächliche Steuerschulden bzw. als latente Steuerschulden auszuweisen sind. Da die Regelungen in den IFRS ausreichend sind, wurde dieser Sachverhalt nicht auf die Agenda genommen.

Hinweis

Soweit nicht unwesentlich, ist mit dieser Agenda-Entscheidung auch ein Ausweis von unsicheren Steuerverbindlichkeiten für die laufende oder frühere Perioden in den (sonstigen) Rückstellungen nicht vereinbar.

5.3 IFRS 16: Grenzfremdkapitalzinssatz des Leasingnehmers (September 2019)

Das IFRS IC erhielt eine Fragestellung bezüglich der Definition des Grenzfremdkapitalzinssatzes des Leasingnehmers. IFRS 16 definiert den Grenzfremdkapitalzinssatz des Leasingnehmers als Zinssatz, den ein Leasingnehmer zahlen müsste, wenn er für eine vergleichbare Laufzeit mit vergleichbarer Sicherheit die Mittel aufnehmen würde, die er in einem vergleichbaren wirtschaftlichen Umfeld für einen Vermögenswert mit einem dem Nutzungsrecht vergleichbaren Wert benötigen würde.

Fraglich war, ob diese Definition vorschreibt, dass neben einer vergleichbaren Laufzeit auch ein vergleichbares Zahlungsprofil erforderlich ist. Ein Darlehen mit vollständiger Tilgung zum Laufzeitende kann bei gleicher Höhe und Laufzeit einen anderen Zinssatz als ein Darlehen mit regelmäßigen Tilgungszahlungen (z. B. monatlich, jährlich) aufweisen.

In IFRS 16.BC162 wird erläutert, dass in Abhängigkeit von der Art des zugrunde liegenden Vermögenswerts und der Laufzeit und den Bedingungen des Leasingvertrags, ein Leasingnehmer auf einen bereits beobachtbaren Zinssatz als Startpunkt rekurrieren kann. Dieser beobachtbare Zinssatz sollte dann angepasst werden, um den Grenzfremdkapitalzinssatz nach IFRS 16 zu ermitteln. Zwar enthält die Definition des Grenzfremdkapitalzinssatzes des Leasingnehmers keine explizite Anforderung, dass der Zinssatz auch ein vergleichbares Zahlungsprofil aufweisen muss. Allerdings schlussfolgerte das IFRS IC, dass es mit dem Ziel des IASB bei der Entwicklung der Definition vereinbar wäre, als Ausgangspunkt einen beobachtbaren Zinssatz für ein Darlehen mit einem ähnlichen Zahlungsprofil wie das des Leasingvertrags zugrunde zu legen.

Das IFRS IC kam zu dem Entschluss, dass die Regelungen in den IFRS ausreichend sind. Daher wurde der Sachverhalt nicht auf die Agenda genommen.

Hinweis

Angesichts des Fehlens ausdrücklicher Regelungen ist die Verwendung eines amortisierenden Kreditzinssatzes, der ein ähnliches Zahlungsprofil wie der Leasingvertrag aufweist, stets zulässig. Die Verwendung anderer Zinssätze (z. B. endfälliger Darlehenszinssätze) kann in Abhängigkeit von den Fakten und Umständen ebenfalls akzeptabel sein (z. B. wenn die Verwendung solcher Zinssätze mit der normalen Kreditaufnahmepraxis des Leasingnehmers übereinstimmt).

5.4 IFRS 15: Entschädigungszahlungen für Verspätungen und Ausfälle (September 2019)

In dieser Agenda-Entscheidung ging das IFRS IC der Frage nach, wie Entschädigungszahlungen an Kunden für Verspätungen und Ausfälle bei einer Fluggesellschaft zu bilanzieren sind. Im beurteilten Sachverhalt haben die Flugpassagiere einen gesetzlichen Anspruch auf Entschädigungszahlungen, sofern bestimmte Bedingungen erfüllt sind. Die Höhe der Entschädigungszahlung ist ebenfalls gesetzlich geregelt und unabhängig vom Preis des Flugtickets. Die gesetzlichen Regelungen sind rechtlich durchsetzbar und Teil der Vertragsbedingungen. Für die Ermittlung des Transaktionspreises sind gem. IFRS 15.47 die Vertragsbedingungen und die Geschäftsgepflogenheiten zu berücksichtigen. Sofern ein Unternehmen laut Gesetz für Schäden, die von seinen Produkten verursacht werden, finanziell haftet, regelt IFRS 15.B33 indes, dass es sich dabei nicht um eine Leistungsverpflichtung handelt. Unternehmen haben derartige Verpflichtungen gem. IAS 37 zu bilanzieren.

Das IFRS IC stellte klar, dass in dem beschriebenen Sachverhalt der Transport des Kunden von einem Ort zu einem anderen Ort innerhalb eines bestimmten Zeitplans als Leistungsverpflichtung anzusehen ist. Der Anspruch auf Entschädigungszahlung entsteht durch die Nichterfüllung dieser Leistung. Da der Anspruch auf Entschädigung nicht auf durch das Produkt verursachte Schäden (Schäden aufgrund des Transports des Kunden) beruht, findet die Regelung in IFRS 15.B33 indes keine Anwendung. Die Entschädigungszahlung ist Teil der Gegenleistung, die die Fluggesellschaft im Austausch für die Übertragung der zugesagten Dienstleistung auf einen Kunden voraussichtlich erhalten wird. Die Tatsache, dass die Entschädigung auf einem Gesetz anstatt auf einer vertraglichen Regelung beruht, ist für die Bestimmung des Transaktionspreises irrelevant. Die Entschädigung stellt – wie eine Strafe für die verspätete Lieferung eines Guts – eine (negative) variable Gegenleistung dar. Die Entschädigungszahlung ist daher als Minderung des Umsatzes zu erfassen.

Das IFRS IC kam zu dem Entschluss, dass die Regelungen in den IFRS ausreichend sind. Daher wurde der Sachverhalt nicht auf die Agenda genommen.

Hinweis

Wir halten es für angemessen, dass ein Unternehmen Zahlungen an einen Kunden, die über den Transaktionspreis hinausgehen und die nicht im Austausch für bestimmte abgrenzbare Güter oder Dienstleistungen gezahlt werden, innerhalb des Umsatzes darstellt. Die Frage, ob negative Erlöse in der GuV in den Aufwand umgegliedert werden können, wurde dem IFRS IC im September 2019 in verschiedenen Stellungnahmen vorgelegt. Das IFRS IC hat sich jedoch nicht mit dieser Frage befasst.

5.5 IFRS 16: Laufzeit eines Leasingverhältnisses und Nutzungsdauer von Mietereinbauten (November 2019)

Das IFRS IC beschäftigte sich mit einer Anfrage bezüglich eines Leasingvertrags, welcher keine festgelegte Laufzeit hat, sondern sich automatisch um jeweils eine weitere Periode verlängert, bis eine der beiden Parteien den Vertrag kündigt. Die Kündigung ist nicht strafbewehrt. Unklar war, wie die Leasinglaufzeit für solche Leasingverträge zu bestimmen ist und wie der Begriff der „geringen Strafzahlungen" in IFRS 16.B34 zu interpretieren ist. Außerdem stellte der Antragsteller die Frage, ob die Nutzungsdauer von fest verbauten Mietereinbauten auf die Leasinglaufzeit gem. IFRS 16 begrenzt ist.

Das IFRS IC stellte klar, dass bei der Bestimmung der Laufzeit und der unkündbaren Grundlaufzeit ein Unternehmen den Zeitraum bestimmt, während dessen der Vertrag bindend ist. Ein Leasingverhältnis ist nicht mehr bindend, wenn sowohl der Leasingnehmer als auch der Leasinggeber das Leasingverhältnis ohne Zustimmung der anderen Vertragspartei beenden kann und in diesem Fall allenfalls eine geringe Strafzahlung entrichten muss. Hierbei hat ein Unternehmen nicht nur die vertraglichen Bedingungen zu berücksichtigen, sondern zusätzlich auch die wirtschaftlichen Anreize und Umstände, die eine Vertragspartei an der Kündigung hindern könnten. Der Begriff der Strafzahlung ist somit nach Auffassung des IFRS IC weit auszulegen und beinhaltet nicht nur vertragliche Strafzahlungen. Wenn ein Unternehmen zu dem Schluss kommt, dass der Vertrag über die Kündigungsfrist eines kündbaren Leasingverhältnisses (oder die Anfangsperiode eines erneuerbaren Leasingverhältnisses) hinaus durchsetzbar ist, wendet es IFRS 16.19 und IFRS 16.B37 – B40 an, um zu beurteilen, ob der Leasingnehmer mit hinreichender Sicherheit die Option zur Kündigung des Leasingverhältnisses nicht ausüben wird.

Bezüglich fest verbauter Mietereinbauten machte das IFRS IC deutlich, dass gem. IAS 16.56 (d) bei der Bestimmung der Nutzungsdauer eines Vermögenswerts rechtliche oder ähnliche Nutzungsbeschränkungen des Vermögenswerts – wie das Ablaufen zugehöriger Leasingverträge – zu berücksichtigen sind. IAS 16.57 erläutert, dass die Nutzungsdauer nach der voraussichtlichen Nutzbarkeit definiert wird und diese kürzer als die wirtschaftliche Nutzungsdauer sein kann. Bei der Bestimmung der Nutzungsdauer der Mietereinbauten hat ein Unternehmen daher die Laufzeit des Leasingvertrags zu berücksichtigen und zu beurteilen, ob die Mietereinbauten auch über die Leasinglaufzeit hinaus nutzbar sind. Wenn die Mietereinbauten nach Ablauf der Leasinglaufzeit nicht mehr zu verwenden sind, kann die Nutzungsdauer der Mietereinbauten die Leasinglaufzeit nicht überschreiten.

Das IFRS IC erwähnte, dass bei der Beurteilung der Frage, ob ein Leasingnehmer mit hinreichender Wahrscheinlichkeit einen Leasingvertrag verlängern (oder nicht kündigen) wird, IFRS 16.B37 verlangt, dass ein Unternehmen alle relevanten Tatsachen und Umstände berücksichtigt, die einen wirtschaftlichen Anreiz für den Leasingnehmer zur Fortsetzung des Leasingvertrags schaffen. Dazu gehören wesentliche Verbesserungen am Leasingobjekt, die während der Vertragslaufzeit vorgenommen wurden und von denen erwartet wird, dass sie dem Leasingnehmer einen erheblichen wirtschaftlichen Nutzen bringen. Wenn ein Unternehmen erwartet, nicht entfernbare Mietereinbauten über den Zeitpunkt hinaus zu nutzen, zu dem der Vertrag gekündigt werden kann, deutet das Vorhandensein dieser Mietereinbauten darauf hin, dass dem Unternehmen eine mehr als geringe Strafzahlung droht, wenn es den Mietvertrag kündigt. Folglich prüft ein Unternehmen unter Anwendung des IFRS 16.B34, ob der Vertrag zumindest für die Nutzungsdauer der Mietereinbauten durchsetzbar ist.

Das IFRS IC kam zu dem Entschluss, dass die Regelungen in den IFRS ausreichend sind. Daher wurde der Sachverhalt nicht auf die Agenda genommen.

5.6 IFRS 15: Schulungskosten zur Vertragserfüllung (März 2020)

Das IFRS IC erhielt eine Anfrage, wie Schulungskosten für eigene Mitarbeiter zu bilanzieren sind, die i. R. d. Erfüllung eines Vertrags mit einem Kunden anfallen. Ein Unternehmen erbringt für seine Kunden ausgelagerte Dienstleistungen wie z. B. Kundenserviceleistungen. Um diese Leistungen erbringen zu können, werden die Mitarbeiter des Unternehmens in den Prozessen des Kunden geschult. IAS 38.15 regelt, dass diese Schulungskosten nicht die Definition eines immateriellen Vermögenswerts erfüllen, da i. d. R. keine hinreichende Kontrolle über den voraussichtlichen künftigen Nutzen der Schulungen besteht. Die Schulungen erfüllen in dem Sachverhalt auch nicht die Anforderungen einer Leistungsverpflichtung i. S. d. IFRS 15. Es wurde vereinbart, dass das Unternehmen die Schulungskosten für seine Mitarbeiter dem Kunden in Rechnung stellen kann.

Gem. IFRS 15.95 darf ein Unternehmen Kosten, die bei der Erfüllung eines Vertrags mit einem Kunden entstehen, aktivieren, wenn diese nicht in den Anwendungsbereich eines anderen Standards fallen und die in IFRS 15.95 genannten Kriterien erfüllen. In IAS 38.5 wurden Ausgaben für Aus- und Weiterbildung ausdrücklich in den Anwendungsbereich des IAS 38 aufgenommen. Folglich sind die Schulungskosten nach den Regelungen des IAS 38 zu bilanzieren. IAS 38.69(b) fordert für Ausgaben für Aus- und Weiterbildungsaktivitäten eine Erfassung als Aufwand. Sofern andere Standards den Ansatz eines Vermögenswerts ausschließen (hier: IAS 38), kann ein Vermögenswert nicht ersatzweise gem. IFRS 15 aktiviert werden (IFRS 15.BC307). Folglich sind die Schulungskosten im Einklang mit IAS 38 als Aufwand zu erfassen. Die Tatsache, dass diese Kosten dem Kunden in Rechnung gestellt werden können, ist nicht entscheidungsrelevant.

Das IFRS IC kam zu dem Entschluss, dass die Regelungen in den IFRS ausreichend sind. Daher wurde der Sachverhalt nicht auf die Agenda genommen.

5.7 IFRS 16: *Sale and Leaseback* mit variablen Zahlungen (Juni 2020)

Das IFRS IC erhielt eine Anfrage bezüglich einer *Sale-and-Leaseback*-Vereinbarung mit variablen Zahlungen. Das Unternehmen verkauft eine Sachanlage und mietet diese von dem Käufer für 5 Jahre zurück. Die Übertragung der Sachanlage erfüllt die Kriterien des IFRS 15 für eine Veräußerung und der Kaufpreis entspricht dem beizulegenden Zeitwert der Sachanlage. Die Leasingzahlungen sind marktgerecht und enthalten variable Zahlungen, die von den mit der Sachanlage erzielten Umsätzen abhängen. Es handelt sich nicht um de-facto feste Leasingzahlungen i. S. d. IFRS 16.B42.

Unklar war, wie in dem dargestellten Sachverhalt der Wert des Nutzungsrechts ermittelt wird sowie die Höhe des Gewinns oder Verlusts aus der Veräußerung der Sachanlage. Nach Ansicht des IFRS IC hat der Verkäufer (Leasingnehmer) gem. IFRS 16.100 das mit dem Rückleasing verbundene Nutzungsrecht mit dem Teil des früheren Buchwerts anzusetzen, der sich auf das vom Verkäufer zurückbehaltene Nutzungsrecht bezieht. Etwaige Gewinne oder Verluste sind nur insoweit zu erfassen, als sie sich auf die auf den Käufer übertragenen Rechte beziehen.

Um den Wert des mit dem Rückleasing verbundenen Nutzungsrechts zu ermitteln, gibt IFRS 16 keine bestimmte Methode vor. Für diesen konkreten Fall schlug das IFRS IC vor, den Barwert der erwarteten Leasingzahlungen (inklusive variabler Zahlungen) mit dem beizulegenden Zeitwert der Sachanlage am Transaktionstag ins Verhältnis zu setzen. Da für den zurückbehaltenen Teil des Buchwerts am Transaktionstag keine Neubewertung stattfindet, beziehen sich die am Transaktionstag zu erfassenden Gewinne oder Verluste nur auf den veräußerten Teil. Der Verkäufer hat außerdem eine Leasingverbindlichkeit am Transaktionstag zu erfassen, und zwar auch dann, wenn alle Zahlungen für das Leasingverhältnis variabel sind und nicht von einem Index abhängen. Die Erstbewertung der Leasingverbindlichkeit ergibt sich als Konsequenz aus der Bewertung des Nutzungsrechts und der Erfassung des Gewinns oder Verlusts aus dem Verkauf.

Das IFRS IC kam zu dem Entschluss, dass die Regelungen in den IFRS ausreichend sind. Daher wurde der Sachverhalt nicht auf die Agenda genommen.

5.8 Weitere Agenda-Entscheidungen

Weitere Fragen, bei denen das IFRS IC im Zeitraum September 2019 bis Juni 2020 entschieden hat, diese nicht auf die Agenda zu nehmen, betrafen:

- IAS 41: Nachträgliche Aufwendungen für Biologische Vermögenswerte (September 2019)
- IFRS 9: *Fair Value Hedge* für Fremdwährungsrisiken bei nichtfinanziellen Vermögenswerten (September 2019)
- IFRS 16: Definition eines Leasingvertrags – Entscheidungsrechte (Januar 2020)
- IAS 21 und IAS 29: Darstellung von Vergleichszahlen im Jahr des erstmaligen Auftretens von Hochinflation (März 2020)
- IAS 21 und IAS 29: Vor dem Auftreten von Hochinflation gebildete kumulierte Währungsumrechnungsrücklage (März 2020)
- IAS 21 und IAS 29: Darstellung von Umrechnungsdifferenzen (März 2020)
- IAS 12: Multiple steuerliche Konsequenzen aus der Realisierung des Buchwerts eines Vermögenswerts
- IAS 38: Spieler-Transferzahlungen (Juni 2020)
- IAS 12: Latente Steuern in Bezug auf eine Beteiligung an einem Tochterunternehmen (Juni 2020)

6 Hier finden Sie Unterstützung

Auf der Homepage von EY finden Sie **Publikationen, Newsletter** und **Webcasts** über Neuveröffentlichungen von Standards und Interpretationen sowie über die laufenden Diskussionen beim IASB und IFRS IC.

Zudem sind über die Homepage u.a. folgende Ressourcen verfügbar:

- **Musterkonzernabschlüsse nach IFRS** (darunter auch branchenspezifische Abschlüsse) mit illustrativen Beispielen der Rechnungslegung nach IFRS,
- **IFRS Checkliste für angabepflichtige Informationen** mit sämtlichen nach IFRS vorgeschriebenen Anhangangaben.

An verschiedenen Standorten, an denen EY mit Büros vertreten ist, finden regelmäßig **Veranstaltungen** zu IFRS-Themen statt. Nähere Informationen zu allen Veranstaltungen können Sie ebenfalls unserer Homepage entnehmen.

Sie finden uns im Internet unter: https://www.ey.com/de_de/ifrs-veroeffentlichungen (Deutschland) bzw. https://www.ey.com/en_gl/ifrs-technical-resources (International).

D Enforcement

1 Nationales Enforcement

1.1 Prüfungsschwerpunkte der DPR für Abschlüsse 2020

Die Deutsche Prüfstelle für Rechnungslegung e.V. (DPR) wird die Liste der Prüfungsschwerpunkte für Konzernabschlüsse 2020 und Zwischenabschlüsse 2021 voraussichtlich im November 2020 auf ihrer Homepage veröffentlichen (Informationen finden Sie auch unter https://www.frep.info/pruefverfahren/pruefungsschwerpunkte.php, Abrufdatum: 1.9.2020). I.d.R. übernimmt die DPR die von der Europäischen Wertpapier- und Marktaufsichtsbehörde (ESMA) veröffentlichten gemeinsamen europäischen Enforcement-Prioritäten und ergänzt diese um zusätzliche nationale Schwerpunkte.

Hinweis

Die jährliche Bekanntgabe der Prüfungsschwerpunkte für das Folgejahr ist Teil der **Präventionsfunktion der DPR**, indem sie den Unternehmen Gelegenheit gibt, die bilanzielle Abbildung entsprechender Sachverhalte und die zugehörigen erläuternden Angaben i.R.d. Abschlusserstellung nochmals (besonders) kritisch zu würdigen. Soweit sie für den zu prüfenden Abschluss einschlägig sind, ist davon auszugehen, dass die DPR die veröffentlichten Schwerpunktthemen im Rahmen eines Enforcement-Verfahrens aufgreifen wird. Indes beschränkt die DPR ihre Prüfung i.d.R. nicht auf die offiziellen Prüfungsschwerpunkte, sondern berücksichtigt ggf. auch andere für den Abschluss besonders relevante Themen.

Tipp

Im Hinblick auf die Qualitätssicherung des Abschlusses ist bereits bei der Erstellung des Abschlusses zu empfehlen, eine aussagefähige **Dokumentation**, z.B. in Form von Bilanzierungsmemos, zu erstellen. Denn der DPR sind im Enforcement-Verfahren die angeforderten Unterlagen grundsätzlich in der Form zur Verfügung zu stellen, wie sie im Zeitpunkt der Abschlusserstellung vorlagen. Nachträgliche Änderungen oder Ergänzungen sind zwar grundsätzlich möglich, müssen aber als solche gekennzeichnet werden. Die DPR hat nämlich gem. § 342b Abs. 2 Satz 1 HGB auch zu prüfen, ob die dem Abschluss zugrunde liegende Buchführung den Grundsätzen ordnungsmäßiger Buchführung entspricht.

1.2 Tätigkeitsbericht 2019 der DPR

Die DPR veröffentlicht immer zu Jahresbeginn die Ergebnisse der Prüfungen des vorangegangenen Jahres und ihre Erkenntnisse hieraus in einem Tätigkeitsbericht, der auf der Homepage der DPR (https://www.frep.info/presse/taetigkeitsberichte.php, Abrufdatum: 1.9.2020) abrufbar ist.

1.2.1 Abgeschlossene Prüfungen, festgestellte Fehler und Zustimmungsquote

Im Jahr 2019 hat die DPR 86 Prüfungen (2018: 84) abgeschlossen, davon waren 79 Stichprobenprüfungen, 6 Anlassprüfungen und eine Prüfung, die auf Verlangen der Bundesanstalt für Finanzdienstleistungsaufsicht (BaFin) durchgeführt wurde. Die Fehlerquote lag mit 20 % über dem Niveau des Vorjahres (15 %). Der Anstieg ist insbesondere auf die von 3 auf 6 gestiegene Anzahl von Anlassprüfungen zurückzuführen.

Die Fehlerquote bei den Stichprobenprüfungen betrug 13 % (2018: 11 %). Bei Anlass- und Verlangensprüfungen war die Fehlerquote mit 100 % (2018: 100 %) unverändert deutlich höher. Während sich bei Unternehmen mit Indexzugehörigkeit 2019 mit 13 % eine deutlich über dem Durchschnitt der Jahre 2016 bis 2019 (8 %) liegende Fehlerquote ergab, lag diese für Unternehmen ohne Indexzugehörigkeit mit 24 % auf dem Niveau des Durchschnitts der Jahre 2016 bis 2019 (23 %). Die Zustimmungsquote der Unternehmen zu Fehlerfeststellungen der DPR betrug im Jahr 2019 79 % (2018: 81 %).

Als Hauptursachen für Fehler nennt die DPR unverändert Anwendungsschwierigkeiten im Hinblick auf einzelne IFRS bei der Abbildung komplexer Geschäftsvorfälle sowie eine unzureichende Berichterstattung in Anhang und Lagebericht. Dabei hat sich die Anzahl der festgestellten Einzelfehler mit 51 im Vergleich zum Vorjahr (26) nahezu verdoppelt. Maßgeblich dazu beigetragen haben – neben der höheren Fehlerquote – 2 Prüfverfahren, in denen ungewöhnlich viele Einzelfehler (jeweils 9) festgestellt wurden.

Am stärksten von Fehlerfeststellungen betroffen waren im Jahr 2019 die Themenkreise Unternehmenserwerb und -verkauf/Goodwill sowie Eigenkapital mit je 7 Einzelfehlern. Die Feststellungen der DPR im Bereich Unternehmenserwerb und

-verkauf/Goodwill bezogen sich hauptsächlich auf nicht sachgerecht vorgenommene Werthaltigkeitstests des Geschäfts- oder Firmenwerts sowie auf eine fehlerhafte Kaufpreisallokation. Im Themenkreis Eigenkapital waren die Feststellungen der DPR insbesondere durch eine fehlerhafte Abbildung von Gesellschaftsanteilen nicht beherrschender Anteilseigner, durch eine nicht sachgerechte Erfassung von Transaktionskosten im Zusammenhang mit einem Börsengang und durch die ertragswirksame Erfassung eines Gesellschafterzuschusses und eines Verlustausgleichs aus einem Ergebnisabführungsvertrag (EAV) bedingt.

1.2.2 Verfahrensdauer

Im Jahr 2019 betrug die durchschnittliche Dauer der DPR-Prüfverfahren 8,4 Monate (2018: 8,0) und lag damit leicht über dem Durchschnitt der Jahre 2016 bis 2019 von 8,1 Monaten. In den Jahren 2016 bis 2019 wurden 83 % der Verfahren innerhalb eines Jahres abgeschlossen (davon 40 % innerhalb von 6 Monaten). 17 % der Verfahren dauerten länger als ein Jahr. In diesen Fällen war die Fehlerquote mit 45 % besonders hoch.

Die durchschnittliche Anzahl der Fragerunden lag im Jahr 2019 bei 2,1 (Vorjahr: 2,4) und somit leicht unter dem Durchschnitt der Jahre 2016 bis 2019 von 2,3. Grundsätzlich steigt mit der Anzahl der Fragerunden in einem Prüfverfahren auch die Fehlerquote. So betrug die durchschnittliche Fehlerquote in den Jahren 2016 bis 2019 bei Verfahren mit 4 oder mehr Fragerunden 44 %.

1.2.3 Erteilte Hinweise

Um zu einer Qualitätsverbesserung der Rechnungslegung beizutragen, gibt die DPR den geprüften Unternehmen im Rahmen ihrer Präventionsfunktion vielfach Hinweise für die künftige Rechnungslegung. Hinweiswürdige Anwendungsschwierigkeiten bezüglich einzelner IFRS bei der Abbildung komplexer Geschäftsvorfälle stellte die DPR 2019 insbesondere in den Kategorien Unternehmenserwerb und -verkauf/Goodwill, Anlagevermögen, latente und tatsächliche Steuern sowie Darstellung des Abschlusses fest. Die Berichterstattung im Anhang sah die DPR u. a. im Hinblick auf nahestehende Unternehmen und Personen und die Segmentberichterstattung als verbesserungsbedürftig an. Die häufigsten Hinweise in Bezug auf den Lagebericht betrafen die Risiko- und Prognoseberichterstattung sowie alternative Leistungskennzahlen. Insgesamt erteilte die DPR im Jahr 2019 66 Einzelhinweise (2018: 49) in Bezug auf die künftige Rechnungslegung an die geprüften Unternehmen. Mit dem Ziel einer generalpräventiven Wirkung hat die DPR erstmals in einer

Anlage zum Tätigkeitsbericht eine Auswahl typisierter, im Jahr 2019 erteilter Hinweise veröffentlicht.

Im Folgenden sind die Hinweise der DPR zu 3 besonders häufig vorkommenden Sachverhalten aufgeführt:

- **Konsolidierung:** „Bei der Entscheidung, welche Tochterunternehmen aufgrund von Unwesentlichkeit nicht im Wege der Vollkonsolidierung gem. IFRS 10.20 in den Konzernabschluss einbezogen werden (IAS 1.7 i.V.m. IAS 8.8), sind zukünftig auch die erzielten Ergebnisse der Tochterunternehmen zu berücksichtigen. Zudem ist ein angemessenes Verfahren zur Entscheidung, ob Unwesentlichkeit auch für die Gesamtheit der nicht im Wege der Vollkonsolidierung einbezogenen Tochterunternehmen vorliegt, anzuwenden und zu dokumentieren."
- **Anhangangaben:** „Unterschiedliche Geschäftsvorfälle mit nahestehenden Unternehmen sind zukünftig getrennt anzugeben, damit Abschlussadressaten die Auswirkungen auf den Konzernabschluss, wie etwa bei dem Verkauf von Vermögenswerten des Anlagevermögens, beurteilen können (IAS 24.24 i.V.m. IAS 24.21)."
- **Lageberichterstattung:** „Im Konzernlagebericht sind zukünftig die Risiken entsprechend der internen Risikoberichterstattung zu quantifizieren (DRS 20.152), sodass i.R.d. Beurteilung der Risiken (§ 315 Abs. 1 Satz 4 HGB) deren Bedeutung besser erkennbar wird (DRS 20.150)."

1.2.4 Systematische Nachschau

Im Anschluss an Enforcement-Verfahren überprüft die DPR systematisch anhand öffentlich verfügbarer Informationen, ob von ihr im Vorjahr festgestellte Fehler korrigiert bzw. von ihr im Vorjahr erteilte Hinweise umgesetzt wurden. Soweit die öffentlich verfügbaren Informationen eine Beurteilung zuließen, konnte die DPR im Jahr 2019 die Korrektur ihrer Fehlerfeststellungen und die Umsetzung ihrer Hinweise feststellen.

1.2.5 Fallbezogene Voranfragen

Um die Präventivfunktion der DPR zu stärken, haben Unternehmen seit November 2009 die Möglichkeit, sich zur Klärung bilanzieller Sachverhalte mit einer sog. fallbezogenen Voranfrage an die DPR zu wenden. Im Jahr 2019 hat die DPR 3 fallbezogene Voranfragen zu den Themenkreisen Ertragsrealisierung, erstmalige Erstellung eines Konzernabschlusses sowie Abgrenzung zwischen Prinzipal und

Agent nach IFRS 15 abgeschlossen; in allen Fällen hielt die DPR die vorgeschlagene Bilanzierung für nicht vertretbar. Seit Einführung bis zum Jahresende 2019 hat die DPR insgesamt 23 fallbezogene Voranfragen abschließend bearbeitet. Dabei hielt die DPR die vorgeschlagene Bilanzierung in 11 Fällen für vertretbar und in 12 Fällen für nicht vertretbar.

1.3 Beendigung der Anerkennung der DPR zum 31.12.2021

Am 30.6.2020 hat das Bundesministerium der Justiz und für Verbraucherschutz (BMJV) gem. § 342b Abs. 1 Satz 5 HGB im Bundesanzeiger bekannt gemacht, dass es im Einvernehmen mit dem Bundesministerium der Finanzen (BMF) die Anerkennung der DPR als privatrechtlich organisierte Einrichtung zur Prüfung von Verstößen gegen Rechnungslegungsvorschriften mit Wirkung zum 31.12.2021 beendet hat. Die künftige Ausgestaltung des Enforcement-Systems in Deutschland ist derzeit noch offen.

2 Europäisches Enforcement

Die Zusammenarbeit der europäischen Enforcer wird von der Europäischen Wertpapier- und Marktaufsichtsbehörde **ESMA** (*European Securities and Markets Authority*) koordiniert. Der Umsetzung der europäischen Koordinationsbemühungen dienen sog. *European Enforcers Coordination Sessions* (**EECS**), in denen die europäischen Enforcer (für Deutschland: DPR und BaFin) Erfahrungen austauschen und die Auslegung der IFRS anhand von Praxisfällen diskutieren.

Die ESMA veröffentlicht ungefähr halbjährlich Auszüge aus ihrer internen Enforcement-Datenbank. In dieser dem Vertraulichkeitsgrundsatz unterliegenden Datenbank werden Entscheidungen europäischer Enforcer gesammelt und als Informationsquelle bei der Durchsetzung der ordnungsgemäßen Anwendung der IFRS verwendet. Durch die Veröffentlichung anonymisierter Enforcement-Entscheidungen sollen nach IFRS bilanzierende Unternehmen und ihre Abschlussprüfer Einblicke in die Entscheidungsfindung der europäischen Enforcer erhalten.

Alle EECS-Entscheidungsberichte sind auf der Homepage der ESMA in der ESMA-*Library* (https://www.esma.europa.eu/databases-library/esma-library, Abrufdatum: 1.9.2020) abrufbar.

Hinweis

Zwar enthalten die veröffentlichten Auszüge aufgrund der gesetzlichen Vorgaben in Deutschland keine Fälle der DPR. Da ein wesentliches Ziel der EECS darin besteht, ein möglichst hohes Maß an Vereinheitlichung bei der Anwendung der IFRS zu erreichen, ist jedoch davon auszugehen, dass die veröffentlichten Entscheidungen auch von der DPR berücksichtigt werden.

2.1 24. Entscheidungsreport der ESMA

Der 24. Entscheidungsreport der ESMA vom 2.4.2020 betrifft Entscheidungen europäischer Enforcer im Zeitraum Mai 2018 bis Oktober 2019 und umfasst folgende Themen:

2.1.1 Identifizierung von Leistungsverpflichtungen (IFRS 15)

Der Abschlussersteller bietet geophysikalische Dienstleistungen an, die es seinen Kunden ermöglichen, potenzielle Ölreserven in einem bestimmten Gebiet zu bewerten. Die Ergebnisse dieser Dienstleistungen werden dem jeweiligen Kunden im Rahmen einer Lizenzvereinbarung zur Verfügung gestellt. Beim sog. Primärverkauf erhält der Kunde neben einem endgültigen Bericht auch die in der Phase der Datenerhebung (6 bis 9 Monate) und der Datenaufbereitung (12 bis 18 Monate) erstellten zusammenfassenden Präsentationen und Zwischenberichte. Aus diesen können die Kunden indes keinen nennenswerten eigenständigen Nutzen ziehen; sie geben den Kunden lediglich allgemeine Hinweise auf das Potenzial eines Gebiets. Der sog. Sekundärverkauf berechtigt den Kunden nur zum Erhalt und zur Nutzung des endgültigen Berichts. In beiden Lizenzvereinbarungen (Primär- und Sekundärverkauf) erhält der Kunde das identische endgültige Datenmaterial zum identischen Preis.

In Würdigung der Regelungen in IFRS 15.27–29 zur eigenständigen Abgrenzbarkeit von Gütern und Dienstleistungen kam der Abschlussersteller zu dem Ergebnis, dass auch im Fall des Primärverkaufs nur eine einzige Leistungsverpflichtung vorliegt, die in der Gewährung einer Lizenz nach Abschluss der Datenerhebung und Datenverarbeitung besteht.

Nach Auffassung des Unternehmens stellt die Servicephase (d.h. der laufende Zugriff der Kunden auf die Daten während der Erhebung und Aufbereitung) lediglich eine nicht abgrenzbare Komponente der Lizenz dar. Ferner kam das Unternehmen zu dem Schluss, dass es sich bei der finalen Lizenz um ein Recht auf Nutzung seines geistigen Eigentums mit Stand zum Zeitpunkt der Lizenzerteilung handelt, da die Lizenz nicht von künftigen Aktivitäten des Unternehmens beeinflusst wird (IFRS 15.B58(a)). Entsprechend realisierte das Unternehmen die Umsätze sowohl für Primär- als auch für Sekundärverkäufe zum Zeitpunkt der Erteilung der finalen Lizenz. Der Enforcer hatte keine Einwendungen gegen die Analyse und Bilanzierungsentscheidung des Abschlusserstellers. Vielmehr hielt er dessen Argumentation für nachvollziehbar und stellte außerdem fest, dass die Bilanzierung des Unternehmens derjenigen seiner Wettbewerber in vergleichbaren Fällen entsprach.

Hinweis

Über den entschiedenen Fall hinaus ist u. E. insbesondere der explizite Hinweis des Enforcers auf die Bilanzierungspraxis der Wettbewerber interessant. Nach unseren Beobachtungen ist auch der DPR sehr an einer einheitlichen Anwendung der Standards innerhalb einer Branche gelegen. Es ist daher damit zu rechnen, dass die Prüfstelle Abweichungen zur Bilanzierungspraxis anderer Unternehmen der gleichen Branche hinterfragen wird. Nicht zuletzt vor diesem Hintergrund empfiehlt es sich für Unternehmen, sich ebenfalls mit der Bilanzierungspraxis ihrer *Peers* zu beschäftigen, um entsprechende Abweichungen zu identifizieren und zu würdigen. Dabei ist jedoch zu berücksichtigen, dass Verträge innerhalb einer Branche oder sogar innerhalb eines Unternehmens unterschiedlich gestaltet sein können und die Bilanzierungsentscheidung immer anhand der konkreten Tatsachen und Umstände des jeweiligen Sachverhalts getroffen werden muss.

2.1.2 Liquiditätsrisiko bei Schuldscheindarlehen mit Kündigungsoptionen der Gläubiger (IFRS 7)

In der Entscheidung wird die Einordnung finanzieller Verbindlichkeiten innerhalb der Fälligkeitsanalyse nach IFRS 7.39(a) erörtert. Der Enforcer erinnert unter Verweis auf IFRS 7.B11C und IFRS 7.BC57 daran, dass Verbindlichkeiten dem Laufzeitband zuzuordnen sind, in dem das Unternehmen frühestens zur Zahlung aufgefordert werden kann, und demnach Kündigungsoptionen der Gläubiger auch dann zu berücksichtigen sind, wenn deren Ausübung als unwahrscheinlich eingeschätzt wird (*Worst-Case*-Szenario).

2.1.3 Latente Steueransprüche im Zusammenhang mit einer Änderung der Rechnungslegungsmethoden aufgrund der Erstanwendung von IFRS 9 (IAS 12, IFRS 9)

In der Entscheidung geht es um die Regelung des IAS 12.57, wonach die Bilanzierung der Auswirkungen latenter Steuern eines Ereignisses konsistent mit der Bilanzierung des Ereignisses selbst zu erfolgen hat. Konkret ging es um den Abschluss des Jahres 2018 einer Bank, in dem diese erstmalig IFRS 9 anwendete. Dabei hatte insbesondere das neue Wertminderungsmodell negative Auswirkungen auf die Gewinnrücklagen zum Zeitpunkt der erstmaligen Anwendung (1.1.2018).

Gem. den zum 1.1.2018 geltenden lokalen Steuergesetzen wurden die negativen Auswirkungen des neuen Wertminderungsmodells auf das Eigenkapital im Jahr 2018 vom zu versteuernden Gewinn abgezogen. Auf die hieraus resultierenden steuerlichen Verlustvorträge erfasste die Bank eine aktive latente Steuer in dem Umfang, in dem sie deren Realisierung als wahrscheinlich einschätzte, und eine korrespondierende Erhöhung der Gewinnrücklagen. Noch im Lauf des Jahres 2018 wurden die Steuervorschriften dergestalt geändert, dass die negativen Auswirkungen aus der Erstanwendung des neuen Wertminderungsmodells nunmehr verteilt über 10 Jahre steuerlich abzugsfähig waren. Die Bank erhöhte daraufhin den Betrag der aktiven latenten Steuern, deren Realisierung sie als wahrscheinlich einschätzte, und erfasste die zusätzlichen aktiven latenten Steuern erfolgswirksam.

Der Enforcer hatte keine Einwendungen gegen diese Bilanzierungsweise. Zwar verlange IAS 12.61A die Erfassung latenter Steuern im Zusammenhang mit direkt im Eigenkapital erfassten Posten direkt im Eigenkapital und IAS 12.62A nenne als ein Beispiel eine Anpassung des Anfangssaldos der Gewinnrücklagen infolge einer rückwirkenden Anwendung einer geänderten Rechnungslegungsmethode. Nach Ansicht des Enforcers erstreckt sich diese Regelung aber nicht auf spätere Anpassungen dieser latenten Steuern aufgrund neu eingetretener Ereignisse. Vielmehr verlange das Prinzip des IAS 12.57 (Erfassung der Steuereffekte dort, wo auch das zugrunde liegende Ereignis erfasst wird) im vorliegenden Fall zu berücksichtigen, dass alle zusätzlichen Wertberichtigungen erfolgswirksam erfasst worden wären, wenn das neue Wertminderungsmodell des IFRS 9 schon immer angewendet worden wäre.

2.1.4 Beurteilung von De-facto-Beherrschung (IFRS 10)

In der Entscheidung geht es um das Vorliegen von Verfügungsgewalt über ein Beteiligungsunternehmen ohne Stimmrechtsmehrheit. Der Abschlussersteller hielt 39 % an Unternehmen X und wurde von Unternehmen Y beherrscht, das seinerseits von der natürlichen Person A beherrscht wurde. Zudem hielt A über das ebenfalls von ihm beherrschte Unternehmen Z weitere 4 % an Unternehmen X. 37 % der Anteile an Unternehmen X wurden von 21 institutionellen Investoren gehalten, wobei keiner dieser Investoren mehr als 3 % hielt; 20 % befanden sich in Streubesitz.

Die strategischen Entscheidungen über die relevanten Aktivitäten des Unternehmens X wurden von einem 6-köpfigen Leitungsgremium getroffen, in dem der Abschlussersteller den CEO (Person A) und den CFO stellte, die in gleicher Funktion auch beim Abschlussersteller tätig waren.

Der Abschlussersteller vertrat die Auffassung, dass er Unternehmen X nicht beherrsche, da er nur 2 der 6 Mitglieder des Leitungsgremiums stelle und somit nicht die Möglichkeit besitze, die maßgeblichen Tätigkeiten des Unternehmens zu lenken. Ferner verfüge er nicht über die Mehrheit der Stimmrechte und könne daher in der Gesellschafterversammlung von den anderen Anteilseignern überstimmt werden. Folglich bilanzierte der Abschlussersteller Unternehmen X als assoziiertes Unternehmen nach IAS 28.

Nach Auffassung des Enforcers hatte der Abschlussersteller dagegen De-facto-Beherrschung über Unternehmen X und hätte dieses daher gem. IFRS 10 vollkonsolidieren müssen. Der Enforcer wies zunächst darauf hin, dass im vorliegenden Fall seines Erachtens Unternehmen Z aufgrund des gemeinsamen beherrschenden Gesellschafters A als De-facto-Agent des Abschlusserstellers anzusehen sei und demnach die Stimmrechte des Abschlusserstellers zusammen mit den Stimmrechten von Unternehmen Z zu betrachten seien (IFRS 10.B74). Ferner besitze der Abschlussersteller wesentlich mehr Stimmrechte als alle anderen Stimmberechtigten und die anderen Anteilsbeteiligungen seien weit gestreut. In den Gesellschafterversammlungen der letzten beiden Jahre habe der Abschlussersteller über 60 % bzw. 62 % der anwesenden stimmberechtigten Anteile verfügt; unter Berücksichtigung der von Unternehmen Z gehaltenen Anteile habe dieser Anteil sogar 65 bis 68 % betragen. Um den Abschlussersteller in der Gesellschafterversammlung zu überstimmen, müsste sich die Anwesenheit der anderen Gesellschafter mehr als verdoppeln. Mit seiner (Präsenz-)Mehrheit in der Gesellschafterversammlung habe der Abschlussersteller auch die Möglichkeit, die Mitglieder des Leitungsgremiums, das die Entscheidungen über die relevanten Aktivitäten von Unternehmen X treffe, zu bestimmen. Die gegenwärtige Zusammensetzung des Leitungsgremiums sei daher nicht relevant. Schließlich spreche auch die Tatsache, dass der Abschlussersteller und Unternehmen X den gleichen CEO und den gleichen CFO hätten, dafür, dass der Abschlussersteller die Möglichkeit habe, die maßgeblichen Tätigkeiten von Unternehmen X zu lenken (IFRS 10.B18–B20), und dieses de facto beherrsche.

Hinweis

Die Beurteilung von De-facto-Beherrschung erfordert regelmäßig eine genaue Analyse im Einzelfall und nicht selten die Ausübung von Ermessen. Die Erstellung einer aussagefähigen Dokumentation, z.B. in Form eines Bilanzierungsmemos, ist im Hinblick auf die Qualitätssicherung des Abschlusses daher bereits bei der Erstellung des Abschlusses zu empfehlen, zumal der DPR im Enforcement-Verfahren die angeforderten Unterlagen grundsätzlich in der Form zur Verfügung zu stellen sind, wie sie im Zeitpunkt der Abschlusserstellung vorlagen.

2.1.5 Aufgliederung der Umsatzerlöse (IFRS 15)

Der Abschlussersteller, ein Hersteller von Primärmineralien und sekundären Mineralsandprodukten, gliederte seine Umsatzerlöse in der Segmentberichterstattung nach seinen 3 Hauptproduktlinien auf. Eine darüber hinausgehende Aufgliederung der Umsatzerlöse enthielt der Abschluss nicht. Während sich 2 Produktlinien auf Primärmineralprodukte beziehen, enthält die 3. Hauptproduktlinie sowohl Umsatzerlöse aus Primärmineralien als auch Umsatzerlöse aus Sekundärmineralprodukten. In einer Investorenpräsentation, die der Abschlussersteller zeitgleich mit der Ergebnisveröffentlichung auf seiner Internetseite bereitstellte, wurden die Umsatzerlöse der 3. Hauptproduktlinie in Umsatzerlöse aus Primärmineralien und Umsatzerlöse aus Sekundärmineralprodukten unterteilt.

Der Enforcer beanstandete, dass die Umsatzerlöse der 3. Hauptproduktlinie im Abschluss nicht unterteilt nach Umsatzerlösen aus Primärmineralien und Umsatzerlösen aus Sekundärmineralprodukten angegeben wurden. Nach Auffassung des Enforcers wäre dies erforderlich, um den Anforderungen des IFRS 15.114 gerecht zu werden, wonach die Umsätze in Kategorien aufzugliedern sind, die den Einfluss wirtschaftlicher Faktoren auf Art, Höhe, Zeitpunkt und Unsicherheit von Erlösen und Zahlungsströmen widerspiegeln. Der Enforcer verwies zur Begründung sowohl auf die in der Investorenpräsentation enthaltene Aufgliederung nach Primärmineralien und Sekundärmineralprodukten als auch auf danach differenzierende verbale Ausführungen an anderen Stellen im Geschäftsbericht. Als weiteres Argument führte der Enforcer an, dass Sekundärmineralprodukte einen anderen Kundenkreis und eine höhere Preisvolatilität als Primärmineralien aufwiesen.

Hinweis

Auch die DPR hat bereits verschiedentlich zu erkennen gegeben, dass sie hinsichtlich der Aufgliederung der Umsatzerlöse in der Praxis Verbesserungsbedarf sieht. Entsprechend kritisch und detailliert fallen nach unserer Erfahrung mitunter die diesbezüglichen Fragen in Enforcement-Verfahren aus. Unternehmen sollten daher darauf achten, dass die Analyse, welche Erlösaufgliederungen im Anhang anzugeben sind, angemessen und unter Bezugnahme auf die Anforderungen des IFRS 15 dokumentiert ist. Insbesondere die Veröffentlichung zusätzlicher Informationen außerhalb des Abschlusses (z.B. in Präsentationen für Investoren) kann auf die Notwendigkeit einer zusätzlichen Aufgliederung der Umsatzerlöse im Anhang hindeuten.

2.1.6 Darstellung einer verkürzten Gewinn- und Verlustrechnung im Zwischenbericht (IAS 34)

Ein Biotech-Unternehmen veröffentlichte im Rahmen seiner Zwischenberichterstattung eine verkürzte GuV. Diese bestand lediglich aus der Zeile „Umsatzerlöse“ sowie diversen Ergebnisgrößen. Aufwandsposten wurden weder in der verkürzten GuV dargestellt, noch waren dem Anhang entsprechende Informationen zu entnehmen. Insbesondere ließ sich aus den offengelegten Informationen nur die Summe der im Abschluss zum Geschäftsjahresende jeweils separat dargestellten Aufwandsposten „Vertriebsaufwendungen“, „Forschungs- und Entwicklungsaufwendungen“ und „Verwaltungsaufwendungen“ berechnen.

Der Enforcer beanstandete die Darstellung der GuV als zu verkürzt und daher nicht in Einklang mit IAS 34 stehend. Insbesondere kritisierte er, dass die Forschungs- und Entwicklungsaufwendungen nicht separat dargestellt wurden. Im entschiedenen Fall waren diese nach Auffassung des Enforcers für Investoren von besonderer Relevanz, da die Zukunftsaussichten des Abschlusserstellers stark von den Forschungs- und Entwicklungsaktivitäten abhingen. Zudem waren die Forschungs-

und Entwicklungsaufwendungen im Vergleich zum Vorjahr stark gestiegen, was maßgeblich zur Verschlechterung des Periodenergebnisses beitrug.

In seiner Entscheidungsbegründung verwies der Enforcer auch auf eine Agenda-Entscheidung des IFRS IC vom Juli 2014. Darin hatte das IFRS IC zum Ausdruck gebracht, dass eine 3-zeilige Kapitalflussrechnung („Cashflow aus betrieblicher Tätigkeit“, „Cashflow aus Investitionstätigkeit“ und „Cashflow aus Finanzierungstätigkeit“) allein grundsätzlich nicht ausreichend ist, um insbesondere den Anforderungen von IAS 34.10 gerecht zu werden. IAS 34.10 stellt klar, dass jeder Abschlussbestandteil in einem verkürzten Zwischenbericht mindestens jede der Überschriften und Zwischensummen enthalten muss, die im letzten Jahresabschluss enthalten waren. Infolgedessen vertrat der Enforcer die Auffassung, dass die stark verkürzte GuV allein die Anforderungen von IAS 34 hinsichtlich der Darstellung der GuV nicht erfüllte.

2.1.7 Bilanzierung eines Rahmenvertrags (IFRS 15)

Der Entscheidung lag ein Rahmenvertrag zwischen einem Automobilzulieferer (Abschlussersteller) und einem Automobilhersteller (*Original Equipment Manufacturer*, OEM) über die Lieferung von Teilen und die Herstellung bzw. Beschaffung der dafür benötigten Gussformen zugrunde. Der Rahmenvertrag enthielt u.a. eine Schätzung der jährlichen Stückzahl der Teile, Spezifikationen hinsichtlich der zu verwendenden Gussformen und deren Anzahl sowie die Preise für die Gussformen und für die zu produzierenden Teile. Ferner sah der Vertrag vor, dass der OEM Eigentümer der Gussformen wird, er enthielt jedoch keine Mindestabnahmeverpflichtung seitens des OEMs hinsichtlich der zu produzierenden Teile.

Nach Auffassung des Abschlusserstellers stellte der Rahmenvertrag sowohl hinsichtlich der Gussformen als auch hinsichtlich der damit zu produzierenden Teile einen Vertrag i.S.d. IFRS 15 dar. Der Zulieferer argumentierte, dass auch im Hinblick auf die Teile für beide Parteien durchsetzbare Rechte und Pflichten bestünden, da anhand vorhandener Erfahrungswerte die Mindestabnahme (i.S.e. Untergrenze, die mit hoher Wahrscheinlichkeit nicht unterschritten wird) durch den OEM verlässlich geschätzt werden könne. Des Weiteren betrachtete der Zulieferer die Lieferung der Gussformen und der Teile als eine einzige Leistungsverpflichtung und realisierte die Umsätze für die Gussformen zeitraumbezogen zusammen mit den Umsätzen für die Teile.

Der Enforcer vermochte in dem Rahmenvertrag dagegen lediglich für die Gussformen einen Vertrag i.S.d. IFRS 15 zu erkennen. Hinsichtlich der Teile lag nach

Auffassung des Enforcers dagegen noch kein Vertrag i.S.d. IFRS 15 vor. Aus bloßen Erfahrungswerten über zu erwartende Abnahmemengen ließen sich demnach keine durchsetzbaren Rechte des Zulieferers im Hinblick auf die Teile ableiten. Diese entstünden vielmehr erst mit den späteren verbindlichen Bestellungen des OEM. Folglich gebe es für den Verkauf der Gussformen und den Verkauf der Teile jeweils separate Verträge. Auch die Möglichkeit einer Vertragszusammenfassung nach IFRS 15.17 lehnte der Enforcer im vorliegenden Fall ab, da zwischen der Unterzeichnung des Rahmenvertrags und der Bestellung der ersten Teile im Durchschnitt 2 Jahre lagen. Ferner verneinte der Enforcer eine Interpretation der Verpflichtung zur Herstellung der Gussformen als Aktivität zur Erfüllung eines Vertrags (Herstellung der Teile) i.S.d. IFRS 15.25, da der OEM im vorliegenden Fall die Verfügungsgewalt über die Formen erhalte. Folglich waren die Umsatzerlöse aus dem Verkauf der Gussformen nach Auffassung des Enforcers unabhängig von und zeitlich vor den Umsätzen aus dem Verkauf der produzierten Teile zu erfassen.

2.1.8 Identifizierung von Komponenten in Leasingverträgen (IFRS 15, IFRS 16)

In der Entscheidung geht es um die Identifizierung separat zu bilanzierender Servicekomponenten in einem Leasingvertrag und die Stellung des Vermieters als Prinzipal bzw. Agent. In dem der Entscheidung zugrunde liegenden Sachverhalt umfassten die Bruttoerlöse eines Immobilienunternehmens Mieteinnahmen sowie an die Mieter weiterbelastete Betriebskosten. Gem. der lokalen Gesetze hatte zwar grundsätzlich der Vermieter alle bei Nutzung und Betrieb einer Immobilie entstehenden Kosten zu tragen. Vermieter und Mieter vereinbarten jedoch (zulässigerweise) die Umlage bestimmter Betriebskosten für das Gebäude als Ganzes (z.B. Schornsteinfeger, Fahrstuhlwartung) und für die spezifische Mieteinheit (z.B. Warmwasser, Gas und Strom) auf den Mieter. Während für die Mieterlöse im vorliegenden Fall unstreitig IFRS 16 einschlägig war, kam der Abschlussersteller für die Weiterbelastung der Betriebskosten betreffend das Gebäude als Ganzes zu dem Schluss, dass IFRS 15 anzuwenden sei und er insoweit als Prinzipal handele. Für die Betriebskosten betreffend die einzelnen Mieteinheiten sah sich der Abschlussersteller als Agent. Zudem stellten diese Kosten nach seiner Einschätzung keine separaten Nichtleasingkomponenten dar und er wies die hierfür erhaltene Gegenleistung daher gem. IFRS 16.B33 den identifizierten Komponenten des Vertrags zu.

Der Enforcer erhob keine Einwendungen gegen die Bilanzierung der Betriebskosten betreffend das Gebäude als Ganzes. Er widersprach aber der Bilanzierung der Betriebskosten betreffend die spezifischen Mieteinheiten. Nach Auffassung des Enforcers handelte es sich bei den in diesem Zusammenhang vom Abschlussersteller erbrachten Leistungen um separate nach IFRS 15 zu bilanzierende Nichtleasingkomponenten (IFRS 16.12). Der Enforcer stellte zunächst klar, dass die Beurteilung, ob der Abschlussersteller als Prinzipal oder als Agent handelt, für die Identifizierung einer separat zu bilanzierenden Komponente nicht relevant ist. Darüber hinaus kam der Enforcer anders als der Abschlussersteller zu dem Ergebnis, dass dieser im vorliegenden Fall im Hinblick auf die Warmwasserversorgung als Prinzipal agierte. Die Warmwasserversorgung erfolgte über die Zentralheizung. Da der Abschlussersteller das für die Warmwasserversorgung erforderliche Öl bzw. Gas einkaufte und das Wasser nach Bedarf aufheizte, hatte er vor Übertragung an den Mieter nach Ansicht des Enforcers die Verfügungsgewalt über das warme Wasser. Dagegen hatte der Abschlussersteller im vorliegenden Fall nach Einschätzung des Enforcers vor der Übertragung an den Mieter keine Verfügungsgewalt über Gas und Strom und war insoweit als Agent tätig. Insbesondere führte die Tatsache, dass der Abschlussersteller den Anbieter ausgesucht hatte, nicht zur Verfügungsgewalt über das gelieferte Gas bzw. den gelieferten Strom.

2.2 ESMA-Bericht zum Enforcement in Europa 2019

Die ESMA veröffentlicht jährlich einen Bericht zum Enforcement der Rechnungslegung im EWR. Dieser gibt insbesondere einen Überblick über den Stand und die Entwicklung des Enforcement-Prozesses in den EWR-Staaten sowie der innereuropäischen Kooperation in diesem Bereich und beinhaltet eine Analyse der im jeweiligen Jahr getroffenen Enforcement-Entscheidungen über die Anwendung der IFRS. Der *Report on Enforcement and Regulatory Activities of Accounting Enforcers* für das Jahr 2019 ist am 2.4.2020 erschienen und auf der Homepage der ESMA in der ESMA-*Library* (https://www.esma.europa.eu/databases-library/esma-library, Abrufdatum: 1.9.2020) abrufbar. Demnach fanden sich die größten Mängel unverändert in den Bereichen Darstellung der Abschlüsse, Wertminderung von nichtfinanziellen Vermögenswerten und Bilanzierung von Finanzinstrumenten.

2.3 ESMA-Verlautbarungen zu rechnungslegungsbezogenen Auswirkungen von COVID-19

Im Laufe des Jahres 2020 hat die ESMA diverse Verlautbarungen zu rechnungslegungsbezogenen Auswirkungen von COVID-19 veröffentlicht (siehe Kap. C.4).

3 Hier finden Sie Unterstützung

Unsere erfahrenen und multidisziplinär ausgerichteten Enforcement-Fachleute helfen Ihnen, das Enforcement-Verfahren professionell und effizient zu meistern und das Risiko von Beanstandungen zu reduzieren. Sie profitieren von unserer umfangreichen Erfahrung aus der langjährigen Betreuung von Enforcement-Verfahren.

3.1 Vorbereitung auf ein Enforcement-Verfahren

Wir analysieren Ihren Abschluss und identifizieren prüfungsrelevante Themen. Dabei stützen sich unsere Fachleute auf ihre jahrelange Erfahrung aus einer Vielzahl von DPR-Prüfungen sowie auf die veröffentlichten Prüfungsschwerpunkte der DPR und die bekanntgemachten Fehlerfeststellungen. Nach Identifikation der relevanten Bereiche unterstützen wir Sie bei der Dokumentation der Sachverhalte, sodass Sie entsprechende Fragen der DPR sach- und zeitgerecht beantworten können.

Daneben analysieren wir auf Wunsch gemeinsam mit Ihnen in Workshops Änderungen in der Rechnungslegung und deren Auswirkungen auf Ihr Unternehmen. Wir beraten Sie bei der Umsetzung von neuen Rechnungslegungsstandards und stellen Tools und Ressourcen für die Umstellung bereit.

3.2 Während des Enforcement-Verfahrens

Je nach Wunsch analysieren wir die Fragen der DPR, zeigen Argumentationslinien auf, unterstützen Sie bei der Abfassung der Antwortschreiben und der Koordination Ihrer unternehmensinternen Prozesse und erstellen Stellungnahmen. Selbstverständlich stehen wir auch bereit, um Themen direkt mit der DPR zu besprechen. Sollte das Verfahren an die BaFin übergeben werden, unterstützen wir Sie auch hierbei.

3.3 Im Anschluss an ein Enforcement-Verfahren

Sofern im Enforcement-Verfahren Fehler festgestellt werden, beraten wir Sie sowohl bei der Fehlerkorrektur als auch bei der Gestaltung der Kapitalmarktkommunikation. Darüber hinaus unterstützen wir Sie bei der Umsetzung von Hinweisen der DPR. Auf Wunsch analysieren wir gemeinsam mit Ihnen die Ergebnisse des Enforcement-Verfahrens und unterbreiten Ihnen Vorschläge zur Anpassung der betroffenen Rechnungslegungsprozesse.

3.4 *Pre-clearance*-Verfahren

Wir beraten Sie bei der Entscheidung, ob ein *Pre-clearance*-Verfahren initiiert werden sollte, unterstützen Sie bei der Erarbeitung einer sachgerechten Lösung und begleiten Sie professionell durch das gesamte Verfahren mit der DPR.

E Branchenspezifische Besonderheiten

1 IDW RS BFA 7: Pauschalwertberichtigungen bei Kreditinstituten

Der Bankenfachausschuss (BFA) hat am 13.12.2019 die IDW Stellungnahme zur Rechnungslegung: *Risikovorsorge für vorhersehbare, aber noch nicht individuell konkretisierte Adressenausfallrisiken im Kreditgeschäft von Kreditinstituten („Pauschalwertberichtigungen")* (IDW RS BFA 7) verabschiedet.

Gegenstand der Stellungnahme ist die Berücksichtigung von Pauschalwertberichtigungen im handelsrechtlichen Jahres- bzw. Konzernabschluss. IDW RS BFA 7 konkretisiert die allgemeinen handelsrechtlichen Grundsätze zur Bildung von Pauschalwertberichtigungen im Hinblick auf das spezifische Geschäftsmodell von **Kreditinstituten**. Die Stellungnahme gilt ebenso für **Finanzdienstleistungsinstitute** i.S.d. § 1 Abs. 1a KWG sowie für **Institute i.S.d. § 1 Abs. 3 ZAG**, soweit dem Risiko von Kreditausfällen eine vergleichbare Bedeutung zukommt (Tz. 1).

Eine Risikovorsorge i.S.d. Stellungnahme ist für alle **Forderungen** an Kreditinstitute, Forderungen an Kunden sowie die nach §§ 26, 27 RechKredV unter der Bilanz auszuweisenden **Eventualverbindlichkeiten** und andere **Verpflichtungen** (einschließlich **unwiderruflicher Kreditzusagen**) zu bilden. Für Forderungen sind Pauschalwertberichtigungen zu bilden, während für noch nicht in Anspruch genommene unwiderrufliche Kreditzusagen und Eventualverbindlichkeiten Rückstellungen nach § 249 HGB zu passivieren sind (Tz. 7, 8).

Bemessungsgrundlage für die Bestimmung einer Pauschalwertberichtigung der Höhe nach sind die Buchwerte bzw. der Verpflichtungsumfang am jeweiligen Abschlussstichtag. Dabei sind Kreditverhältnisse, für die dem Adressenausfallrisiko durch die Bildung von **Einzelwertberichtigungen** insgesamt hinreichend Rechnung getragen wurde, was ggf. auch als pauschalierte Einzelwertberichtigung auf Basis einer homogenen Gruppe von Krediten erfolgen kann, nicht in die Bemessungsgrundlage für die **Pauschalwertberichtigung** einzubeziehen (Tz. 9, 10).

Grundsätzlich steht den Instituten die Wahl der **Methode** zur Ermittlung der Pauschalwertberichtigung frei. Dabei sind bestimmte Grundsätze zu beachten. So muss etwa die gewählte Methode eine nach vernünftiger kaufmännischer Beurteilung sachgerechte und vorsichtige Schätzung der erwarteten Verluste über die Restlaufzeit ermöglichen (Tz. 13), wobei beobachtete Kreditausfälle der Vergangenheit zugrunde zu legen sind (Tz. 14) und das Institut nachvollziehbare **Annahmen**, etwa über Ausfallwahrscheinlichkeiten, erwartete Restlaufzeiten oder bezüglich der künftigen Zahlungen der Kreditnehmer zu treffen hat (Tz. 15).

Erwartete Verluste i.S.d. Stellungnahme sind um in den vertraglich vereinbarten Zinserträgen enthaltene **Bonitätsprämien** zu mindern, soweit diese das erwartete Kreditrisiko kompensieren (Tz. 21). Erfolgt kein Nachweis der Ausgeglichenheit durch Berechnung der erwarteten Verluste und Bonitätsprämien, so ist es zulässig, die Pauschalwertberichtigung in Höhe des erwarteten Verlusts über einen Betrachtungszeitraum von 12 Monaten ohne eine Anrechnung von Bonitätsprämien zu schätzen (Tz. 24). Kann die Ausgeglichenheit nicht mehr angenommen werden bzw. hat sich das Adressenausfallrisiko des Kreditbestands im Zeitablauf deutlich erhöht, ist unter Beachtung der Grundsätze zur Ermittlung der Pauschalwertberichtigungen zu beurteilen, ob ein höherer Risikovorsorgebetrag anzusetzen ist (Tz. 25).

Sofern bei der Ermittlung der Risikovorsorge die **Regelungen von IFRS 9** zugrunde gelegt werden, ist es nicht zu beanstanden, vereinfachend diese Methodik zur Ermittlung der Pauschalwertberichtigung anzuwenden (Tz. 26).

Pauschalwertberichtigungen sind von dem **Aktivposten abzusetzen**, für den sie gebildet wurden. Sofern mehrere Aktivposten betroffen sind, ist eine sachgerechte Aufteilung vorzunehmen. Es erfolgt kein gesonderter Ausweis (Tz. 27). Der Ausweis von Aufwendungen und Erträgen aus der Zuführung bzw. Auflösung von Pauschalwertberichtigungen erfolgt in der **Überkreuzkompensation** in den entsprechenden Posten (Tz. 29).

Im **Anhang** ist das Verfahren zur Ermittlung der Pauschalwertberichtigung anzugeben und zu erläutern (Tz. 30). Im **Konzernlagebericht** ist nach DRS 20 auch eine Beschreibung der Methoden zur Bildung von Risikovorsorgen aufzunehmen (Tz. 32). Dies wird ebenso für Lageberichte zum Jahresabschluss empfohlen (Tz. 33).

Die Verlautbarung ersetzt die *IDW Stellungnahme des Bankenfachausschusses: Zur Bildung von Pauschalwertberichtigungen für das latente Kreditrisiko im Jahresabschluss von Kreditinstituten* (IDW St/BFA 1/1990) und ist erstmalig verpflichtend auf **Geschäftsjahre** anzuwenden, die **nach dem 31.12.2021** beginnen. Eine **vorzeitige Anwendung** ist zulässig.

2 Update zu den Europäischen Rechnungslegungsnormen für den öffentlichen Sektor (EPSAS)

2.1 Hintergrund zu den EPSAS

Das öffentliche Rechnungswesen in Europa steht weiterhin vor tiefgreifenden Veränderungen. Im Jahr 2011 hat die Europäische Kommission unter der Federführung von Eurostat ein Reformprojekt begonnen, dessen Ziel die Modernisierung und Harmonisierung des öffentlichen Rechnungswesens in den EU-Mitgliedstaaten ist. Eine von der Europäischen Kommission beauftragte und von EY in den Jahren 2011/2012 durchgeführte empirische Studie hat ergeben, dass sich das öffentliche Rechnungswesen in den einzelnen europäischen Mitgliedstaaten erheblich voneinander unterscheidet (Ernst & Young, *Overview and comparison of public accounting and auditing practices in the 27 EU Member States*, 2012). Ziel der Europäischen Kommission ist es deshalb, einheitliche Rechnungslegungsstandards für den öffentlichen Sektor in Europa (sog. *European Public Sector Accounting Standards*, kurz: EPSAS) zu schaffen.

2.2 Harmonisierung der öffentlichen Rechnungslegung in Europa

Die EU-Richtlinie 2011/85/EU hat einen umfassenden Prozess zur Harmonisierung des öffentlichen Haushalts- und Rechnungswesens in Europa angestoßen. Auf Basis dieser Richtlinie nahm die EU-Kommission eine Bewertung der Frage vor, inwiefern sich die Internationalen Rechnungslegungsstandards für den öffentlichen Sektor (*International Public Sector Accounting Standards*, kurz: IPSAS) als Datengrundlage für die öffentliche Finanzstatistik der EU-Mitgliedstaaten eignen. Am 6.3.2013 hat die EU-Kommission dazu ihren Bericht veröffentlicht, dessen zentrale Aussage ist, dass die EU-Kommission ein harmonisiertes öffentliches Rechnungswesen in Europa für erforderlich erachtet und dieses zudem auf doppischer Grundlage ausgestaltet werden soll (vgl. hierzu ausführlich Müller-Marqués Berger/Heiling, WPg 2014, S. 144ff.). In Bezug auf die IPSAS kommt der Bericht zu dem Ergebnis, dass die auf den doppischen Grundsätzen beruhenden Standards derzeit zwar „die einzige international anerkannte Zusammenstellung von Rechnungsführungsgrundsätzen für den öffentlichen Sektor“ darstellen, in ihrer damaligen Form jedoch nicht in den EU-Mitgliedstaaten eingeführt werden können. Im Ergebnis spricht sich der Bericht für die Schaffung **Europäischer Rechnungsführungsnormen für den öffentlichen Sektor** (EPSAS) aus.

Einen wesentlichen Aspekt der Einführung der EPSAS stellen die Implementierungskosten in den Mitgliedstaaten dar. Eine von Eurostat beauftragte Studie zu Hochrechnungen über die zu erwartenden Kosten hat ergeben, dass sich je nach Szenario (Szenario 1: Anpassung aller existierenden IT-Systeme und Szenario 2: Einführung von neuen IT-Systemen bei Verwaltungen mit einem niedrigen Reifegrad hinsichtlich der IT- und Buchführungssysteme) die Kosten zwischen 1,2 Mrd. EUR und 6,9 Mrd. EUR auf EU-Ebene über den gesamten Reformzeitraum belaufen. Auf Ebene der Mitgliedstaaten ist deshalb davon auszugehen, dass Kosten zwischen 0,01 und 0,05 % des jeweiligen BIP entstehen werden. Vor dem Hintergrund des in Deutschland weiterhin sehr heterogen und überwiegend kameral ausgestalteten öffentlichen Rechnungswesens sind durch die Einführung der EPSAS v. a. auf Landes- und Bundesebene umfassende Reformen und damit hohe Einführungskosten zu erwarten. Diese hohen Kosten sind allerdings auch darauf zurückzuführen, dass man es in Deutschland in den vergangenen Jahren versäumt hat, entsprechende IT-Systeme sowie Prozesse einzuführen, die den Anforderungen eines doppischen Rechnungswesens gerecht werden. Insofern erscheint es nicht sachgerecht, in diesem Kontext von durch EPSAS verursachten Kosten zu sprechen – vielmehr handelt es sich um den Preis versäumter Reformen in der Vergangenheit. Eine im Jahr 2017 von EY für Eurostat durchgeführte Studie hat in diesem Zusammenhang ergeben, dass im Falle einer Nicht-Einführung von EPSAS mit Opportunitätskosten von etwa 7,8 Mrd. EUR zu rechnen wäre. Insofern wäre davon auszugehen, dass die EPSAS-Einführung insgesamt einen positiven Nutzenbeitrag für Deutschland leisten würde (vgl. https://ec.europa.eu/eurostat/web/epsas/key-documents/analyses, Abrufdatum: 1.9.2020).

Im Jahr 2015 wurden die EPSAS *Working Group* sowie sog. EPSAS *Cells* (Unterarbeitsgruppen) mit dem Ziel der Beratung der Europäischen Kommission (Eurostat) eingerichtet. In der EPSAS *Working Group* sind alle europäischen Mitgliedstaaten vertreten, zumeist durch die Finanzministerien und/oder die Rechnungshöfe. Deutschland wird durch das Bundesministerium der Finanzen sowie durch den Freistaat Bayern vertreten. Die Freie und Hansestadt Hamburg und das Land Hessen, vertreten durch den Hessischen Rechnungshof, haben jeweils Beobachterstatus.

2.3 Zeitplan für die Einführung der EPSAS

Mit dem Ziel, eine inhaltliche Diskussionsgrundlage für die Einführung der EPSAS zu schaffen, sieht der derzeitige Zeitplan immer noch vor, dass zuerst die technischen Grundlagen sowie die Entwürfe der Standards erarbeitet werden sollen, die insgesamt die Basis für die erforderliche Gesetzesfolgenabschätzung (*Impact Assess-*

ment) darstellen. Es ist allerdings nicht davon auszugehen, dass die Arbeiten an den technischen Grundlagen bis Ende 2020 abgeschlossen sein werden.

EY wurde Ende 2018 von Eurostat mit der Erarbeitung von Teilen der Gesetzesfolgenabschätzung sowie der Durchsicht des Gesamtdokuments beauftragt. Im Mai 2019 kündigte Eurostat i.R.d. EPSAS *Working Group* an, dass eine öffentliche Konsultation zur Gesetzesfolgenabschätzung erst dann durchgeführt wird, wenn die neue Kommission den formalen Prozess zur Einführung der EPSAS eingeläutet hat. Erst in einem letzten Schritt sollen dann die entsprechenden rechtlichen Grundlagen für die Einführung der EPSAS in den Mitgliedstaaten geschaffen werden. Sobald die gesetzlichen Grundlagen gelegt sind, sollen die EPSAS dann anhand eines stufenweisen Ansatzes eingeführt werden. Der Zeitplan sieht hierfür einen Übergangszeitraum von 5 Jahren vor. Im Unterschied zum ursprünglich angedachten Ablauf soll diese Vorgehensweise der Politik eine bessere Beurteilung des neu zu schaffenden Systems auf der Grundlage einer deutlich weiteren Entwicklungstiefe des EPSAS-Projekts ermöglichen.

Auch vor diesem Hintergrund werden die Mitgliedstaaten von Eurostat (auch durch finanzielle Förderung seitens Eurostat bzw. des *Structural Reform Support Service*) dazu ermutigt werden, in der Übergangsphase freiwillig ein doppisches Rechnungslegungssystem, ggf. auf Basis der IPSAS, zu implementieren. Dies hat in den vergangenen Jahren zu verstärkten Aktivitäten im Bereich der Reform des öffentlichen Rechnungswesens auf allen Verwaltungsebenen von Mitgliedstaaten geführt. Die Zahl der Mitgliedstaaten, die weiterhin auf kameraler Basis Rechnung legt, verringert sich somit in zunehmenden Maße.

2.4 Arbeit der EPSAS *Working Group* und der EPSAS *Cells*

Im September 2015 konstituierte sich die EPSAS *Working Group* im Rahmen ihrer 1. Sitzung auf Malta. Wie zuvor ausgeführt, setzt sich die *Working Group* v.a. aus Vertretern der Mitgliedstaaten zusammen. Aufgabe der EPSAS *Working Group* ist es, die Europäische Kommission respektive Eurostat in der Vorbereitung der rechtlichen Grundlagen für die EPSAS-Reform und der fachlichen Ausarbeitung der EPSAS zu unterstützen. Darüber hinaus dienen die Sitzungen der EPSAS *Working Group* dazu, den Austausch der Mitgliedstaaten im Bereich der öffentlichen Rechnungslegung zu fördern.

Ferner hatte Eurostat EY Ende 2015 damit beauftragt, die Entwicklung der EPSAS durch die Ausarbeitung von 10 fachlichen Themenpapieren zu unterstützen. Darüber hinaus war es Aufgabe von EY, zusätzliche und aktuelle Informationen in Bezug auf die potenziellen Auswirkungen der Einführung der Doppik im öffentlichen Sektor in Europa zu sammeln. Zum einen galt es, eine Abschätzung der Opportunitätskosten für den Fall vorzunehmen, dass die Doppik nicht in Europa eingeführt wird. Ferner war es die Aufgabe von EY, Zusammenfassungen zu den Auswirkungen einer Einführung der EPSAS auf a) die Kapitalmarktunion, b) Investitionen, Wachstum und Beschäftigung und c) demokratische Überwachung auszuarbeiten. Schließlich wurde seitens EY eine Aktualisierung der Informationen zu den geplanten Reformen des öffentlichen Rechnungswesens der Mitgliedstaaten vorgenommen. Der Bericht zu den vorgenannten Themen wurde in der Sitzung der EPSAS *Working Group* im November 2017 vorgestellt.

Die nachfolgende Aufzählung bietet einen Überblick über die von Eurostat beauftragten Themenpapiere zur öffentlichen Rechnungslegung:

1. Erleichterungen für kleinere und risikoärmere Einheiten
2. Ansätze für die Reduktion von Wahlrechten innerhalb der IPSAS
3. Bilanzierung von Steuererträgen
4. Bilanzierung von Kunst- und Kulturgütern
5. Bilanzierung von Pensionsverpflichtungen im öffentlichen Sektor
6. Bilanzierung von Sozialleistungsverpflichtungen
7. Bilanzierung von Infrastrukturvermögen
8. Segmentberichterstattung
9. Bilanzierung von militärischen Vermögenswerten
10. Bilanzierung von Sozialabgaben

Diese Themenpapiere können unter der folgenden Internetseite von Eurostat abgerufen werden: https://ec.europa.eu/eurostat/web/epsas/key-documents/technical-developments (Abrufdatum: 1.9.2020).

Ende 2016 wurde PwC mit der Erstellung von weiteren 10 Themenpapieren beauftragt. Im Einzelnen handelte es sich hierbei um die folgenden Themen:

1. Zuschüsse und andere Transfers
2. Nationale Harmonisierung der Kontenrahmen
3. Abzinsungssätze
4. Bilanzierung von immateriellen Vermögenswerten
5. Ein prinzipienbasierter Ansatz von Anhangangaben

6. Bilanzierung von Rückstellungen, Eventualverbindlichkeiten/-vermögenswerten, Finanzgarantien
7. Kredite und sonstige Ausleihungen
8. Begriff der „Beherrschung“
9. Konsolidierung
10. Bilanzierung von Öffentlich-Privaten-Partnerschaften

Neben den oben genannten Themenpapieren war PwC damit beauftragt, fachliche Ausarbeitungen zu den folgenden Themen zu erarbeiten:

1. Die Lehren aus den Erfahrungen mit der Einführung eines doppischen Rechnungswesens
2. Kapazitätsengpässe bei der Einführung von EPSAS
3. Wie kann EPSAS die Abschlussprüfung und die finanzielle Kontrolle in den Mitgliedstaaten in einem EU-Zusammenhang unterstützen?
4. Erarbeitung einer Methode zur Messung und Überwachung der Transparenz der Rechnungslegung in den Mitgliedstaaten

Die Ausarbeitungen zu den ersten 3 Themen wurden im November 2018 im Bericht *Support for the development of harmonised European public sector accounting standards and analysis reports to support the implementation of EPSAS* veröffentlicht und i.R.d. *Working-Group*-Sitzung in Luxemburg im selben Monat diskutiert (vgl. https://ec.europa.eu/eurostat/web/epsas/key-documents/analyses, Abrufdatum: 1.9.2020). Die Ausarbeitung zu den Messmethoden und zur Überwachung der Transparenz der Rechnungslegung in den Mitgliedstaaten wurde bereits Ende Oktober 2017 veröffentlicht und i.R.d. Sitzung der EPSAS *Working Group* im November 2017 erstmals vorgestellt (vgl. ebenda).

Ein weiterer Bestandteil der derzeitigen EPSAS *Governance* sind die EPSAS *Cells* (auch: Unterarbeitsgruppen), die sich i.d.R. aus einem kleineren Kreis von Fachvertretern der Finanzministerien sowie mit der öffentlichen Rechnungslegung betrauten Experten zusammensetzen. Die EPSAS *Cell* zur erstmaligen Anwendung der EPSAS hat am 5.4.2017 ihren Bericht zur erstmaligen Anwendung doppischer Rechnungsführungsnormen veröffentlicht. Eine deutsche Fassung des Berichts kann unter der folgenden Internetadresse abgerufen werden: https://ec.europa.eu/eurostat/documents/9101903/9306449/2019_Feb_FTI_German_ESTAT_final.pdf (Abrufdatum: 1.9.2020).

Neben der Unterarbeitsgruppe zur erstmaligen Anwendung doppischer Rechnungsführungsnormen gibt es derzeit noch eine Unterarbeitsgruppe, die sich mit Rechnungslegungsprinzipien hinsichtlich der EPSAS Standards befasst, und eine Unterarbeitsgruppe zu den EPSAS Governance-Grundsätzen. Auch diese Unterarbeitsgruppen haben inzwischen entsprechende Zwischen- bzw. Abschlussberichte vorgelegt. So hat die Unterarbeitsgruppe zu den Rechnungslegungsprinzipien im Mai 2018 einen ersten Entwurf des EPSAS Rahmenkonzepts vorgelegt. Dieser Entwurf wurde im Mai 2018 dann in der EPSAS-Arbeitsgruppe mit den Mitgliedstaaten diskutiert. Seit Ende 2018 beschäftigt sich die Unterarbeitsgruppe zu den Rechnungslegungsprinzipien mit dem den IFRS zugrunde liegenden Erfolgskonzept des *Other Comprehensive Income* (OCI) und dessen Anwendbarkeit für den öffentlichen Sektor. Darüber hinaus diskutierte sie Bewertungsgrundsätze im öffentlichen Sektor und deren Eignung für die EPSAS. Das für April 2020 geplante Meeting der Unterarbeitsgruppe zu den Rechnungslegungsprinzipien konnte aufgrund der COVID-19-Pandemie nicht stattfinden. Das nächste Meeting war für September 2020 geplant.

2.5 Aktuelle Entwicklungen hinsichtlich EPSAS

Im Mai 2019 legte Eurostat einen Fortschrittsbericht zu dem EPSAS-Projekt vor (vgl. https://ec.europa.eu/eurostat/web/epsas/communication, Abrufdatum: 1.9.2020). Dem Bericht zufolge besteht der Hauptvorteil von EPSAS darin, eine bessere Grundlage für das Verständnis der Vermögens- und Ertragslage von öffentlichen Einrichtungen zu legen. Evidenzbasierte Entscheidungsfindung und Rechenschaftslegung sowohl auf EU-Ebene als auch auf nationaler und nachgelagerten Ebenen, eine Verbesserung der Integration und Effizienz der Kapitalmärkte, die Analyse der öffentlichen Finanzen und effizientere Methoden zur Erstellung von Statistiken und zur Überwachung und Kontrolle von Änderungen sowie von Risiken werden in dem Bericht als weitere Bereiche genannt, in denen mithilfe einer harmonisierten öffentlichen Rechnungslegung Verbesserungen erzielt werden können. In Phase 1 des Projekts soll durch die Förderung eines doppischen Rechnungswesens und die Entwicklung des EPSAS-Rahmenkonzepts bestehend aus den Elementen Governance, Rechnungslegungsprinzipien und Rechnungslegungsstandards die fiskalische Transparenz in den Mitgliedstaaten erhöht werden. In Phase 2 steht dann die Einführung der EPSAS an mit dem Ziel, die Vergleichbarkeit innerhalb und zwischen den Mitgliedstaaten zu erhöhen.

In Phase 1 des Projekts stehen derzeit die folgenden Aktivitäten im Vordergrund:

- Die Aktualisierung der im Zeitraum 2013 bis 2014 durchgeführten Kostenstudie: Hierbei geht es wegen der dynamischen Entwicklungen in den vergangenen Jahren in den Mitgliedstaaten v. a. darum, die Reifegrade des öffentlichen Rechnungswesens der Mitgliedstaaten neu zu ermitteln. Die Ermittlung der Reifegrade der Mitgliedstaaten (die letztlich eine GAP-Analyse darstellt) bildet dabei die Grundlage, um eine aktualisierte Kostenabschätzung vornehmen zu können. Die im November 2019 vorgestellten vorläufigen Ergebnisse der Studie zeigten einen signifikanten Anstieg der durchschnittlichen (ungewichteten) Reifegrade auf nationaler Ebene, der Ebene der Bundesstaaten und der Kommunalverwaltungen im Vergleich zu 2014. Dies ist hauptsächlich auf Fortschritte in den osteuropäischen Mitgliedstaaten zurückzuführen.
- Darüber hinaus werden die IPSAS-Standards einem sog. *Screening* unterzogen. Im Rahmen dieser Aufgabenstellung geht es darum, die IPSAS auf der Grundlage des Entwurfs des EPSAS-Rahmenkonzepts einer Kompatibilitätsanalyse zu unterziehen. Um die *Screening*-Methodologie zu testen, wurden IPSAS 2, IPSAS 17 und IPSAS 41 ausgewählt und erste Ergebnisse i. R. d. *Meetings* der *Working Group* im November 2019 vorgestellt. In einem nächsten Schritt werden weitere IPSAS gruppiert, die ähnliche Inhalte oder starke Verbindungen zueinander aufweisen, und dann zusammen analysiert.

Darüber hinaus arbeitet Eurostat an der Definition der „Rechnung legenden Einheit". Diskussionsgegenstand ist in dem Zusammenhang, welche Einheiten im öffentlichen Sektor Abschlüsse auf der Grundlage der EPSAS erstellen sollen. Eurostat schlug anlässlich des *Working Group Meetings* im November 2019 u. a. vor, dass der gesamte öffentliche Sektor, wie in Kap. 20 des ESA 2010 definiert, als allgemeiner EPSAS-Berichtsperimeter dienen könnte.

Im Juni 2020 hat Eurostat schließlich die Arbeiten an der Entwicklung künftiger europäischer Rechnungslegungsstandards für den öffentlichen Sektor und/oder ergänzender Anwendungsleitlinien aufgenommen. EY unterstützt Eurostat dabei, Entwürfe zu Komponenten der EPSAS zu erarbeiten.

Schließlich hat Eurostat im Juli 2020 ein Papier zum Thema öffentliche Rechnungslegung im Kontext der COVID-19-Pandemie veröffentlicht (vgl. https://ec.europa.eu/eurostat/documents/9101903/9700113/EPSAS_paper_on_Covid-19.pdf, Abrufdatum: 1.9.2020). Ziel des Papiers ist es zu veranschaulichen, wie öffentliche Einheiten im Zuge der COVID-19-Pandemie von der Einführung harmonisierter, doppischer Rechnungslegungsgrundsätze, die sich an den IPSAS (*International Public Sector Accounting Standards*) orientieren, profitieren können.

3 Auswirkungen von COVID-19 auf den Jahres- und Konzernabschluss der Krankenhäuser und Krankenhausträgergesellschaften

3.1 Darstellung wesentlicher gesetzlicher Änderungen

Der Bundestag hat mit Gesetz vom 27.3.2020 und mit Geltung ab dem 28.3.2020 das **COVKHEntlG** beschlossen mit dem Ziel, „Erlösausfälle sowie Defizite der Krankenhäuser zu vermeiden und die Liquidität der Krankenhäuser kurzfristig sicherzustellen“ (Finale Kabinettsvorlage Entwurf eines Gesetzes zum Ausgleich der Krankenhäuser und weiterer Gesundheitseinrichtungen, S. 1, abrufbar unter: https://www.bundesgesundheitsministerium.de/fileadmin/Dateien/3_Downloads/Gesetze_und_Verordnungen/GuV/C/Entwurf_COVID-19-Krankenhausentlastungsgesetz.pdf, Abrufdatum: 1.9.2020).

Als erste Maßnahme erhalten zugelassene Krankenhäuser, die zur Erhöhung der Bettenkapazitäten für die Versorgung von Patienten, die an SARS-CoV-2 erkrankt sind, Elektivfälle verschieben oder aussetzen, für den Zeitraum 16.3.2020 bis 12.7.2020 eine pauschale **Ausgleichszahlung i. H. v. 560 EUR** pro freiem Bett und pro Tag (§ 21 Abs. 1, 2, 3 KHG n. F.). Die Finanzierung erfolgt aus der Liquiditätsreserve des Gesundheitsfonds und dem Bundeshaushalt.

Hiervon abweichend sieht die AusglZÄV (COVID-19-Ausgleichszahlungs-Änderungs-Verordnung) eine Staffelung der bisherigen Ausgleichszahlung i. H. v. 560 EUR pro freiem Bett pro Tag in eine Pauschale zwischen 360 EUR und 760 EUR ab dem 13.7.2020 bis zum 30.9.2020 vor. Maßgeblich für die Eingruppierung ist hierbei die jahresdurchschnittliche Schwere der vollstationären Patientenfälle und die jahresdurchschnittliche Verweildauer im Jahr 2019.

Als weitere Maßnahme sieht § 21 Abs. 5 KHG n. F. für zugelassene Krankenhäuser einen einmaligen Betrag i. H. v. **50.000 EUR** aus der Liquiditätsreserve des Gesundheitsfonds für jedes bis zum 30.9.2020 zusätzlich aufgestellte Bett oder vorgehaltene Bett aus anderen Stationen vor, sofern diese von der für die Krankenhausplanung zuständigen Landesbehörde genehmigt wurden und eine intensivmedizinische Behandlungskapazität mit maschineller Beatmungsmöglichkeit darstellen (sog. **Intensivbetten**).

Zum Ausgleich der durch die COVID-19-Pandemie begründeten Preis- und Mengensteigerungen, insbesondere für **persönliche Schutzkleidung**, erhalten zugelassene Krankenhäuser eine pauschale Abgeltung i.H.v. **50 EUR** pro aufgenommenem voll- und teilstationären Fall gem. § 21 Abs. 6 KHG n.F. (**Corona-Mehrkostenpauschale**). Der Zuschlag wird für jeden aufgenommenen Fall im Zeitraum 1.4.2020 bis 30.6.2020 von den Kostenträgern oder den Patienten bezahlt.

Der vorläufige **Pflegeentgeltwert** wird zur Liquiditätssicherung der Krankenhäuser und zur Möglichkeit weiteres Pflegepersonal einstellen zu können um 38 EUR von 147 EUR pro Behandlungstag auf **185 EUR** pro Behandlungstag ab dem 1.5.2020 (§ 15 Abs. 2a Satz 1 KHEntgG n.F.) bis zur nächsten Pflegebudgetvereinbarung erhöht. Die Finanzierung erfolgt durch die Kostenträger der jeweiligen Patienten. Führt diese vorläufige Erhöhung des Pflegeentgeltwerts zu einer Unterdeckung der Pflegepersonalkosten, ist diese Unterdeckung gem. § 15 Abs. 2a Satz 3 KHEntgG n.F. entsprechend § 15 Abs. 3 KHEntgG im Rahmen eines Zuschlags abzurechnen. Hingegen ist eine sich ergebende Überdeckung für das Jahr 2020 nicht auszugleichen, sodass die Mittel bei dem Krankenhaus verbleiben (§ 15 Abs. 2a Satz 3 KHEntgG n.F.).

Als weitere Maßnahme sieht das COVKHEntlG für das Jahr 2020 eine **Reduzierung** der **Prüfquote des MDK** (Medizinischer Dienst der Krankenkassen) von Schlussrechnungen vollstationärer Krankenhausbehandlungen von 12,5 % auf **5,0 % pro Quartal** vor (§ 275c Abs. 2 Satz 1 SGB V n.F.). Besteht allerdings ein begründeter Verdacht für systematisch überhöhte Abrechnungen, ist weiterhin eine höhere Prüfquote möglich. Weiterhin erfolgt eine Verschiebung des Beginns des **Aufschlags für beanstandete Rechnungen** auf das Jahr **2022** (§ 275c Abs. 3 SGB V n.F.).

Durch die Änderung des § 4 Abs. 2a Satz 2 Nr. 1 Buchst. f) KHEntgG n.F. nimmt das COVKHEntlG Leistungen zur Behandlung von Patienten mit einer SARS-CoV-2-Infektion oder mit Verdacht hierauf von der Ermittlung des Fixkostendegressionsabschlags gem. § 4 Abs. 2a Abs. 1 Satz 1 KHEntgG aus. Zudem kommt es durch die Ergänzung von § 4 Abs. 2a Satz 7 KHEntgG zur vollständigen **Aussetzung** des **Fixkostendegressionsabschlags** nach § 4 Abs. 2a Satz 1 KHEntgG für das Jahr **2020**. Für Mehr- und Mindererlöse, die aufgrund der Epidemie entstehen, können die Vertragsparteien einen abweichenden Ausgleich vereinbaren.

Weiterhin hat der Gesetzgeber zur Liquiditätssicherung der Krankenhäuser durch die Einführung von § 330 SGB V für bis zum 31.12.2020 erbrachte und in Rechnung gestellte Leistungen eine Zahlungsfrist von 5 Tagen nach Rechnungseingang geregelt.

Außerhalb des COVKHEntlG wurde zudem die **Pflegepersonaluntergrenzen-Verordnung** (§ 137i SGB V) gem. § 8 Abs. 2 Satz 1 Nr. 2 PpUGV rückwirkend vom 1.3.2020 bis zum 31.7.2020 bzw. 31.12.2020 **ausgesetzt.** Damit erfolgt eine Nachweismeldung an das InEK nur für die Monate Januar und Februar 2020. Eine Dokumentations- und Prüfpflicht besteht bis zum 31.12.2020 nicht mehr (KHFA: Auswirkungen der Ausbreitung des Coronavirus auf den Krankenhaussektor und die gesetzlichen Krankenkassen, vgl. IDW Life 2020, S. 457).

3.2 Handelsrechtliche Behandlung

Der Anspruch des Krankenhauses auf Erhalt der **pauschalen Ausgleichszahlung i.H.v. 560 EUR** pro freiem Bett und pro Tag gem. § 21 Abs. 1, 2, 3 KHG n.F. entsteht rechtlich und wirtschaftlich mit **Ablauf des Tages**, an welchem das freie Bett vorgehalten wurde. Eine Ertragsrealisierung hat somit mit Ablauf eines jeden Tages zu erfolgen. Hierbei ist u.E. ein Ausweis unter den **Erlösen aus Krankenhausleistungen** gem. Nr. 1 der Anlage 2 zur KHBV sachgerecht. Eine Aufgliederung der Erlöse aus Krankenhausleistungen im Anhang wird empfohlen.

Für die Schaffung oder Vorhaltung zusätzlicher **Intensivbetten** entsteht der Anspruch auf die Zahlung von 50.000 EUR nach § 21 Abs. 5 KHG n.F. mit **Genehmigung** der für die Krankenhausplanung zuständigen **Landesbehörde** (KHFA: Auswirkungen der Ausbreitung des Coronavirus auf den Krankenhaussektor und die gesetzlichen Krankenkassen, vgl. IDW Life 2020, S. 457f.). Der Gesetzgeber sieht hierbei die Voraussetzungen für die Zahlung sowohl bei einer zusätzlichen Schaffung als auch einer zusätzlichen Vorhaltung von Intensivbetten erfüllt. Die grundsätzlich nicht rückzahlbare Zuwendung stellt entsprechend dem Sinn und Zweck der Norm regelmäßig einen **Aufwandszuschuss** und nur in Ausnahmefällen einen Investitionszuschuss dar, für welchen gem. § 5 Abs. 2 KHBV ein Sonderposten aus Zuweisungen und Zuschüssen der öffentlichen Hand zu bilden ist. Die entsprechenden Bescheide der zuständigen Behörden sind zu berücksichtigen.

Wirtschaftlich soll die **Corona-Mehrkostenpauschale** gem. § 21 Abs. 6 KHG n.F. i.H.v. 50 EUR entsprechend dem Sinn und Zweck der Norm die während des Verbleibs des Patienten entstehenden Mehrkosten infolge der COVID-19-Pandemie ausgleichen. Folglich hat eine Ertragsrealisierung u.E. **korrespondierend** zu den anfallenden **Mehraufwendungen** zu erfolgen. Im Regelfall wird dies linear über den Zeitraum des Verbleibs des Patienten erfolgen. Der Ausweis hat unter den

Erlösen aus Krankenhausleistungen gem. Nr. 1 der Anlage 2 zur KHBV zu erfolgen. Eine Aufgliederung der Erlöse aus Krankenhausleistungen im Anhang wird empfohlen.

Die **Reduzierung** der **Prüfquote des MDK** für das Jahr 2020 gem. § 275c Abs. 2 Satz 1 SGB V n. F. auf 5,0 % führt dazu, dass bei einer in sonstigen Jahren darüber liegenden Prüfquote grundsätzlich nur der **Höchstbetrag von 5,0** % bei der Ermittlung der **Rückstellung** für MDK für das Jahr 2020 angesetzt werden darf, soweit kein Verdacht auf systematisch überhöhte Abrechnungen gegeben ist. Zugleich kann die Reduzierung der Prüfquote aber zu einer Erhöhung der Verlustquote von MDK-Fällen führen. Dies ist entsprechend rückstellungserhöhend zu berücksichtigen.

Der **Wegfall** des **Fixkostendegressionsabschlags** für das Jahr 2020 ist i. R. d. bestehenden Regelungen zum **Budget- und Erlösausgleich** buchhalterisch abzubilden (IDW RS KHFA 1.73 ff.).

3.3 Besonderheiten bei der Behandlung nach den IAS/IFRS

Die **pauschale Ausgleichszahlung** gem. § 21 Abs. 1, 2, 3 KHG n. F. stellt u. E. ein Entgelt im Rahmen eines Vertrags mit einem Kunden dar, der in den Anwendungsbereich des **IFRS 15** fällt. Die pauschale Ausgleichszahlung stellt auf diese Weise u. E. einen vorweggenommenen (Minder-)Erlösausgleich i. S. v. § 4 Abs. 3 KHEntgG dar. Alternativ ist auch eine Behandlung als öffentlicher Zuschuss nach IAS 20 möglich. Bei Wesentlichkeit der pauschalen Ausgleichszahlungen ist eine **Angabe** im **Anhang** gem. IFRS 15.110 und 114 erforderlich.

Die buchhalterische Behandlung der Zahlung i. H. v. 50.000 EUR für **Intensivbetten** gem. § 21 Abs. 5 KHG n. F. richtet sich u. E. nach **IAS 20.** Entsprechend der Verwendung stellt die Zahlung u. E. entweder eine **erfolgsbezogene Zuwendung** dar, welche wahlweise saldiert oder unsaldiert als sonstiger Ertrag (IAS 20.29 ff.) darzustellen ist, oder – im Fall des Ausgleichs der Investitionskosten für ein Intensivbett – eine Zuwendung für Vermögenswerte dar. Diese ist entweder vom Buchwert des Vermögenswertes (Intensivbett) abzusetzen oder passivisch abzugrenzen (IAS 20.24 ff.).

Die **Corona-Mehrkostenpauschale** gem. § 21 Abs. 6 KHG n. F. i. H. v. 50 EUR ist u. E. als Entgelt im Rahmen eines Vertrags mit einem Kunden gem. **IFRS 15** zu deuten. Für eine Anwendung des IFRS 15 spricht, dass die Corona-Mehrkostenpauschale ein Ausgleich für gestiegene Einkaufskosten im Rahmen eines Leistungsaustauschs mit einem Patienten als Kunden darstellt. Eine entsprechende Angabe im Anhang ist bei Wesentlichkeit der Umsatzerlöse aus der Corona-Mehrkostenpauschale u. E. erforderlich.

F Gesetzgebung

1 Auswirkungen der COVID-19-Pandemie auf die Vertrags- und Gesellschaftsrechtspraxis

Die COVID-19-Pandemie strahlt auch auf die Gesellschafts- und Kapitalmarktrechtspraxis aus. Insbesondere hat die Bundesregierung Ende März 2020 das Gesetz zur Abmilderung der Folgen der COVID-19-Pandemie im Zivil-, Insolvenz- und Strafverfahrensrecht (**Abmilderungsgesetz**) sowie das Gesetz zur Errichtung eines Wirtschaftsstabilisierungsfonds (**WStFG**) erlassen.

1.1 Auswirkungen auf Hauptversammlungen

Das Abmilderungsgesetz sieht diverse Erleichterungen vor, um die Beschlussfähigkeit von Kapitalgesellschaften (AG, SE und KGaA) in Hauptversammlungen sicherzustellen. Durch Rechtsverordnung ist eine Verlängerung bis zum 31.12.2021 möglich.

1.1.1 Erleichterungen für Präsenz-Hauptversammlungen

Grundsätzlich ist die Hauptversammlung eine Präsenzversammlung. Die Stimmrechtsausübung online bzw. durch Briefwahl ist nur bei entsprechender Satzungsregelung zulässig (§ 118 Abs. 1 Satz 2 bzw. Abs. 2 AktG). Gleichermaßen bedarf es einer satzungsmäßigen Regelung für eine Zuschaltung der Aufsichtsratsmitglieder bzw. die Zulässigkeit einer Bild- und Tonübertragung der Hauptversammlung (§ 118 Abs. 3 Satz 2 bzw. Abs. 4 AktG). Nach Maßgabe des Abmilderungsgesetzes kann der Vorstand diese Durchführungserleichterungen auch ohne bestehende Satzungsregelungen anordnen.

1.1.2 Zulässigkeit virtueller Hauptversammlungen

Das Abmilderungsgesetz ermöglicht erstmals eine virtuelle Hauptversammlung ohne physische Präsenz. In diesem Fall ist die Teilnahme ausschließlich im Wege der elektronischen Zuschaltung möglich, wobei die gesamte Hauptversammlung in Bild und Ton zu übertragen ist und die Stimmrechtsausübung über Online-Teilnahme oder Briefwahl ermöglicht werden muss. Bei technischen Störungen i. R. d. virtuellen Hauptversammlung sind die Anfechtungsmöglichkeiten (vgl. § 243 Abs. 3 Nr. 1 AktG) stark eingeschränkt.

1.1.3 Fristerleichterungen im Vorfeld der Hauptversammlung

Der Vorstand ist nach dem Abmilderungsgesetz berechtigt, die gesetzlichen Fristen im Vorfeld der Hauptversammlung zu verkürzen. So kann die Einberufungsfrist von 30 Tagen (§ 123 Abs. 1 Satz 1 AktG) auf 21 Tage verkürzt werden, wobei eine satzungsmäßige Anmeldefrist entgegen der bisherigen gesetzlichen Regelung (§ 123 Abs. 2 Satz 5 AktG) nicht hinzuzuzählen ist. Im Falle der Verkürzung der Einberufungsfrist beträgt die Frist für Mitteilungen gem. § 125 Abs. 1 und 2 AktG 12 Tage. Ferner gilt als Nachweisstichtag (*Record Date*) für Inhaberaktien nicht der 21. Tag (vgl. § 123 Abs. 4 Satz 2 AktG), sondern der 12. Tag vor der Hauptversammlung. Schließlich wird für AG und KGaA die 8-Monatsfrist für die Abhaltung der ordentlichen Hauptversammlung (§ 175 Abs. 1 Satz 2 AktG) aufgehoben – ausreichend ist es, wenn die Hauptversammlung im Laufe des Jahres 2020 stattfindet. Für die SE bleibt es indes – mangels entsprechender Gesetzgebungskompetenz des deutschen Gesetzgebers – bei der geltenden 6-Monatsfrist (vgl. Art. 54 Abs. 1 Satz 1 SE-VO).

1.1.4 Zulässigkeit einer Vorabdividende auch ohne Satzungsregelung

Um Verzögerungen bei der Dividendenausschüttung zu vermeiden – diese erfordert grundsätzlich einen Gewinnverwendungsbeschluss der Hauptversammlung –, sind Abschlagszahlungen auf den Bilanzgewinn nach dem Abmilderungsgesetz auch ohne entsprechende Satzungsregelung (vgl. § 59 Abs. 1 AktG) zulässig. Im Übrigen gelten jedoch die weiteren Vorgaben gem. § 59 Abs. 2 AktG.

1.1.5 Zustimmungsvorbehalt des Aufsichtsrats für aktienrechtliche Erleichterungen

Der Vorstand darf von den vorgenannten Erleichterungsmöglichkeiten nur mit Zustimmung des Aufsichtsrats Gebrauch machen, wobei die Beschlussfassung des Aufsichtsrats ohne physische Anwesenheit der Mitglieder schriftlich, fernmündlich oder in vergleichbarer Weise erfolgen kann.

1.2 Organpflichten bei Insolvenzreife

Das Abmilderungsgesetz sieht ferner vor, dass die 3-wöchige Insolvenzantragspflicht bei Überschuldung und Zahlungsunfähigkeit (§ 15a InsO bzw. § 42 Abs. 2 BGB) bis zum 30.9.2020 partiell ausgesetzt ist. Dies setzt voraus, dass die Insolvenzreife auf den Folgen der COVID-19-Pandemie beruht und Aussichten darauf bestehen, dass eine bestehende Zahlungsunfähigkeit beseitigt wird. War der Schuldner am

31.12.2019 noch nicht zahlungsunfähig, gilt hinsichtlich der Kausalität der COVID-19-Pandemie für die Insolvenzreife und den Aussichten zur Beseitigung einer bestehenden Zahlungsunfähigkeit jedoch eine gesetzliche Vermutensregel. Ist die Pflicht zur Stellung eines Insolvenzantrags ausgesetzt, gelten u.a. Zahlungen, die im ordnungsgemäßen Geschäftsgang erfolgen, als mit der Sorgfalt eines „ordentlichen und gewissenhaften Geschäftsleiters" i.S.v. § 64 Satz 2 GmbHG, § 92 Abs. 2 Satz 2 AktG, § 130a Abs. 1 Satz 2 HGB (auch i.V.m. § 177a Satz 1 HGB) bzw. § 99 Satz 2 GenG vereinbar.

1.3 Gesellschaftsrechtliche Änderungen aufgrund des WStFG

Der Wirtschaftsstabilisierungsfonds (WSF) soll größere Unternehmen der Realwirtschaft (keine Finanzinstitute) für einen begrenzten Zeitraum durch sog. Stabilisierungsmaßnahmen zur Überwindung von Liquiditätsengpässen und zur Stärkung der Eigenkapitalbasis finanziell unterstützen. Von dem WSF-Gesamtvolumen i.H.v. rund 600 Mrd. EUR sind 100 Mrd. EUR für direkte Rekapitalisierungsmaßnahmen vorgesehen. Diese umfassen den Erwerb von nachrangigen Schuldtiteln, Hybridanleihen, Genussrechten, stillen Beteiligungen, Wandelanleihen und Anteilen an Unternehmen sowie die Übernahme sonstiger Bestandteile des Eigenkapitals betroffener Unternehmen.

Zur schnellen Umsetzung von Stabilisierungsmaßnahmen sieht das WStFG diverse gesellschaftsrechtliche Änderungen vor: Hierzu zählen Erleichterungen bei Kapitalmaßnahmen (insbesondere Kapitalerhöhungen) von AG, SE und KGaA, u.a. für (1) Beschlussfassungen der Hauptversammlung zur Durchführung einer Kapitalerhöhung gegen Einlagen und der Schaffung eines genehmigten Kapitals (Mehrheitserfordernisse und Wirksamkeitsvoraussetzungen), (2) die besondere Ausgestaltung neuer Aktien (u.a. Gewinnvorzug) und deren Rückumwandlung in einfache Stammaktien sowie (3) einen vereinfachten Bezugsrechtsausschluss.

Zu beachten ist, dass zur Sicherstellung der Anspruchsvoraussetzungen die Gewährung von Stabilisierungsmaßnahmen an Auflagen geknüpft werden kann, z.B. die Höhe der Organvergütung und von Dividendenausschüttungen. Die Einzelheiten sollen durch Rechtsverordnung geregelt werden. Flankierende Änderungen ergeben sich für weitere Gesetze (z.B. der Ausschluss von Informations-, Mitteilungs- und Anzeigepflichten nach BetrVG, KWG und WpHG; Befreiung von bestimmten WpÜG-Pflichten und der Verzicht auf eine unmittelbare Börsenzulassung neu emittierter Aktien).

1.4 Potenzielle Ad-hoc-Mitteilungspflichten im Zusammenhang mit der COVID-19-Pandemie

Für Unternehmen, die als Emittenten der EU-Marktmissbrauchsverordnung (VO (EU) Nr. 596/2014, MAR) unterliegen, kann infolge der COVID-19-Pandemie die Pflicht entstehen, z.B. Prognose- oder Strategieänderungen, Gewinnwarnungen, Dividendenkürzungen, Restrukturierungs- oder Kapitalmaßnahmen und sonstige bedeutende Geschäftsvorfälle per Ad-hoc-Mitteilung veröffentlichen zu müssen, sofern es sich dabei um Insiderinformationen i.S.v. Art. 7 Abs. 1 Buchst. a MAR handelt. Die Bundesanstalt für Finanzdienstleistungsaufsicht (BaFin) hat auf ihrer Website am 20.3.2020 FAQs veröffentlicht, an denen sich Emittenten insoweit orientieren sollten.

2 Auswirkungen der COVID-19-Pandemie auf das Umwandlungsgesetz

Mit dem Gesetz zur Abmilderung der Folgen der COVID-19-Pandemie im Zivil-, Insolvenz- und Strafverfahrensrecht v. 27.3.2020 (**Abmilderungsgesetz**) wurde u.a. – und vorübergehend – die im Umwandlungsrecht gem. § 17 Abs. 2 Satz 4 UmwG genannte Frist von 8 Monaten auf 12 Monate verlängert.

Mit dem Abmilderungsgesetz wird die (Höchst-)Frist für den Stichtag der handelsrechtlichen Schlussbilanz des übertragenden Rechtsträgers von 8 Monaten (8-Monatsfrist) vor dem Tag der Anmeldung der Umwandlung zur Eintragung im Handelsregister auf 12 Monate verlängert. Die Vorschrift betrifft Verschmelzungen und wegen der Verweisung in § 125 UmwG auch Spaltungen. Damit soll für Unternehmen, die solche Umwandlungen im laufenden Jahr 2020 vornehmen, die von der 8-Monatsfrist ausgehende zeitliche Begrenzung für die Vervollständigung aller für die Umwandlung erforderlichen Verfahrensschritte um 4 Monate verlängert werden. Damit werden die Erleichterungen für die Durchführung „virtueller“ Versammlungen ergänzt, da die erforderliche Planung, technische und organisatorische Vorbereitung und Durchführung der für die Umwandlungsbeschlüsse erforderlichen Versammlungen aufgrund der Folgen der COVID-19-Pandemie in vielen Fällen zu Verzögerungen führen dürfte. Diese Verzögerungen würden die Einhaltung der 8-Monatsfrist, die bei einem Bilanzstichtag des übertragenden Rechtsträgers zum 31.12.2019 eine Anmeldung der Umwandlung zur Eintragung im Handelsregister bis spätestens 31.8.2020 erfordert, erschweren – denn, wird die Frist nicht eingehalten, muss das Registergericht die Anmeldung zurückweisen.

Zu beachten ist, dass die Ausweitung der 8- auf eine 12-Monatsfrist zeitlich befristet ist, d.h. sie ist nur auf Anmeldungen anzuwenden, die im Jahr 2020 vorgenommen werden. Das Bundesministerium der Justiz und für Verbraucherschutz (BMJV) wurde ermächtigt, die Regelung durch Rechtsverordnung bis zum 31.12.2021 zu verlängern.

3 Update zum Geldwäschegesetz/Transparenzregister

3.1 Überblick

Seit Oktober 2017 sind Unternehmen und bestimmte Rechtsgestaltungen wie Stiftungen oder Trusts nach den Regelungen des Geldwäschegesetzes (GwG) verpflichtet, ihre wirtschaftlich Berechtigten an das Transparenzregister zu melden. Wirtschaftlich berechtigt i.S.d. GwG ist die natürliche Person, in deren Eigentum oder unter deren Kontrolle die Gesellschaft letztlich steht oder auf deren Veranlassung eine Transaktion durchgeführt bzw. eine Geschäftsbeziehung begründet wird (§ 3 Abs. 1 GwG). Bei nicht börsennotierten Unternehmen zählt zu den wirtschaftlich Berechtigten jede natürliche Person, die unmittelbar oder mittelbar mehr als 25 % der Kapitalanteile hält, mehr als 25 % der Stimmrechte kontrolliert oder auf vergleichbare Weise Kontrolle ausübt. Kontrolle liegt vor, wenn die natürliche Person unmittelbar oder mittelbar einen beherrschenden Einfluss gem. § 290 Abs. 2 bis 4 HGB ausüben kann. Indes umfasst die Kontrolle auch schwächere Formen der Einflussnahme als die Beherrschung. Sofern nach der Durchführung umfassender Prüfungen auf diese Weise keine natürliche Person als wirtschaftlich Berechtigter ermittelt werden kann, gilt der gesetzliche Vertreter, geschäftsführende Gesellschafter oder Partner der Gesellschaft als wirtschaftlich Berechtigter (§ 3 Abs. 2 GwG).

Zur Bekämpfung von Geldwäsche und Terrorismusfinanzierung sollte mit der Einführung des Transparenzregisters öffentlich gemacht werden, welche natürlichen Personen als wirtschaftlich Berechtigte hinter Gesellschaften bzw. Trusts stehen. Die Ermittlung des wirtschaftlich Berechtigten kann sich im Einzelfall als schwierig erweisen. Insbesondere wenn komplexe Beteiligungsketten, Stimmbindungs-, Konsortial- oder Poolvereinbarungen und Treuhandkonstruktionen vorliegen, besteht für die verpflichteten Unternehmen eine akute Gefahr einer Pflichtverletzung aufgrund fehlender oder unzutreffender Angaben gegenüber dem Transparenzregister. Derartige Verstöße werden als Ordnungswidrigkeit mit Bußgeldern bis zu 1 Mio. EUR (oder mehr in bestimmten Fällen) geahndet (§ 56 Abs. 1 Satz 1 Nr. 55, Abs. 2 GwG). Mit der Umsetzung der Änderungsrichtlinie zur Vierten EU-Geldwäscherichtlinie (teilweise auch als 5. EU-Geldwäscherichtlinie bezeichnet), wurde das GwG (erneut) novelliert mit der Folge, dass in Bezug auf das Transparenzregister seit Jahresbeginn (verschärfte) Regelungen gelten.

Hinweis

Die registerführende Stelle für das Transparenzregister ist die Bundesanzeiger-Verlag GmbH, die der Aufsicht durch das Bundesverwaltungsamt (BVA) unterliegt. In dieser Funktion erteilt das BVA rechtliche Auskünfte zum Transparenzregister z.B. in Form von FAQs, die auf seiner Internetseite eingestellt sind. Die aktuellste Fassung mit dem Stand vom 19.8.2020, die den folgenden Ausführungen zugrunde liegt, kann auf der Internetseite des BVA unter https://www.bva.bund.de/DE/Das-BVA/Aufgaben/T/Transparenzregister/_documents/FAQ_transparenz_kachel.html (Abrufdatum: 1.9.2020) abgerufen werden. Weiterhin überwacht das BVA die Einhaltung der mit dem Transparenzregister verbundenen Pflichten (§ 56 Abs. 5 Satz 2 GwG). Weiterführende Informationen zum GwG sowie zum Transparenzregister, den Meldepflichten und Sanktionen enthalten die Beiträge im Bilanz Check-up 2019, Kap. A. 5.4, S. 121 ff. sowie Bilanz Check-up 2020, Kap. A 4.2, S. 83 ff.

3.2 Wesentliche Neuerungen im Detail

3.2.1 Angabe der Staatsangehörigkeit

Zu den meldepflichtigen Daten im Transparenzregister gehört neben den bis dato geforderten Angaben (Vor- und Nachname, Geburtstag, Wohnort und Art sowie Umfang des wirtschaftlichen Interesses) seit Jahresbeginn auch die **Staatsangehörigkeit** des wirtschaftlich Berechtigten (§ 19 Abs. 1 Satz 1 Nr. 5 GwG). Verfügt der wirtschaftlich Berechtigte über mehrere Staatsangehörigkeiten, ist die Angabe einer einzigen Staatsangehörigkeit ausreichend (vgl. BVA, FAQ zum Transparenzregister, Kap. D., Frage 7).

Hinweis

Das BVA gewährt den meldepflichtigen Unternehmen eine Erleichterung, indem es auf eine gesonderte Nachmeldung der Staatsangehörigkeit für die bis Ende 2019 im Transparenzregister eingetragenen wirtschaftlich Berechtigten verzichtet. Sofern jedoch der Eintrag aus anderem Grund aktualisiert wird, ist die Eintragung der Staatsangehörigkeit nachzuholen (vgl. BVA, FAQ zum Transparenzregister, Kap. D., Frage 6).

Da in anderen öffentlich zugänglichen Registern (wie z.B. dem Handelsregister) i.d.R. keine Angaben zur Staatsangehörigkeit des wirtschaftlich Berechtigten enthalten sind, ist nun insbesondere fraglich, ob eine fehlende Staatsangehörigkeit in diesen Registern die **Mitteilungsfiktion** des § 20 Abs. 2 Satz 1 GwG hindert. Da gem. § 20 Abs. 2 Satz 1 GwG die Pflicht zur Mitteilung an das Transparenzregister als erfüllt gilt, wenn die in § 19 Abs. 1 Nr. 1 bis 4 GwG aufgeführten Angaben zum wirtschaftlich Berechtigten bereits aus anderen elektronisch abrufbaren Registern abrufbar sind und damit nicht die in Nr. 5 aufgeführte Staatsangehörigkeit fordert, wirkt sich die Neuregelung zur Angabe der Staatsangehörigkeit nicht auf die Mitteilungsfiktion aus. Das BVA bestätigt dies in seinen FAQ zum Transparenzregister explizit (vgl. Kap. B. IV., Frage 5). Im Ergebnis ist damit die Staatsangehörigkeit nur anzugeben, wenn die Mitteilungsfiktion des § 20 Abs. 2 GwG nicht greift (vgl. auch Rösner, NWB 2020, S. 1353).

3.2.2 Erweiterung des Kreises der an das Transparenzregister zur Mitteilung Verpflichteten

Neben den inländischen juristischen Personen und eingetragenen Personengesellschaften müssen seit 1.1.2020 **auch im Ausland ansässige** Vereinigungen ihre wirtschaftlich Berechtigten zur Eintragung in das Transparenzregister mitteilen, wenn sie Eigentum an einer Immobilie in Deutschland erwerben (§ 20 Abs. 1 Satz 2 GwG). Diese Verpflichtung entfällt gem. § 20 Abs. 1 Satz 3 GwG, wenn die ausländischen Vereinigungen ihre wirtschaftlich Berechtigten bereits zur Eintragung in einem dem Transparenzregister entsprechendem Register in einem anderen EU-Mitgliedstaat übermittelt haben. Entsprechendes gilt auch für Trustees, die ihren (Wohn-)Sitz außerhalb der Europäischen Union haben, wenn sie für den Trust eine Geschäftsbeziehung mit einem in Deutschland ansässigen Vertragspartner aufnehmen oder Eigentum an einer in Deutschland gelegenen Immobilie erwerben (§ 21 Abs. 1 Satz 2, 3 GwG).

Hinweis

Falls die Regelungen zur Bestimmung der wirtschaftlich Berechtigten in den jeweiligen EU-Mitgliedstaaten abweichen, sollten betroffene ausländische Unternehmen ggf. in Abstimmung mit ihren Rechtsberatern prüfen, ob im Einzelfall eine (weitere) Meldung an das deutsche Transparenzregister zu machen ist.

3.2.3 Verschärfte Transparenzpflichten für Unternehmen, wirtschaftlich Berechtigte und Anteilseigner

Darüber hinaus haben die **wirtschaftlich Berechtigten** gem. § 20 Abs. 3 GwG nunmehr selbst daran **mitzuwirken**, dass die Unternehmen die notwendigen Angaben und etwaige Änderungen dieser Angaben zur Erfüllung ihrer Mitteilungspflichten gegenüber dem Transparenzregister erhalten. Unterbleibt eine solche Mitteilung der wirtschaftlich Berechtigten, unterliegen meldepflichtige **Unternehmen** seit Jahresbeginn verstärkten **Ermittlungs- und Dokumentationspflichten** (§ 20 Abs. 3a GwG). Das Unternehmen muss in diesen Fällen von seinen Anteilseignern, soweit sie ihm bekannt sind, in angemessenem Umfang Auskunft zu den wirtschaftlich Berechtigten des Unternehmens verlangen. Das Auskunftsersuchen sowie die eingeholten Informationen sind von den Unternehmen zu dokumentieren. Zudem ist ein **Anteilseigner** nach § 20 Abs. 3b GwG nunmehr grundsätzlich auch dazu verpflichtet, das Unternehmen innerhalb einer angemessenen Frist über die Änderung des wirtschaftlich Berechtigten zu informieren, wenn der Anteilseigner darüber Kenntnis erlangt. Ferner haben mitteilungspflichtige und nicht anderweitig registerlich geführte Unternehmen künftig Änderungen an ihrer Rechtsgestaltung wie Umfirmierung, Verschmelzungen oder Auflösung unverzüglich dem Transparenzregister mitzuteilen (§ 20 Abs. 1a GwG).

Hinweis

Da Verstöße gegen diese Pflichten auch als Ordnungswidrigkeit eingestuft werden, die zum Teil mit hohen Bußgeldern geahndet werden können, sollten sich wirtschaftlich Berechtigte und Anteilseigner sowie Geschäftsführer von meldepflichtigen Unternehmen – sofern nicht bereits geschehen – mit den ihnen auferlegten geldwäscherechtlichen (Compliance-)Pflichten ggf. in Abstimmung mit ihren Rechtsberatern auseinander setzen, um diese pflichtgemäß zu erfüllen und Geldstrafen zu vermeiden.

3.2.4 Öffnung des Transparenzregisters für die Öffentlichkeit

Eine weitere wesentliche Neuerung stellt die Öffnung des Transparenzregisters für die **Öffentlichkeit** dar (§ 23 Abs. 1 Satz 1 Nr. 3 GwG). Bis Ende 2019 wurde lediglich bestimmten Institutionen und bei Darlegung eines berechtigten Interesses an der Einsichtnahme Zugang zum Transparenzregister gewährt. Das bisher etablierte **Verfahren zur Einsichtnahme** bleibt hingegen bestehen: Nach wie vor ist die Einsichtnahme erst nach vorheriger Online-Registrierung des Nutzers (§ 23 Abs. 3 GwG) und Entrichtung einer Gebühr (§ 24 Abs. 2 Satz 1 GwG) möglich. Dennoch kann auf Antrag des wirtschaftlich Berechtigten auch weiterhin die Einsichtnahme teilweise oder vollständig beschränkt werden, sofern bestimmte schutzwürdige Interessen gegeben sind (§ 23 Abs. 2 GwG).

Der **wirtschaftlich Berechtigte** kann seit 1.7.2020 zudem eine **Auskunft** über die Einsichtnahme in **seine im Transparenzregister hinterlegten Daten** beantragen (§ 23 Abs. 6 GwG). Diese Auskunft umfasst u.a. den Zeitpunkt der jeweiligen Einsichtnahme und bei Einsichtnahme durch eine juristische Person deren Bezeichnung. Einsichtnahmen durch natürliche Personen werden anonymisiert mitgeteilt.

3.2.5 Nachweis der Registrierung bei Neukunden und Unstimmigkeitsmeldungen

Geldwäscherechtlich Verpflichtete, zu denen gem. § 2 GwG u.a. Banken, Versicherungen, Rechtsanwälte, Notare, Wirtschaftsprüfer, Steuerberater, aber auch Güterhändler gehören, haben bei der zur Erfüllung ihrer allgemeinen Sorgfaltspflichten durchzuführenden Identifizierung der wirtschaftlich Berechtigten nunmehr bei der Begründung einer neuen Geschäftsbeziehung mit einem kraft Rechtsform grundsätzlich in das Transparenzregister eintragungspflichtigen Geschäftspartner einen **Nachweis** über dessen Registrierung im Transparenzregister oder einen Auszug der für dieses Unternehmen über das Transparenzregister zugänglichen Daten einzuholen (§ 11 Abs. 5 Satz 2 GwG).

Von einer (zusätzlichen) Einsicht in das Transparenzregister kann abgesehen werden, wenn ein (aktueller) Nachweis über die Registrierung im Transparenzregister vorliegt. Ein Nachweis muss auch dann erbracht werden bzw. die Einsichtnahme hat auch dann zu erfolgen, wenn die Meldefiktion des § 20 Abs. 2 GwG greift und sich alle Informationen über den wirtschaftlich Berechtigten aus anderen öffentlich zugänglichen Registern wie bspw. dem Handelsregister ergeben. Eine Meldung des Geschäftspartners, sich nicht im Transparenzregister registriert zu haben, ist nicht ausreichend, um von der Verpflichtung zur Einsichtnahme in das Transparenzregister abzusehen (vgl. zu diesem Absatz WPK-Magazin 2/2020, S. 33).

Die Wahrscheinlichkeit, dass der registerführenden Stelle fehlerhafte Angaben gemeldet werden, ist seit 1.1.2020 erheblich gestiegen. Seitdem haben geldwäscherechtlich Verpflichtete, die zur Erfüllung ihrer allgemeinen Sorgfaltspflichten i. S. d. § 10 Abs. 3 GwG Einsicht in das Transparenzregister nehmen, Unstimmigkeiten zwischen den im Transparenzregister enthaltenen Angaben und den ihnen zur Verfügung stehenden Angaben und Erkenntnissen über die wirtschaftlich Berechtigten unverzüglich der registerführenden Stelle zu melden (§ 23a Abs. 1 Satz 1 GwG). Die registerführende Stelle prüft die **Unstimmigkeitsmeldung** und versieht den Transparenzregisterauszug des gemeldeten Unternehmens mit einem Prüfvermerk (§ 23a Abs. 6 Satz 1 GwG). Ausnahmen von dieser Meldepflicht bestehen gem. § 23a Abs. 1 Satz 2 GwG i. V. m. § 43 Abs. 2 GwG lediglich für Rechtsberatungs- oder Prozessvertretungsleistungen von bestimmten Berufsgruppen. Dabei ist zu beachten, dass selbst in den Fällen, in denen eine Unstimmigkeitsmeldung aufgrund der Art des Mandantenverhältnisses (Rechtsberatung und Prozessvertretung) von vorneherein ausgeschlossen ist, von den geldwäscherechtlich Verpflichteten bei Neubegründung einer Geschäftsbeziehung ein Registrierungsnachweis bzw. Transparenzregisterauszug einzuholen ist (vgl. WPK-Magazin 2/2020, S. 33). Verstöße gegen diese Meldepflicht werden gem. § 56 Abs. 1 Satz 1 Nr. 65 GwG mit Bußgeldern sanktioniert.

Hinweis

Die Pflicht zur Meldung von Unstimmigkeiten führt lediglich zu einer „Abgleichpflicht“ und nicht zu einer Prüfpflicht. Die GwG-Verpflichteten haben die aus verschiedenen Quellen gewonnenen Erkenntnisse zum wirtschaftlich Berechtigten mit den Angaben zum wirtschaftlichen Berechtigten im Transparenzregister abzugleichen. Ein gezieltes Suchen nach Unstimmigkeiten ist nicht erforderlich (vgl. auch WPK-Magazin 2/2020, S. 33).

Hinweis

Die mit den Unstimmigkeitsmeldungen verbundenen geldwäscherechtlichen Risiken könnten die GwG-Verpflichteten (wie Banken, Steuerberater oder Wirtschaftsprüfer) dazu veranlassen, Geschäftspartner, bei denen sich i.R.d. Geschäftsanbahnung Unstimmigkeiten ergeben, nicht anzunehmen. Zumindest ist in diesen Fällen mit Verzögerungen bei der Vergabe des Kredits oder der Prüfung des Jahresabschlusses etc. zu rechnen, bis die Unstimmigkeit aufgeklärt ist und das Geldwäscherisiko hinsichtlich des potenziellen Geschäftspartners als akzeptabel erachtet wird. Notare haben demgegenüber eine Beurkundung abzulehnen, wenn der Vertragspartner bestimmten geldwäscherechtlichen Pflichten nicht nachkommt (§ 10 Abs. 9 Satz 4 GwG).

3.2.6 Verdachtsmeldepflicht auch für Güterhändler mit kleineren Transaktionsvolumina

Soweit sich bei dem geldwäscherechtlich Verpflichteten bei der Anbahnung einer Transaktion ein Verdacht auf Geldwäsche oder Terrorismusfinanzierung erhärtet, hat der **GwG-Verpflichtete** den Sachverhalt unverzüglich der Zentralstelle für Finanztransaktionsuntersuchungen (FIU) **zu melden** (§ 43 GwG). Ausgenommen sind auch hier Sachverhalte, deren Informationen i.R.v. Tätigkeiten der Rechtsberatung oder Prozessvertretung gewonnen wurden. Dabei ist zu beachten, dass die für die allgemeinen Sorgfaltspflichten eingeführten Schwellenwerte des § 10 Abs. 6a GwG bei der Meldepflicht eines Geldwäscheverdachts keine Anwendung finden (vgl. Frey/Pelz, BeckOK GwG, 2. Edition 2020, § 2 GwG, Rz. 218). Somit haben **auch Güterhändler**, die Bargeldtransaktionen von weniger als 10.000 EUR oder Transaktionen mit hochwertigen Gütern wie Edelmetallen (z.B. Gold oder Silber), Schmuck oder Uhren von unter 2.000 EUR tätigen, einen Verdacht auf Geldwäsche oder Terrorismusfinanzierung der FIU zu melden.

Weiterhin ist zu beachten, dass die der Meldung zugrunde liegende **Transaktion erst durchgeführt werden darf**, wenn die FIU der Durchführung zugestimmt hat oder nicht innerhalb von 3 Werktagen nach Meldungsabgabe der Durchführung widersprochen hat (§ 46 Abs. 1 GwG). Sofern ein Aufschub einer verdächtigen Transaktion nicht möglich ist oder durch deren Aufschub die Verfolgung der mutmaßlichen strafbaren Handlung des Geschäftspartners behindert wird, darf die

Transaktion durchgeführt werden. Die Meldung ist dann jedoch vom Verpflichteten unverzüglich nachzuholen.

> **Hinweis**
>
> Da es den Verpflichteten gem. § 47 Abs. 1 GwG untersagt ist, dem Geschäftspartner mitzuteilen, dass er eine Verdachtsmeldung abgegeben hat, könnten die GwG-Verpflichteten bis zur Durchführung der Transaktion spätestens am 3. Werktag nach der Meldungsabgabe bezüglich der zeitlichen Verzögerung gegenüber ihren Geschäftspartnern in Erklärungsnot geraten. Daher sollte im Verdachtsfall geprüft werden, ob eine verdächtige Transaktion unter Berücksichtigung der Gepflogenheiten der Branche oder des Geschäftsbereichs mit einer plausiblen Erklärung um 3 Werktage hinausgezögert werden kann.

3.2.7 Öffentliche Bekanntmachung von Bußgeldentscheidungen

Seit dem 1.1.2020 ist das BVA gem. § 57 GwG verpflichtet, rechtskräftig festgestellte Verstöße gegen die Meldepflichten im Internet mindestens 5 Jahre lang zu veröffentlichen (*naming and shaming*). In der Bekanntmachung sind Art und Charakter des Verstoßes und die für den Verstoß verantwortliche Person zu benennen. Dies kann mit erheblichen Konsequenzen (insbesondere Reputationsverlusten) für das betroffene Unternehmen verbunden sein.

> **Hinweis**
>
> Auf der Internetseite des BVA (vgl. https://www.bva.bund.de/DE/Das-BVA/Aufgaben/T/Transparenzregister/Bussgeldentscheidungen/bussgeldentscheidungen_node.html) wurden bis zum 1.9.2020 insgesamt 35 Bußgeldentscheidungen im Zusammenhang mit dem Transparenzregister über 200 EUR veröffentlicht. Die Ordnungswidrigkeiten bestehen bis auf 2 Ausnahmen in einer leichtfertigen Nicht-Mitteilung der bzw. des wirtschaftlich Berechtigten an das Transparenzregister. Ein Unternehmen hat vorsätzlich den bzw. die wirtschaftlich Berechtigten nicht an das Transparenzregister gemeldet. Das andere Unternehmen hat zum wiederholten Male vorsätzlich keine Meldung abgegeben.

3.3 Anpassung der FAQ zur Mitteilungsfiktion des § 20 Abs. 2 GwG

Das BVA hat inzwischen bereits mehrfach seine FAQ zum Transparenzregister aktualisiert, in denen es seine Auffassung zu einzelnen Rechtsfragen zum Transparenzregister darlegt. I.R.d. Aktualisierung seiner FAQ hat das BVA u.a. auch seine Ausführungen zur Mitteilungsfiktion des § 20 Abs. 2 GwG ergänzt bzw. aktualisiert.

3.3.1 Anforderungen an die die Mitteilungsfiktion auslösenden Dokumente

Das BVA stellt i.R.d. Frage 2 des Kap. B. IV. seiner FAQ klar, dass nicht alle im Handelsregister elektronisch abrufbaren Dokumente die Mitteilungsfiktion begründen können. Die Mitteilung kann nur durch die in § 22 Abs. 1 GwG abschließend aufgezählten Eintragungen und Dokumente fingiert werden. Als Eintragungen in diesem Sinne sind dabei ausschließlich die Registerangaben zu verstehen, die über den aktuellen bzw. chronologischen Ausdruck abrufbar sind. **Jahresabschlüsse, Gesellschaftsverträge, Protokolle von Gesellschafterversammlungen** oder Ähnliches sind keine Registereintragungen und auch **keine Dokumente i.S.d. § 22 Abs. 1 GwG** und führen daher nicht dazu, dass die Pflicht zur Mitteilung an das Transparenzregister als erfüllt angesehen werden kann.

3.3.2 Mitteilungsfiktion bei einer KG

In der FAQ-Fassung zum 19.8.2020 äußert sich das BVA nun auch explizit zu seiner (geänderten) Rechtsauffassung zu den Mitteilungspflichten einer KG bzw. GmbH & Co. KG (vgl. hierzu bereits ausführlich Bilanz Check-up 2020, Kap. A. 4.2.1, S. 83 ff.). Demnach kann **die Mitteilungsfiktion** des § 20 Abs. 2 Satz 1 GwG bei einer KG bzw. GmbH & Co. KG **nur in speziellen Ausnahmefällen** zur Anwendung kommen, sodass Unternehmen dieser Rechtsformen nur in bestimmten Konstellationen von einer (ergänzenden) Mitteilung der wirtschaftlich Berechtigten an das Transparenzregister absehen können.

In diesem Zusammenhang werden zunächst auch allgemeine Aussagen zum wirtschaftlich Berechtigten einer KG gemacht (vgl. BVA, FAQ zum Transparenzregister, Kap. C. II., Frage 1). So gilt ein Komplementär nur dann nicht als wirtschaftlich Berechtigter einer KG, wenn er gem. dem Handelsregistereintrag gänzlich von der Vertretung der KG ausgeschlossen ist. Zudem greift die Mitteilungsfiktion des § 20 Abs. 2 Satz 1 GwG bei einer KG, soweit die Komplementäre natürliche Personen, die einzigen wirtschaftlich Berechtigten und deren Vor- und Nachname, Geburtsdatum, Wohnort sowie deren Stellung als Komplementär aus dem chronologischen oder aktuellen Abdruck des Handelsregisters ersichtlich sind. Sind dagegen juristische Personen des Privatrechts oder eingetragene Personengesellschaften Komplementäre und werden diese von natürlichen Personen i.S.v. § 3 Abs. 2 Satz 2–4 GwG kontrolliert, greift die Fiktion bei einer KG nur, wenn sich die geforderten Angaben und die Kontrolle in elektronisch abrufbarer Form aus den Eintragungen und Dokumenten nach § 22 Abs. 1 Satz 1 Nr. 2 bis 8 GwG (wie z.B. Gesellschafterlisten oder Handelsregister) ergeben.

Demgegenüber findet im Regelfall die Mitteilungsfiktion keine Anwendung, wenn neben den Komplementären auch Kommanditisten wirtschaftlich Berechtigte der KG sind. So wird im Handelsregister gemeinhin lediglich die Haftsumme der Kommanditisten, nicht aber deren Pflichteinlage (= Kapitalanteile) eingetragen, sodass die Höhe der prozentualen Kapitalbeteiligung der Kommanditisten aus der für die Mitteilungsfiktion nach § 20 Abs. 2 GwG erforderlichen Eintragung im Handelsregister nicht ersichtlich ist. Diese ist jedoch bei der Beurteilung der Frage, ob es sich bei der jeweiligen Person um einen wirtschaftlich Berechtigten i.S.v. § 3 Abs. 1 und 2 GwG handelt, entscheidend. Denn die Haftsumme und die Kapitalanteile können zum Teil ganz erheblich voneinander abweichen. Zudem lässt sich ohne Kenntnis der Kapitalbeteiligung des Komplementärs, die ebenfalls nicht im Handelsregister eingetragen wird, die von § 3 Abs. 2 Satz 1 Nr. 1 GwG geforderte prozentuale Beteiligung der Kommanditisten nicht ermitteln.

Darüber hinaus kommt die Mitteilungsfiktion des § 20 Abs. 2 S. 1 GwG nach Auffassung des BVA (vgl. FAQ zum Transparenzregister, Kap. C. II., Frage 2) bei einer KG bzw. einer GmbH & Co. KG nur bei folgenden speziellen gesellschaftsrechtlichen Gebilden zur Anwendung, die unter Nennung der weiteren Voraussetzungen dargestellt werden:

- Einheits-GmbH & Co. KG mit nur einem Kommanditisten,
- Ein-Personen-GmbH & Co. KG,
- kein Kommanditist oder Komplementär ist tatsächlich wirtschaftlich Berechtigter einer GmbH & Co. KG,
- nur der Komplementär gilt als wirtschaftlich Berechtigter oder
- ein Komplementär ist aufgrund seiner Kapitalanteile/Stimmrechte und gleichzeitig auch aufgrund der Beherrschung der Komplementär-GmbH wirtschaftlich Berechtigter.

3.3.3 Mitteilungsfiktion bei einer GmbH

Die Pflicht zur Mitteilung an das Transparenzregister gilt für Unternehmen in der Rechtsform der **GmbH** als erfüllt, wenn die Gesellschafterliste oder ein als Gesellschafterliste geltendes Musterprotokoll elektronisch abrufbar ist und daraus alle Angaben zum wirtschaftlich Berechtigten (zur Ausnahme in Bezug auf die Angabe der Staatsangehörigkeit siehe Abschn. F.3.2.1) zu entnehmen sind (§ 20 Abs. 2 Satz 1 GwG i.V.m. § 22 Abs. 1 Satz 1 Nr. 4 GwG). Ergeben sich die erforderlichen Angaben bspw. nur aus dem Gesellschaftsvertrag, der nicht als Musterprotokoll gilt, ist eine (ergänzende) Meldung der wirtschaftlich Berechtigten der GmbH an das Transparenzregister erforderlich. Für die Fälle, in denen eine **Gesellschafterliste erst nach dem 1.10.2017 elektronisch** aus dem Handelsregister **abrufbar** ist, weist das BVA in seiner Antwort zur Frage 1 des Kap. C. I. der FAQ ausdrücklich darauf hin, dass zusätzlich eine Eintragung der wirtschaftlich Berechtigten in das Transparenzregister erfolgen muss, wenn die elektronisch abrufbare Gesellschafterliste nicht den gesamten Zeitraum seit Beginn der Meldepflicht (1.10.2017) bzw. ab einer späteren Gründung der Gesellschaft erfasst. Hat eine GmbH demgegenüber nur Geschäftsführer als fiktiv wirtschaftlich Berechtigte i.S.d. § 3 Abs. 2 Satz 5 GwG, können sich die Angaben zum wirtschaftlich Berechtigten aus dem aktuellen oder chronologischen Abdruck des Handelsregisters ergeben, wodurch eine weitere Mitteilung an das Transparenzregister entbehrlich wird.

Hinweis

Für GmbHs, die vor 2007 gegründet wurden, ist die elektronische Abrufbarkeit der Gesellschafterliste regelmäßig nicht gegeben. In diesen Fällen ist zur Erfüllung der geldwäscherechtlichen Pflichten eine Mitteilung an das Transparenzregister oder die elektronische Veröffentlichung der Gesellschafterliste über das Handelsregister erforderlich, sofern natürliche Personen mittelbar oder unmittelbar mehr als 25 % der Kapitalanteile oder Stimmrechte innehaben. Da eine Pflichtverletzung mit Bußgeldern sanktioniert wird und dieser Verstoß veröffentlicht wird, sollten betroffene Unternehmen schnellstmöglich überprüfen, ob in ihrem jeweiligen Einzelfall eine (ergänzende) Mitteilung an das Transparenzregister erforderlich ist.

3.4 Ausblick

Am 7.5.2020 hat die **Europäische Kommission** einen **Aktionsplan** vorgelegt, um den Kampf gegen Geldwäsche und Terrorismusfinanzierung noch weiter zu verstärken und Schwächen des derzeitigen Systems zu beseitigen. Der Aktionsplan verfolgt das Ziel, die EU-Vorschriften stärker zu harmonisieren. Zudem sollen die Vorschriften besser überwacht und die Koordination zwischen den Behörden der Mitgliedstaaten verbessert werden. Dazu soll u.a. ein einheitliches EU-Regelwerk vorgelegt, ein Koordinierungs- und Unterstützungsmechanismus für die zentralen Meldestellen der Mitgliedstaaten eingerichtet und der Informationsaustausch zur Durchsetzung der strafrechtlichen Bestimmungen auf EU-Ebene verbessert werden. Konkrete Vorschläge sollen im ersten Quartal 2021 vorlegt werden.

4 Informationsschutz im Lichte von DSGVO, Geschäftsgeheimnisgesetz und COVID-19

4.1 Abgrenzung DSGVO und GeschGehG

I.R.d. Informationssicherheit sind Geheimnisschutz und Datensicherheit voneinander abzugrenzen. So befasst sich der Geheimnisschutz mit der Sicherung von geschäftskritischen Betriebsdaten, wohingegen die Datensicherheit einem missbräuchlichen Gebrauch von personenbezogenen Daten entgegenwirkt.

Die **Informationssicherheit** wird durch verschiedene Regularien bestimmt, insbesondere durch das Geschäftsgeheimnisgesetz für sensitive Betriebsinformationen sowie durch die Datenschutz-Grundverordnung (**DSGVO**) zum Schutz personenbezogener Daten. Ggf. finden auch branchenspezifische Anforderungen Anwendung, die im Folgenden nicht näher betrachtet werden (z.B. bei kritischen Infrastrukturen oder in der Finanzbranche).

Das Gesetz zum Schutz von Geschäftsgeheimnissen (**GeschGehG**) betrifft sämtliche Informationen, wie etwa Kundenlisten, Rezepturen (bspw. Softgetränke) oder Prozess-Know-how in der chemischen Industrie (bspw. Flüssigkristalle), die nicht von dem klassischen IP-Recht (MarkenG, PatentG, UrhG) abgedeckt werden. Im Vergleich zur DSGVO, die lediglich auf Informationen anwendbar ist, die das Merkmal von personenbezogenen Daten erfüllen (Art. 4 Nr. 1 DSGVO), können Informationen nach dem GeschGehG sowohl personenbezogene Daten (Kundenlisten) als auch nicht-personenbezogene Daten sein, solange sie Anforderungen des Geschäftsgeheimnisses erfüllen (§ 2 Nr. 1 GeschGehG).

4.1.1 Informationsschutz unter DSGVO

Gemäß der seit dem 25.5.2018 geltenden DSGVO sind sämtliche Informationen zu schützen, wenn diese personenbezogene Daten darstellen. Die datenschutzrechtlichen Anforderungen umfassen sowohl Anforderungen an die Datenverwendung (bspw. eine entsprechende Rechtsgrundlage) als auch an die Datensicherheit. Der Schutzzweck ist die **Privatheit**, namentlich, dass etwa Kunden oder Bürger vor unzulässigen Verarbeitungen ihrer personenbezogenen Daten durch Unternehmen oder den Staat geschützt werden.

Für sämtliche Datenschutz-Prozesse sind insbesondere für die Datensicherheit folgende **Anforderungen** umzusetzen:

- Implementierung von technischen und organisatorischen Maßnahmen gem. Art. 32 DSGVO zur Sicherheit der Verarbeitungen (bspw. Pseudonymisierung oder Verschlüsselung)
- Risikobewertung der Verarbeitungsprozesse sowie Durchführung einer Datenschutz-Folgenabschätzung (bspw. bei besonders sensiblen Daten wie etwa Gesundheitsdaten)
- Implementierung eines Prozesses für den Umgang mit Datenschutzverstößen
- Aufbau eines datenschutzrechtlichen Vertragsmanagements sowie entsprechender Abschluss sämtlicher Datenschutzverträge (u.a. Auftragsverarbeitungsverträge) zum Nachweis einer sicheren Datenverarbeitung durch den Dienstleister
- Aufbau einer gesamthaften *Data Governance* u.a. zur Identifizierung relevanter datenschutzrechtlicher Geschäftsprozesse sowie entsprechende interne Dokumentation dieser

4.1.2 Informationsschutz gem. GeschGehG

Mit der Umsetzung der europäischen „Know-how-Richtlinie" (EU) 2016/943 sorgt das GeschGehG, das am 26.4.2019 in Kraft getreten ist, für größere Rechtssicherheit und für eine Harmonisierung zur EU-weiten Durchsetzung von Rechtsansprüchen (Schadensersatz, Unterlassung, Vernichtung etc.) aus der Verletzung von Geschäftsgeheimnissen. Zuvor war dies in § 17 UWG geregelt.

Gesetzeszweck ist die **Schützbarkeit von Betriebsgeheimnissen**, also Informationen, die nur dem Unternehmen bekannt sind und für dieses einen wirtschaftlichen Wert haben können.

Entsprechend sieht das GeschGehG keine Pflicht zum Schutz von Geschäftsgeheimnissen vor. Möchte sich der Geschäftsgeheimnisinhaber jedoch auf Geheimnisschutz berufen, etwa um gegen die Verwendung von abgeflossenem Know-how vorzugehen, so ist wichtigste Voraussetzung (und auch wichtigste gesetzliche Neuerung) für eine erfolgreiche Rechtsdurchsetzung der gerichtsfeste Nachweis, dass das Unternehmen einen adäquaten technischen und organisatorischen Geheimnisschutz sichergestellt hat. Ein vermuteter Geheimhaltungswille allein ohne ergriffene Schutzmaßnahmen reicht nicht aus.

Der Geheimnisinhaber hat **spezifische technische und organisatorische Maßnahmen** (TOM) zum Geheimnisschutz zu implementieren und diese in einem Schutzkonzept nachzuweisen. Dazu gehören bspw. die Klassifizierung von Know-how und die Zuordnung von Berechtigungen an die jeweiligen Arbeitnehmer oder die Implementierung von Zugriffsbeschränkungen, Passwörtern und Zugangscodes.

Es sind auch vertragliche Schutzmechanismen vorzusehen, die das von Gesetzes wegen grundsätzlich zulässige *Reverse Engineering* ausschließen und so einen ungewollten Informationsabfluss verhindern.

4.2 Umsetzung Informationssicherheit insbesondere durch IT-Sicherheit (*Cyber-Security*)

Ungeachtet der verschiedenen Anwendungsbereiche von DSGVO und GeschGehG haben die Regelungen im Ergebnis für den Informationsschutz eines gemeinsam: Der Geheimnisinhaber sowie der datenschutzrechtlich Verantwortliche haben beide TOMs umzusetzen. Dabei spielt der technische Aspekt, die IT-Sicherheit, eine herausragende Rolle.

Betrachtet man hierzu die in der jüngsten Vergangenheit erteilten Datenschutz-Bußgelder, waren technische Sicherheitslücken unter den **Top 2 der Gründe für die Bußgeldverhängung** gemessen an der Anzahl der Vergehen (aktuell: 77 geahndete Vergehen). Bezogen auf die akkumulierten Bußgeldsummen (aktuell: 335.159.507 EUR) war es der wichtigste Grund und somit das Feld mit dem höchsten Bedrohungspotenzial für Unternehmen.

Mit der ISO 2700x-Reihe existieren **Standards für die Etablierung und Zertifizierung eines Informationssicherheitsmanagements**, an denen sich Unternehmen für ihre TOMs orientieren können. Weiter baut die ISO 27701 auf dem Standard für die Informationssicherheit auf und erweitert ISO 27001 um spezifische Datenschutzaspekte. Aus sektorspezifischen Vorgaben können sich besondere zusätzliche

Anforderungen an den Informationsschutz ergeben. Etwa bei kritischen Infrastrukturen (IT-Sicherheitsgesetz) oder bei Finanzdienstleistern (Bankgeheimnis, BAIT).

4.3 Informationsschutz im Zusammenhang mit COVID-19

Im Kontext der COVID-19-Pandemie haben sich viele Unternehmen für das mobile Arbeiten von Zuhause entschieden. Um sämtlichen Anforderungen der DSGVO sowie des GeschGehG nachzukommen und weiterhin die Vertraulichkeit, Verfügbarkeit und die Integrität der einzelnen Verarbeitungen zu gewährleisten, sind entsprechende Maßnahmen umzusetzen. Insbesondere bei der Einführung neuer Technologien zum **mobilen Arbeiten** sind (datenschutz-)rechtliche **Sicherheitsanforderungen** zu berücksichtigen. So sollten bei etwaigen Implementierungen u. a. **folgende Schritte** durchlaufen und berücksichtigt werden:

- Datenschutzrechtliche Risikoanalyse und -bewertung der neuen Technologien (aus verschiedenen Schutzziel-Perspektiven)
- Umsetzung von Datenschutz durch Technikgestaltung und durch datenschutzfreundliche Voreinstellungen (*Privacy by Design* und *Privacy by Default*)
- Einhaltung von (Datenschutz-)Rechten der Betroffenen
- vertragliche Absicherungen und Schutzmechanismen

Der **Umgang mit Informationen** im Homeoffice sollte **klaren Regelungen** unterliegen, die transparent und eindeutig an den **Mitarbeiter** kommuniziert sind. Dazu gehört, dass die Zugänglichkeit von sensiblen Informationen einzuschränken und so einem unrechtmäßigen Zugriff bspw. durch Mitbewohner entgegenzuwirken ist. Neben technischen Maßnahmen zur IT-Sicherheit haben Mitarbeiter auch organisatorische Anforderungen einzuhalten, wie bspw. die ordnungsgemäße Vernichtung von Informationen in Papierform.

Im Umgang mit der COVID-19-Pandemie haben aber nicht nur die Mitarbeiter Vorgaben des Arbeitgebers einzuhalten. Umgekehrt trifft den **Arbeitgeber** eine **Fürsorgepflicht**, wozu auch die Durchsetzung von Hygienevorschriften und Maßnahmen gegen die Verbreitung von Krankheiten gehört. Dieser Pflicht kann ein Unternehmen nachkommen, indem es z. B. Desinfektionsmittel oder Atemschutzmasken verteilt und Hygieneempfehlungen gibt. Dazu zählen auch eine Umgestaltung des Raumkonzepts, sodass Mindestabstände eingehalten werden können, sowie vermehrte Reinigungsmaßnahmen.

Bei diesen **Maßnahmen zum Gesundheitsschutz** (bspw. Dokumentation der Anwesenden bei Treffen oder im Büro) müssen Unternehmen **datenschutzrechtliche Anforderungen** berücksichtigen, denn auch dort werden personenbezogene Daten verarbeitet. Nach der DSGVO sind Gesundheitsdaten eine besonders schützenswerte Kategorie mit erhöhten Rechtfertigungsanforderungen an Datenverarbeitung und Datensicherheit. Der Bundesbeauftragte für Datenschutz und Informationsfreiheit sieht jedoch Art. 9 Abs. 2 Buchst. b DSGVO i.V.m. § 26 Abs. 3 Satz 1 BDSG grundsätzlich als Rechtfertigung für die Erhebung von Gesundheitsdaten am Arbeitsplatz zur Bekämpfung von COVID-19. Trotzdem sind einzelne Gesundheitsmaßnahmen, wie etwa das Fiebermessen an der Pforte, im Einzelfall juristisch detailliert zu bewerten und (datenschutzrechtlich) risikoreduzierende Maßnahmen zu definieren, umzusetzen und nachzuhalten.

5 Datenschutz – es wird ernst!

5.1 Anwendung eines neuen Bußgeldmodells durch die Aufsichtsbehörden

Auf Basis der EU-Datenschutz-Grundverordnung (DSGVO), die im Mai 2018 in Kraft getreten ist, drohen Unternehmen bei Datenschutzverstößen Bußgelder von bis zu 20 Mio. EUR oder bis zu 4 % ihres weltweiten Jahresumsatzes (je nachdem, was höher ist). Entsprechende Bußgelder sind durch Datenschutzaufsichtsbehörden zu verhängen und gerichtlich überprüfbar.

Um hier mehr Transparenz und Einheitlichkeit sicherzustellen, haben sich die Behörden im Juni 2019 in der Konferenz der Datenschutzaufsichtsbehörden des Bundes und der Länder (DSK) auf ein neues **Modell zur Berechnung von Bußgeldern** verständigt, dem folgende Berechnungsmethode zugrunde liegt: Zunächst wird ein sog. Tagessatz ermittelt, der sich am globalen Jahresumsatz des betroffenen Unternehmens orientiert. Dieser ist sodann mit einem je nach Schwere und Art des Verstoßes zu ermittelnden Faktor zu multiplizieren. Die Faktoren reichen von 1 bis zu 14,4. Bei Vorsatz sieht das Modell einen Aufschlag von 50 % und bei wiederholten Verstößen von bis zu 300 % vor. Unternehmen können durch Kooperation mit den Aufsichtsbehörden oder Sachverhaltsaufklärung das Bußgeld mildern. Die Methodik des neuen Bußgeldmodells weist erhebliche Parallelen zu den Bußgeldleitlinien des Bundeskartellamtes auf.

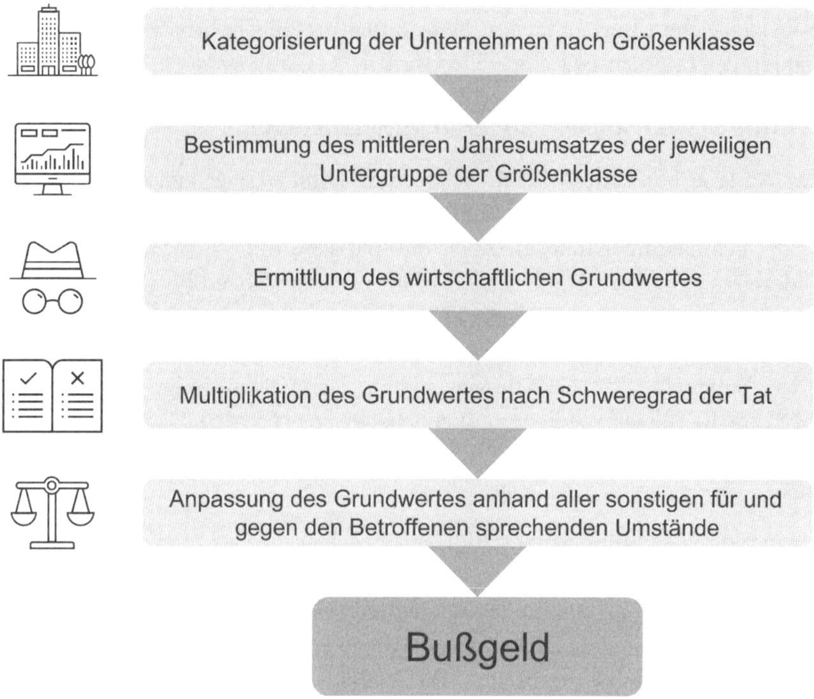

Abb. 4: *Wesentliche Schritte der Bußgeldberechnung nach DSK-Modell*

5.2 Verhängte Sanktionen in Deutschland

In Deutschland wurden inzwischen erste Bußgelder verhängt. So wurde eine Krankenkasse, die Daten von Gewinnspielteilnehmern auch ohne deren Zustimmung zu Werbezwecken verwendet hatte, mit einer Geldbuße i.H.v. 1,24 Mio. EUR vom Landesbeauftragten für Datenschutz und Informationsfreiheit **Baden-Württemberg** belegt. Durch ein konstruktives Mitwirken bei der Aufklärung des Sachverhaltes sowie die sofortige Einstellung der vertrieblichen Maßnahmen bei Bekanntwerden des Rechtsverstoßes, konnten höhere Sanktionen wohl verhindert werden.

In **Berlin** verhängte die dortige Datenschutzaufsicht bereits im August des Jahres 2019 ein Rekordbußgeld in zweistelliger Millionenhöhe. Hier hatte eine Immobiliengesellschaft gegen die DSGVO verstoßen und ein Bußgeldbescheid i.H.v. 14,5 Mio. EUR erhalten. Das Unternehmen hat ohne eine Prüfung der Zulässigkeit sowie der Erforderlichkeit personenbezogene Mieterdaten für einen unbestimmten Zeitraum gespeichert und archiviert. So konnten persönliche Angaben auch noch nach Jahren des Zweckentfalls eingesehen werden.

5.3 Hohe Strafen auch in anderen Mitgliedstaaten

Was im Ausland auf Unternehmen zukommen könnte, zeigt ein Blick über die Grenze. **Frankreich** verhängte im Januar 2019 eine Strafe von 50 Mio. EUR gegen einen US-Suchmaschinenanbieter. Auch die **britische** Aufsichtsbehörde kündigte Bußgelder gegen eine britische Fluggesellschaft von 183 Mio. GBP sowie gegen eine US-amerikanische Hotelkette von 99 Mio. GBP an. Der Fall der Hotelkette verdeutlicht, dass Unternehmen bei Transaktionen in ihrer *Due Diligence* verstärkt auch den Datenschutz berücksichtigen sollten. Denn unentdeckte Datenschutzmängel beim Kaufobjekt bedeuten erhebliche Risiken für den Erwerber. In dem betreffenden Fall waren durch eine Datenpanne weltweit rund 339 Mio. Gästedaten betroffen.

Neben einer direkten Strafe der zuständigen Aufsichtsbehörde können **auch öffentliche Reputationsschäden** eintreten. Unternehmen sollten Compliance in Sachen Datenschutz daher nicht als bloße Vermeidung von Sanktionen verstehen. Mit Blick auf die fortschreitende Digitalisierung wird Compliance auch Teil der Unternehmensstrategie – Stichwort: *Business Enabler* und *Digital Trust.*

5.4 Was bedeutet das für Unternehmen? – Eine Beispielrechnung

Nehmen wir bspw. an, ein Unternehmen X (Vorjahresumsatz: 51 Mio. EUR) beauftragt für die Lohnabrechnung seiner Mitarbeiter einen entsprechenden Dienstleister Y. X schließt zur Absicherung der Auftragsdatenverarbeitung durch Y jedoch keinen entsprechenden Datenschutzvertrag nach Art. 28 DSGVO ab und unterlässt es auch sonst bewusst, Datenschutzmaßnahmen nach Art. 32 DSGVO umzusetzen. Die zuständige Datenschutzbehörde erlässt nach Beschwerden betroffener Mitarbeiter ein Bußgeld gegen X, da diese sich auf die vorherige Aufforderung zur Stellungnahme auch nicht kooperativ zeigte.

Die **Höhe des Bußgeldes** bestimmt sich wie folgt:

Im **ersten Schritt** wird X aufgrund des Vorjahresumsatzes in die Größenklasse D.I (Großunternehmen) kategorisiert. Großunternehmen sind Unternehmen mit einem Jahresumsatz von 50 bis 75 Mio. EUR.

Damit ergibt sich im **zweiten Schritt** ein vorgeschriebener mittlerer Jahresumsatz für Großunternehmen X von 62,5 Mio. EUR.

Im **dritten Schritt** wird für die Ermittlung des wirtschaftlichen Grundwertes ein Tagessatz von 173.611 EUR berechnet (62,5 Mio. EUR / 360 Tage).

Im **vierten Schritt** ist der Tagessatz mit einem Faktor für den Schweregrad des Vergehens zu multiplizieren. Der Faktor bestimmt sich dabei nach der Einordnung des Vergehens entsprechend seiner „Art und Weise" (vgl. Art. 83 Abs. 2, 4, 5 DSGVO). Vorliegend handelt es sich um Verstöße, die mit bis zu 10 Mio. EUR oder 2 % des gesamten weltweit erzielten Vorjahresumsatzes geahndet werden können. Zudem ist zu berücksichtigen, dass es sich um personenbezogene Daten handelt, die in einem besonderen Vertrauensverhältnis zwischen Arbeitgeber und Arbeitnehmer verarbeitet werden und die ebenfalls besonders schützenswert sind (ggf. Gesundheitsdaten der Mitarbeiter, Konfession für Kirchensteuer, Finanzdaten für die Lohnabrechnung). Auch ist aufgrund der (hier angenommenen) fehlenden Kooperation des Unternehmens X und der (hier angenommenen) bewussten Nichtumsetzung von Datenschutzmaßnahmen von einem höheren Verschulden auszugehen. Entsprechend ist auf einer Schwereskala von „Leicht" bis „Sehr schwer" ein schwerer Verstoß anzunehmen. Bei einem formellen Verstoß entspricht dies mindestens einem Faktor von 6. Dies führt zu einer Bußgeldzwischensumme von ca. 1,04 Mio. EUR (6 × 173.611 EUR). Dies entspricht 2 % des Vorjahresumsatzes.

Im **letzten Schritt** ist das Bußgeld dann den sonstigen Umständen, die für oder gegen X sprechen, anzupassen. Hier käme es darauf an, ob die Behörde Vorsatz annimmt, was bei bewusstem Unterlassen naheliegt, womit das Bußgeld mit einem etwaigen Aufschlag von regelmäßig 50 % erhöht wird, um auch einen abschreckenden Charakter zu haben, wie es Art. 83 Abs. 9 Satz 2 DSGVO vorsieht.

Im Endergebnis kann somit ein Bußgeld i. H. v. mehr als 1,56 Mio. EUR (mehr als 3 % des Vorjahresumsatzes, aber weniger als 10 Mio. EUR für formelle Verstöße) drohen.

5.5 Schlussfolgerungen für Unternehmen

Die Aufsichtsbehörden haben ihre Aktivitäten bei Sanktionen deutlich erhöht und verhängen auch in Deutschland abschreckende Bußgelder. Unternehmen sind entsprechend angehalten, eine **nachhaltige Datenschutz-Compliance zu gewährleisten und regelmäßig zu überprüfen.**

Entsprechend hat das IDW im Juni 2019 den Prüfungshinweis *Prüfung der Grundsätze, Verfahren und Maßnahmen nach der EU-Datenschutz-Grundverordnung und dem Bundesdatenschutzgesetz* (**IDW PH 9.860.1**) herausgegeben. Dieser ist aus dem IDW PS 860 für die IT-Prüfung außerhalb der Abschlussprüfung abgeleitet. Daneben kann auch der IDW PS 980 zur Prüfung von Compliance-Management-Systemen als Richtschnur dienen.

Unternehmen sollten sich in der Kommunikation mit Datenschutzaufsichtsbehörden in jedem Fall kooperativ und kompetent zeigen, da dies – wie gesehen – erhebliche Auswirkungen auf die Bußgeldberechnung hat.

6 Bundesregierung treibt Unternehmensstrafrecht entschlossen voran

Im internationalen Vergleich stellt sich das geltende deutsche Sanktionsrecht für Unternehmen als relativ schwach bzw. wenig ausgeprägt dar. Dies ist sicherlich eine Ursache dafür, dass die Koalitionspartner dieses Thema bereits im Koalitionsvertrag v. 12.3.2018 aufgegriffen und ihre Absichten zu diesem Thema fixiert hatten.

Eine konkrete Umsetzung ließ jedoch zunächst auf sich warten. Ein erster (nichtöffentlicher) Regelungsvorschlag des Bundesministeriums der Justiz und für Verbraucherschutz (BMJV) für das neue Unternehmensstrafrecht war im August 2019 bekannt geworden und führte in Fachkreisen zu einer lebhaften Debatte und erheblicher Kritik an den einzelnen Regelungen, die eingeführt werden sollten.

Offiziell wurde erst am 21.4.2020 vom BMJV der Referentenentwurf zum sog. **Verbandssanktionengesetz** (Gesetz zur Stärkung der Integrität in der Wirtschaft, VerSanG-E) veröffentlicht. Dieser Referentenentwurf wurde sodann am 16.6.2020 nahezu unverändert vom Bundeskabinett als Regierungsentwurf beschlossen. Die von verschiedenen Verbänden bis zum Ablauf der Anhörungsfrist am 12.6.2020 erneut vorgetragenen umfangreichen Bedenken wurden dabei nicht berücksichtigt. Ob und welche Änderungen der Entwurf noch erfährt, wird sich daher erst nach der Sommerpause im parlamentarischen Gesetzgebungsverfahren zeigen. Es ist damit zu rechnen, dass das Gesetz Ende 2020 oder Anfang 2021 verabschiedet wird.

6.1 Anwendungsbereich des Verbandssanktionengesetzes

Das Verbandssanktionengesetz soll für solche „**Verbände**“ gelten, deren Zweck auf einen wirtschaftlichen Geschäftsbetrieb gerichtet ist. Damit werden die neuen

Regelungen Anwendung auf die überwiegende Anzahl von Unternehmen der Privatwirtschaft in unterschiedlichen Rechtsformen finden, nicht jedoch auf z.B. Vereine und andere Verbände, die vorrangig gemeinnützige Zwecke verfolgen; diese sind vom Anwendungsbereich der besonderen Sanktionen ausgenommen, sie unterliegen aber weiterhin den Regelungen des Ordnungswidrigkeitengesetzes (OWiG).

Inhaltlich sanktioniert werden sollen sog. **Verbandstaten**. Dies sind gem. § 2 Abs. 1 Nr. 3 VerSanG-E solche Straftaten, durch die Pflichten, die den Verband betreffen, verletzt worden sind oder durch die der Verband bereichert wurde bzw. werden sollte.

Daher können verschiedenste Delikte aus dem Bereich des Strafrechts sog. Verbandstaten darstellen, z.B. Vermögens- oder Steuerdelikte, Umweltdelikte, Korruptionsdelikte und Straftaten gegen den Wettbewerb. Keine Verbandstat ist hingegen eine Straftat gegen das Unternehmen selbst, die z.B. von einem Mitarbeiter oder einer Führungskraft begangen wird.

Begangen werden muss die Tat gem. § 3 Abs. 1 VerSanG-E von einer Leitungsperson oder von sonstigen Personen des Unternehmens, wenn sie Angelegenheiten des Verbandes wahrnehmen und die Straftat durch angemessene Vorkehrungen hätte verhindert oder wesentlich erschwert werden können.

6.2 Inhalte des Verbandssanktionengesetzes

Zentrales Element des Verbandssanktionengesetzes, das Änderungen bei einer Vielzahl von Gesetzen vorsieht, ist die Schaffung eines **Sanktions-Instrumentariums**, mit dem die bisherigen Mechanismen des OWiG ergänzt und auf eine neue Stufe gestellt werden.

Nach aktueller Rechtslage können Straftaten, die von Mitarbeitern von Unternehmen begangen werden, gegenüber dem Unternehmen selbst lediglich mit einer Geldbuße nach dem OWiG geahndet werden. Solche Geldbußen sind gem. § 30 OWiG auf einen Höchstbetrag von 10 Mio. EUR begrenzt. Durch die Regelung im Ordnungswidrigkeitenrecht liegt es zudem im Ermessen der Behörden, ob sie die Tat überhaupt aufgreifen und gegen das Unternehmen selbst vorgehen (sog. Opportunitätsprinzip).

U.a. an diesen beiden Stellen setzt der Gesetzentwurf an und soll erstmals eine originär im Strafrecht verortete Sanktionierung von Unternehmen ermöglichen. Wesentliche Neuerung, die zugleich einen erheblichen Kritikpunkt darstellt, ist die hohe Verbandsgeldsanktion, die bei Unternehmen mit einem Jahresumsatz von mehr als 100 Mio. EUR bis zu 10 % des durchschnittlichen Jahresumsatzes betragen kann.

Ferner ist die **Abkehr vom Opportunitätsprinzip** vorgesehen, sodass Staatsanwaltschaften und sonstige Verfolgungsbehörden nach dem Legalitätsprinzip eine zwingende Verpflichtung zur Eröffnung von Ermittlungsverfahren gegen Unternehmen haben. Auch hiergegen mehrt sich inzwischen Kritik. Es wird nämlich befürchtet, dass insbesondere diese zwingende Ermittlung gegen Unternehmen die Justiz überfordern könnte, wenn die Bundesländer ihre Staatsanwaltschaften, Gerichte und Polizeibehörden nicht massiv verstärken. Da bereits heute die Staatsanwaltschaften jährlich etwa 150.000 Verfahren gegen Manager oder Firmenmitarbeiter erledigen, könnte sich die Zahl der Verfahren erheblich erhöhen, wenn künftig in etwa jedem 2. Fall auch Sanktionen gegen die Firmen selbst geprüft werden müssen.

Das Gesetz will aber nicht erst bzw. nur auf der Ebene von Sanktionen ansetzen, sondern deutlich früher, sodass Korruption bzw. entsprechende Mechanismen im Keim erstickt werden oder erst gar nicht entstehen können. Um dieses Ziel zu erreichen, soll ein gesetzlicher Rahmen für Unternehmen geschaffen werden, der es ermöglicht, interne Ermittlungen (sog. *Internal Investigations*) umfassend und konsequent durchzuführen. Dies soll mittels der **Einführung arbeitsgesetzlicher Regelungen** erfolgen, die Unternehmen berechtigen sollen, bei Vorliegen eines Korruptionsverdachts eigene Ermittlungen gegen den betroffenen Mitarbeiter anzustellen. Ermöglicht werden soll dies durch bestimmte Überwachungsinstrumente und die Zulässigkeit der Durchführung von Befragungen bis hin zur Verhängung von Sanktionen. Flankiert werden diese Regelungen durch die Erweiterung von Beschlagnahmeverboten, damit für die verbandsinternen Ermittlungen Rechtssicherheit besteht.

Letztlich sollen Unternehmen, die **effektive Strukturen zur Prävention und Verhinderung von Korruption** einführen, also über geeignete Risikomechanismen und Compliance-Management-Systeme verfügen, hiervon profitieren können. Insoweit ist vorgesehen, dass die Sanktionen gegen solche Unternehmen nur in einem reduzierten Umfang angewendet werden, wenn ein Korruptionsfall durch *Internal Investigations* und nicht erst durch staatsanwaltschaftliche Ermittlungen ans Licht gebracht wird und das Unternehmen mit den Ermittlungsbehörden zusammenarbeitet. Dies betrifft sowohl die Entscheidung über die Höhe der Sanktion als auch die Entscheidung über eine Verwarnung, über Auflagen oder die Einstellung wegen Geringfügigkeit.

6.3 Ausblick

Es ist davon auszugehen, dass das Unternehmenssanktionsrecht in jedem Fall eingeführt wird. Nach dem derzeitigen Entwurf soll das Gesetz 2 Jahre nach

Verabschiedung in Kraft treten. Diese lange Frist soll v.a. dazu dienen, den Behörden und den Unternehmen genügend Zeit für die Umsetzung einzuräumen. Sofern das Gesetz daher Ende 2020/Anfang 2021 verabschiedet wird, ist von der Geltung der neuen Regelung ab ca. Anfang 2023 zu rechnen. Auch wenn trotz des Vorliegens des Gesetzesentwurfes noch eine Reihe von Einzelfragen zu beantworten sein wird, ist klar, dass **künftig noch größerer Wert auf ein implementiertes und gut funktionierendes Compliance-Management-System** gelegt werden sollte. Dieses bringt den Unternehmen erhebliche Vorteile, nicht nur bei der Vermeidung von Compliance-Verstößen, insbesondere im Bereich der Korruption, sondern auch bei der eventuellen Strafzumessung. Soweit daher noch kein Compliance-Management-System eingerichtet ist, sollten Unternehmen dies jetzt nachholen, auch und gerade im Mittelstand. Die künftig möglichen „Höchststrafen" von bis zu 10 % des Umsatzes, ähnlich des geltenden kartellrechtlichen Rahmens, sowie die möglichen „Rabatte" für intern aufgedeckte Korruptionsfälle sind dafür gute Argumente.

7 EU-Mobilitätsrichtlinie – Grenzüberschreitende Umwandlungen

Die von der primärrechtlichen Niederlassungsfreiheit verbürgte grenzüberschreitende Mobilität gilt seit jeher nicht nur für natürliche Personen, sondern auch für Unternehmen (vgl. Art. 49, 54 AEUV). Gleichwohl scheiterten grenzüberschreitende Umwandlungsvorhaben oftmals an bestehenden rechtlichen und administrativen Hürden in den EU-Mitgliedstaaten. Diese Schwierigkeiten nahm der europäische Gesetzgeber zum Anlass, einen unionsrechtlichen Rahmen für grenzüberschreitende Verschmelzungen zu setzen (Verschmelzungsrichtlinie 2005/56/EG). Zudem stellte der Europäische Gerichtshof mit seinen Entscheidungen in den Rechtssachen „Cartesio", „VALE" und zuletzt „Polbud" klar, dass die Niederlassungsfreiheit auch grenzüberschreitende Formwechsel umfasst. Gleichwohl fehlte bislang hierfür sowie für grenzüberschreitende Spaltungen ein verlässlicher Rechtsrahmen. Abhilfe soll insoweit die zum 1.1.2020 in Kraft getretene sog. **Mobilitätsrichtlinie** (Richtlinie (EU) 2019/2121) schaffen. Diese modifiziert zudem die zuletzt 2017 geänderten Vorschriften für grenzüberschreitende Verschmelzungen (vgl. Gesellschaftsrechtsrichtlinie (EU) 2017/1132), sodass künftig für alle Umwandlungsarten inhaltlich im Wesentlichen dieselben Regeln gelten. Die Mobilitätsrichtlinie ist Teil des sog. *Company Law Package* der Kommission und von den Mitgliedstaaten **bis zum 31.1.2023 in nationales Recht** umzusetzen.

7.1 Grenzüberschreitende Spaltungen und Formwechsel

Hinweis
Die in diesem Abschnitt verwendete Terminologie orientiert sich an der Mobilitätsrichtlinie (Richtlinie (EU) 2019/2121), die indes nicht dem Umwandlungsgesetz entspricht.

Europäischen Kapitalgesellschaften – die Richtlinie findet auf Personengesellschaften keine Anwendung – steht mit der Umsetzung der Mobilitätsrichtlinie die Möglichkeit offen, ihr Gesellschaftsvermögen vollständig bzw. teilweise auf eine neugegründete Gesellschaft in einem anderen Mitgliedstaat zu übertragen (grenzüberschreitende Spaltung zur Neugründung). Nicht kodifiziert wurde dagegen die weitere Gestaltungsvariante, das Vermögen auf einen bereits in einem anderen Mitgliedstaat bestehenden Rechtsträger zu übertragen (grenzüberschreitende Spaltung zur Aufnahme). Im Übrigen entsprechen die von der Richtlinie vorgesehenen Spaltungsvarianten dem deutschen Umwandlungsrecht, das zwischen Aufspaltung, Abspaltung und Ausgliederung unterscheidet.

7.2 Schutz der Arbeitnehmermitbestimmung

Grundsätzlich unterliegt jede im Zuge der Umwandlung neu entstehende Gesellschaft (Spaltung) und auch die aus einer Umwandlung hervorgehende Gesellschaft (Formwechsel und Verschmelzung) dem Mitbestimmungsrecht des Staates, in dem sie ihren Satzungssitz hat („Zuzugsmitgliedstaat"). Anderes gilt, wenn die jeweilige Gesellschaft in den 6 Monaten vor der Veröffentlichung des Umwandlungsplans eine durchschnittliche Zahl von Arbeitnehmern beschäftigt, die mindestens 80 % des Schwellenwerts entspricht, der nach dem Recht des „Wegzugsmitgliedstaats" eine Arbeitnehmermitbestimmung auslösen würde. In diesem Fall greift das – von SE-Gründung und grenzüberschreitender Verschmelzung bereits bekannte – „europäische Mitbestimmungsregime" bestehend aus Verhandlungsmodell und Auffanglösung. Bei **deutschen Gesellschaften** kommt dieses bereits dann zur Anwendung, wenn mehr als 400 Arbeitnehmer im Inland beschäftigt werden und somit 80 % des für eine Drittelbeteiligung erforderlichen Schwellenwerts erreicht sind.

Verhandlungsmodell und Auffanglösung sind auch dann anzuwenden, wenn das Mitbestimmungsrecht des Zuzugsmitgliedstaats nicht den gleichen „Umfang" – was wohl quantitativ zu verstehen ist – an Arbeitnehmermitbestimmung vorsieht, wie er in der Gesellschaft vor der grenzüberschreitenden Umwandlung bestand. Erfasst werden zudem „Diskriminierungsfälle", d.h. wenn das Mitbestimmungsrecht des Zuzugsmitgliedstaats für Arbeitnehmer in Betrieben der umgewandelten Gesellschaft, die sich in anderen Mitgliedstaaten befinden, nicht die gleichen Mitbestimmungsrechte vorsieht, wie sie Arbeitnehmern im Zuzugsmitgliedstaat gewährt werden. Diese Voraussetzung ist bei einem Zuzug nach Deutschland grundsätzlich erfüllt, denn bei der Prüfung der für Drittelbeteiligung und paritätische Mitbestimmung relevanten Schwellenwerte bleiben Mitarbeiter im Ausland unberücksichtigt.

Nur für grenzüberschreitende **Verschmelzungen** sieht die Richtlinie vor, dass vorab auf jegliche Verhandlungen verzichtet und direkt zur Auffanglösung übergegangen werden kann.

7.3 Schutz von Minderheitsgesellschaftern und Gesellschaftsgläubigern

Für alle Umwandlungsvarianten ist zum Schutz von **Minderheitsgesellschaftern** ein Austrittsrecht gegen Barabfindung vorgesehen, bei grenzüberschreitenden Verschmelzungen und Spaltungen soll zudem ein Anspruch auf Verbesserung des Umtauschverhältnisses bestehen. Ausgeschlossen ist demgegenüber eine Anfechtung des Zustimmungsbeschlusses der Gesellschafterversammlung allein wegen Bewertungsmängeln, wodurch eine Blockierung des Umwandlungsprozesses vermieden werden soll.

Gläubigern, die nachweisen können, dass durch die grenzüberschreitende Umwandlung die Befriedigung ihrer Forderungen gefährdet ist und sie keine angemessenen Sicherheiten von der umzuwandelnden Gesellschaft erhalten haben, können bei der zuständigen Behörde Sicherheiten beantragen. Den Mitgliedstaaten steht die Option offen, die Möglichkeit einer mit dem Umwandlungsplan abzugebenden (und ggf. strafbewehrten) „Solvenzerklärung" vorzusehen.

7.4 Vereinfachungen des grenzüberschreitenden Umwandlungsprozesses

Das für grenzüberschreitende Verschmelzungen oder SE-Gründungen bereits etablierte Verfahren der Abstimmung der Rechtsordnungen von Wegzugs- und Zuzugsmitgliedstaat wird i.R.d. Richtlinie für Spaltung und Formwechsel übernommen und punktuell vereinfacht. Grundbausteine für alle Umwandlungsvarianten sind der offenzulegende Umwandlungsplan, der Umwandlungsbericht mit Erläuterungen für Gesellschafter und Arbeitnehmer, die Prüfung des Umwandlungsplans und die Zustimmung der Gesellschafterversammlung(en).

Liegen diese Voraussetzungen vor, erfolgt eine **zweistufige Rechtmäßigkeitskontrolle** durch die zuständigen Behörden. Zunächst sind bei der Behörde im Wegzugsmitgliedstaat die erforderlichen Unterlagen einzureichen. Kommt diese zu dem Ergebnis, dass die Verfahrensformalitäten im Wegzugsmitgliedstaat erfüllt sind, erteilt die Behörde eine sog. Vorabbescheinigung. Die Vorabbescheinigung wird sodann an die zuständige Behörde im Zuzugsmitgliedstaat übermittelt, die an die mit deren Ausstellung einhergehende Feststellung der Ordnungsmäßigkeit des Verfahrens im Wegzugsmitgliedstaat gebunden ist. Zu prüfen bleibt lediglich, ob auch die nach dem Recht des Zuzugsmitgliedstaats erforderlichen Voraussetzungen erfüllt sind. Mit Wirksamwerden der Umwandlung gilt ein absoluter Bestandsschutz – sie kann nicht mehr für nichtig erklärt werden.

7.5 Vereinfachung grenzüberschreitender Umwandlungsvorhaben im Konzern

Die Richtlinie sieht zudem Erleichterungen für konzerninterne Umwandlungsvorhaben vor. So wird den Mitgliedstaaten die Option eingeräumt, Gesellschaften mit nur einem Gesellschafter von den Pflichten zur Erstellung eines Umwandlungsplans und dessen Prüfung zu befreien. Bei Konzernverschmelzungen sind zudem Barabfindungsangebot und Verschmelzungsbericht entbehrlich. Diese Vereinfachungen gelten auch für *side step merger* (die Verschmelzung von Schwestergesellschaften), jedenfalls wenn die Anteile der sich verschmelzenden Gesellschaften alle von derselben Person unmittelbar oder mittelbar gehalten werden. Für Ausgliederungen im Konzern entfallen des Weiteren die Pflichten bezüglich Spaltungsprüfung und -bericht, Gesellschafterschutz sowie hinsichtlich einzelner Angaben im Spaltungsplan.

7.6 Keine Anwendung auf Gesellschaften in „wirtschaftlichen Schwierigkeiten" und bei Missbrauch

Die Teilnahme an grenzüberschreitenden Umwandlungen soll Gesellschaften versagt bleiben, die sich in „**wirtschaftlichen Schwierigkeiten**" befinden. Hierzu zählen neben Kreditinstituten und Wertpapierfirmen im Anwendungsbereich der Abwicklungsrichtlinie (Richtlinie 2014/59/EU) auch sonstige Gesellschaften, die sich in Liquidation befinden und mit der Verteilung ihres Vermögens begonnen haben. Zudem können die Mitgliedstaaten von der Option Gebrauch machen, darüber hinaus Gesellschaften auszuschließen, die sich in einem Insolvenzverfahren, präventiven Restrukturierungsrahmen oder vergleichbaren Verfahren befinden.

Gleiches gilt, wenn die Umwandlung zu **missbräuchlichen, betrügerischen oder kriminellen Zwecken** erfolgen soll. Hierzu soll etwa die Umgehung von Arbeitnehmerrechten, Sozialversicherungszahlungen oder Steuerpflichten zählen. Unklar bleibt jedoch, wann etwa im Hinblick auf Arbeitnehmerrechte eine missbräuchliche Gestaltung zu bejahen ist, denn die Richtlinie sieht bereits umfassende Schutzinstrumente zugunsten der Arbeitnehmer(mitbestimmung) vor. Die Missbrauchskontrolle könnte insofern zur Rechtsunsicherheit beitragen – kommt die Behörde zu dem Ergebnis, dass der Umwandlung eine derartige Zielsetzung zugrunde liegt, hat sie die Ausstellung der Vorabbescheinigung zu versagen. Es bleibt indes abzuwarten, ob sich die Registergerichte neben der Prüfung der formellen Umwandlungsvoraussetzungen tatsächlich auch zu einer materiellen Missbrauchskontrolle berufen sehen.

7.7 Fazit

Insbesondere die Durchführung **grenzüberschreitender Umwandlungsvorhaben** im Konzern dürfte **in Zukunft deutlich einfacher** werden. Es sollte allerdings die konkrete Richtlinienumsetzung in den Rechtsordnungen der Mitgliedstaaten im Blick behalten werden, die bis zum 31.1.2023 erfolgt sein muss. Zu hoffen bleibt, dass die Mitgliedstaaten die „Umwandlungsfreiheit“ auch auf Personengesellschaften ausdehnen mögen.

8 Online gründen – Das EU-Gesellschaftsrecht wird digital

In der EU ist die **Richtlinie zum Einsatz digitaler Werkzeuge und Verfahren im Gesellschaftsrecht**, kurz DigiRL, Mitte 2019 in Kraft getreten. Sie ändert und ergänzt die bestehende Gesellschaftsrechtsrichtlinie im Hinblick auf den Einsatz digitaler Werkzeuge und Verfahren. Zu den wesentlichen Neuerungen zählt die Möglichkeit einer **Online-Gründung von Kapitalgesellschaften**. Das gilt jedoch nicht für Personengesellschaften wie die GmbH & Co. KG, die weiterhin nicht einfach per Internet angemeldet werden können. Den Mitgliedstaaten bleibt es zudem überlassen, diese Neuerung auf GmbHs zu beschränken und Sachgründungen dabei auszunehmen. Eine Online-Gründung soll grundsätzlich innerhalb eines Zeitraumes von 10 Arbeitstagen erfolgen – und binnen 5 Arbeitstagen, wenn die Gründer ausschließlich natürliche Personen sind und ein zur Verfügung gestelltes

Muster verwenden. Es bleibt abzuwarten, wie die Mitgliedstaaten ihr jeweiliges System der vorsorgenden Rechtspflege in Einklang mit den Richtlinienvorgaben digitalisieren werden. Schließlich geht es nicht nur um schnellere, sondern auch weiterhin sichere Gesellschaftsgründungen.

Die EU-Richtlinie beinhaltet eine **Option** für die einzelnen Mitgliedstaaten, an der umfassenden **Mitwirkung der Notare** auch bei Online-Gesellschaftsgründungen festzuhalten. Allerdings soll dies nicht verhindern, dass die Gründung vollständig online durchgeführt werden kann. Die physische Anwesenheit von Gründern vor einem Notar soll deshalb die Ausnahme werden. Sie soll nur im Einzelfall vorgeschrieben werden, wenn Anhaltspunkte für einen Verdacht auf Identitätsfälschung oder auf Verstöße gegen die Vorschriften über die Rechts- und Geschäftsfähigkeit und die Befugnis von Gründern, eine Gesellschaft zu vertreten, vorliegen. Aber auch in diesem Fall müssen alle sonstigen Gründungsschritte vollständig online abgeschlossen werden können. Ungeachtet dessen bleibt die Möglichkeit einer „analogen" Gesellschaftsgründung mit persönlichem Erscheinen vor einem Notar bestehen.

Hinweis

Die digitale Option soll Gesellschaftsgründungen in Europa einfacher, schneller und günstiger machen. Den Handlungsbedarf veranschaulicht ein Vergleich: In Estland, einem Mitgliedstaat mit direkter *Online-End-to-End*-Lösung für die Registrierung von Gesellschaften, ist vorgesehen, dass innerhalb eines Tages der Firmenname überprüft sowie der Antrag beim Handelsregister eingereicht und geprüft werden. In Deutschland dauert die Prozedur einschließlich gesetzlich vorgeschriebener notarieller Beurkundung des Gesellschaftsvertrags dagegen im günstigsten Fall 6 Tage. Und während die Gründung in Estland nur 145 EUR kostet, liegen die Kosten in Deutschland mindestens bei rund 450 EUR.

Weitere Änderungen bringt die DigiRL insbesondere hinsichtlich der Registerpublizität, der Online-Kommunikation mit den Registern sowie den sog. disqualifizierten Geschäftsführern. Die Mitgliedstaaten haben nun bis zum 1.8.2021 Zeit, die komplexen Regelungen in nationales Recht umzusetzen. Für den Fall von besonderen Schwierigkeiten besteht die Möglichkeit einer Fristverlängerung um bis zu ein Jahr. Einzelne Regelungen der DigiRL, etwa zum disqualifizierten Geschäftsführer, sind erst bis zum 1.8.2023 umzusetzen.

G Rechtsprechung zum Wirtschaftsrecht

1 Anschaffungskosten bei langfristiger unverzinslicher Kaufpreisverbindlichkeit (EuGH, Urteil v. 23.4.2020, C-640/17, Rechtssache „Wagram Invest")

Der EuGH hat sich in einem Urteil mit der Bemessung der Anschaffungskosten von Aktien befasst, wenn der Kaufpreis über einen längeren Zeitraum zinslos zu leisten ist.

Im Ausgangsverfahren ging es um eine belgische Gesellschaft, die von ihrem Geschäftsführer Aktien einer anderen Gesellschaft erworben hatte. Der Kaufpreis für die Aktien entsprach dem Anschaffungspreis, den der Verkäufer kurze Zeit zuvor entrichtet hatte. Der Kaufpreis war in 16 halbjährlichen Raten zahlbar. Eine Verzinsung wurde weder vereinbart noch entrichtet.

Gegenstand des Vorabentscheidungsersuchens vor dem EuGH war die Frage, ob die **Anschaffungskosten** für die erworbenen Aktien in Höhe des mit einem marktüblichen Zinssatz diskontierten Barwerts der Kaufpreisraten oder in Höhe ihres Nominalwerts anzusetzen waren.

Der EuGH entschied in seinem Urteil v. 23.4.2020 (C-640/17, Rechtssache „Wagram Invest"), dass nach dem Grundsatz der Bilanzwahrheit der Jahresabschluss ein den tatsächlichen Verhältnissen entsprechendes Bild der Vermögens-, Finanz- und Ertragslage vermitteln soll. Dieser Grundsatz müsse aber im Lichte des Grundsatzes der Bewertung der Jahresabschlussposten zu Anschaffungs- und Herstellungskosten verstanden werden. Demnach „stützt sich das den tatsächlichen Verhältnissen entsprechende Bild, das der Jahresabschluss einer Gesellschaft vermitteln muss, auf eine **Bewertung der Vermögensgegenstände** nicht aufgrund ihres tatsächlichen Werts, sondern aufgrund ihrer **ursprünglichen Kosten**".

Der EuGH bestätigt damit auch explizit seine – in der Literatur stark kritisierte – Rechtsprechung in der Rechtssache „GIMLE", wonach es für die Zugangsbewertung allein auf den tatsächlich vereinbarten Kaufpreis ankommt (vgl. EuGH-Urteil v. 3.10.2013, C-322/12). Inwiefern sich im Vorlagefall mögliche Konsequenzen aus einem Geschäft mit einer nahestehenden Person ergeben könnten (der Verkäufer war Geschäftsführer der erwerbenden Gesellschaft), lässt sich weder aus dem Sachverhalt ableiten noch wird dies vom EuGH näher thematisiert.

Unter Hinweis auf den Grundsatz *Substance over Form* zerlegt der EuGH den (rechtlich einheitlichen) Kauf der Aktien in seine 2 Bestandteile: zum einen in den Erwerb von Aktien und zum anderen in ein implizites Darlehensgeschäft. Die Differenz zwischen Kaufpreis und Barwert der Aktien bildet sodann nicht Anschaffungskosten der erworbenen Aktien, sondern entspricht dem Zins für die Erfüllung des Kaufpreises in Raten. Der EuGH bestätigt damit auch die in Deutschland h. M. (vgl. Schubert/Andrejewski, in Beck'scher Bilanz-Kommentar, 12. Aufl. 2020, § 253 HGB Rz. 66 f.; Pfirmann u. a., in Küting/Weber, Handbuch der Rechnungslegung – Einzelabschluss, 5. Aufl., EL 30, § 253 HGB Rz. 64; Winnefeld, Bilanz-Handbuch, 5. Aufl. 2015, Kap. E, Rz. 523).

Hinsichtlich der **Kaufpreisverbindlichkeit** sah der EuGH – dem belgischen Bilanzrecht entsprechend – eine Bewertung in Höhe des Nominalwerts und den Ansatz eines aktiven Rechnungsabgrenzungspostens in Höhe der Differenz zwischen Nominal- und Barwert als zulässig an. Für die Bilanzierung in Deutschland wird dagegen inzwischen überwiegend eine **Zugangsbewertung der Verbindlichkeit zum Barwert** gefordert, falls in den Nominalwerten ein verdeckter Zinsanteil enthalten ist (vgl. Pfirmann u. a., in Küting/Weber, Handbuch der Rechnungslegung – Einzelabschluss, 5. Aufl., EL 30, § 253 HGB Rz. 64; Prinz, DB 2020, S. 1426); danach sind die Bildung und Auflösung eines aktiven Rechnungsabgrenzungspostens obsolet. Eine Zugangsbewertung der Verbindlichkeit zum Nominalwert und der Ansatz eines Rechnungsabgrenzungspostens, wie sie in der älteren Kommentarliteratur noch für zulässig erachtet wurden (vgl. Adler/Düring/Schmaltz, Rechnungslegung der Unternehmen, 6. Aufl. 1995, § 253 HGB Rz. 82 f.), werden dagegen inzwischen abgelehnt.

Literatur

Prinz, Europäischer Grundsatz der Bilanzwahrheit – Gedanken zu EuGH vom 23.4.2020 in der Rechtssache Wagram Invest SA, DB 2020, S. 1424 ff.

2 Kompetenz der Gesellschafterversammlung zur Regelung der Geschäftsführervergütung (BGH, Beschluss v. 14.5.2019, II ZR 299/17)

2.1 Problemstellung

Die Zuständigkeit für den Abschluss eines Geschäftsführeranstellungsvertrags bei einer GmbH liegt grundsätzlich bei der Gesellschafterversammlung. Die Zuständigkeit wird aus der Annexkompetenz aus § 46 Nr. 5 GmbHG abgeleitet. Diese Zuständigkeit der Gesellschaft, bei der der Geschäftsführer als Geschäftsführungsorgan berufen worden ist, entfällt auch dann nicht, wenn der Geschäftsführer an eine 3. Gesellschaft „verliehen wird“ und die Geschäftsführerkosten weiterverrechnet werden.

2.2 Sachverhalt

Die Parteien sind beide GmbHs. Im Dezember 2014 wurde in der Gesellschafterversammlung der Klägerin beschlossen, deren Geschäftsführer abzuberufen. Im Zuge dessen wurden zugleich 2 Mitarbeiter der beklagten Gesellschaft zu Geschäftsführern der Klägerin bestellt, ohne dass diese mit den bereitgestellten Geschäftsführern einen Anstellungsvertrag geschlossen hat. Für den Zeitraum von Dezember 2014 bis Juni 2015 stellte die Beklagte der Klägerin anteilig die Bruttoarbeitslöhne ihrer Mitarbeiter für die „Weiterverrechnung unserer Leistungen der Geschäftsführung“ bzw. „Aufwendungen für die Geschäftsführung“ in Rechnung. Nach der Auffassung der beklagten Gesellschaft handelte es sich dabei um Aufwendungen, die ihr dadurch entstanden sind, dass ihre Mitarbeiter Leistungen für die Klägerin erbracht und deshalb ihr selbst nicht zur Verfügung gestanden hätten. Grundlage der Vergütungspflicht sei eine mündlich getroffene Vereinbarung der Parteien gewesen, die zwischen einem der ehemaligen Geschäftsführer der Klägerin und einem der Geschäftsführer der Beklagten getroffen worden sei. Die Rechnungen i. H. v. 428.209,50 EUR wurden von der Klägerin an die Beklagte gezahlt. Die Klägerin forderte nun die Rückzahlung der geleisteten Beträge.

2.3 Entscheidung

Nach Auffassung des BGH wäre für den Abschluss der von der Beklagten behaupteten Vergütungsvereinbarung ein Beschluss der Gesellschafterversammlung der Klägerin erforderlich gewesen, welcher jedoch nicht vorgelegen habe. Denn Inhalt der Vereinbarung sei die Regelung der Vergütung der Geschäftsführer der Klägerin gewesen, die auch dann gem. § 46 Nr. 5 GmbHG der Zuständigkeit der Gesellschafterversammlung unterlegen hätte, wenn sie mit einem Dritten abgeschlossen worden wäre. Nach der Rechtsprechung des BGH würden der Abschluss, die Änderung und Beendigung des Dienstvertrags eines Geschäftsführers allein im Zuständigkeitsbereich der Gesellschafterversammlung liegen. Dies gelte auch bei Vereinbarungen über einzelne Bestandteile eines Geschäftsführeranstellungsvertrags, etwa die Vergütung. Der Grund für diese Annexkompetenz der Gesellschafterversammlung liege darin, dass Vereinbarungen, die das Anstellungsverhältnis der Geschäftsführer betreffen, geeignet seien, in erheblicher Weise die Entscheidungen der Gesellschafter über dessen Organstellung zu beeinflussen. Die in Streit stehende Vergütungsvereinbarung werde daher nach Ansicht des BGH von der Annexkompetenz der Gesellschafterversammlung erfasst. Denn der Kompetenz der Gesellschafterversammlung zur Regelung der Geschäftsführervergütung würde auch eine Absprache der Gesellschaft mit einem Dritten unterfallen, nach der der Dritte die Kosten weiterberechnet, die bei ihm ohne Gegenleistung anfallen, weil seine von ihm bezahlten Mitarbeiter eine Tätigkeit als Geschäftsführer einer anderen GmbH nachgehen. Daher unterfalle eine solche Vertragsgestaltung bezüglich einer mittelbaren Vergütung ebenfalls der Annexkompetenz der Gesellschafterversammlung, sodass die Gesellschafterversammlung der Klägerin der mittelbaren Vergütungsvereinbarung hätte zustimmen müssen, was hingegen nicht der Fall gewesen sei. Aus diesem Grund sei die mündlich getroffene Vergütungsvereinbarung unwirksam. Ohne Erfolg habe die Beklagte auf § 814 BGB verwiesen, wonach das zum Zweck der Erfüllung einer Verbindlichkeit Geleistete nicht zurückgefordert werden könne, wenn der Leistende gewusst hat, dass er zur Leistung nicht verpflichtet gewesen sei. Dieser Kondiktionsausschluss greife erst, wenn der Leistende – die Klägerin – nicht nur die Tatumstände bezüglich der fehlenden Leistungspflicht gekannt habe, sondern auch weiß, dass er nach der Rechtslage nichts schulde. Zweifel daran, dass diese Voraussetzungen vorliegen, würden zulasten des darlegungs- und beweispflichtigen Leistungsempfängers, also der Beklagten, gehen. Die Beklagte habe eine solche Kenntnis der Klägerin nicht dargelegt, weshalb § 814 BGB nicht eingreife und die Klägerin grundsätzlich die Rückzahlung der geleisteten Vergütung fordern könne.

2.4 Fazit und Praxishinweis

Die Entscheidung des BGH baut die Zuständigkeit der Gesellschafterversammlung für die Entscheidung über die Geschäftsführervergütung konsequent weiter aus. Denn selbst in Fällen, in denen nicht unmittelbar eine Zuständigkeit der Gesellschafterversammlung zu erwarten ist, kann deren Zuständigkeit gegeben sein. Im

Zusammenhang mit den Angelegenheiten betreffend den Geschäftsführer kann dies weitreichende Folgen haben. Denn die Gesellschafterversammlung ist selbst dann für den Abschluss der Vergütungsvereinbarung zuständig bzw. muss dieser zustimmen, wenn die Vergütung nicht unmittelbar, sondern lediglich mittelbar für die Überlassung eines Geschäftsführers gezahlt wird. Für die Praxis bedeutet dies, dass auch bei Sachverhalten, die auf den ersten Blick eine Zuständigkeit der Gesellschafterversammlung nicht erkennen lassen, diese dennoch gegeben sein kann. Daher ist stets, insbesondere beim Abschluss von Vergütungsvereinbarungen, die einen Geschäftsführer auch nur mittelbar tangieren, zu prüfen, wer für den Abschluss der Vereinbarung originär zuständig ist. Ansonsten droht, wie in dem vom BGH entschiedenen Fall, eine Rückzahlung der Vergütung, der sich der Vergütungsempfänger nur schwer widersetzen kann.

3 Gerichtliche Überprüfbarkeit von Beschlüssen über Geschäftsführervergütung (OLG Hamm, Urteil v. 9.9.2019, 8 U 7/17)

3.1 Sachverhalt

Der Kläger ist mit 40 % am Stammkapital der beklagten GmbH beteiligt, der Bruder des Klägers mit 60 %. Mehr als 20 Jahre war der Bruder des Klägers Geschäftsführer der GmbH; seit 2010 war der Sohn des Bruders des Klägers weiterer Geschäftsführer. Beide erhielten hierfür keine Geschäftsführervergütung. Im Rahmen einer außerordentlichen Gesellschafterversammlung wurden 2 Geschäftsführeranstellungsverträge, einer zwischen der Beklagten und dem Bruder des Klägers sowie ein weiterer zwischen der Beklagten und dem Sohn des Bruders des Klägers, mit einem Jahresbruttogehalt von jeweils 66.000 EUR von der Gesellschafterversammlung genehmigt. Der Bruder des Klägers sollte 41,5 Arbeitstage p.a. für die Beklagte und 16,5 Arbeitstage p.a. für deren französische Tochtergesellschaft erbringen, während der Sohn des Bruders des Klägers 15,5 Arbeitstage p.a. für die Beklagte und 51,5 Arbeitstage p.a. für die französische Tochtergesellschaft tätig werden sollte.

Der Beschluss wurde mit einfacher Stimmenmehrheit des Bruders des Klägers gefasst; der Kläger stimmte gegen die Genehmigung der Verträge. Gegen den Beschluss erhob der Kläger Nichtigkeits-, hilfsweise Anfechtungsklage vor dem LG Bielefeld. Der Kläger hatte vor dem LG Bielefeld in erster Instanz teilweise Erfolg. Das LG Bielefeld hielt die Vergütung des Bruders des Klägers für unangemessen hoch und sah hierin einen Verstoß des Beschlusses gegen die gesellschaftsrechtliche

Treuepflicht. Daher war der Beschluss über die Genehmigung dieses Geschäftsführeranstellungsvertrags anfechtbar und wurde insoweit für nichtig erklärt. Beide Parteien legten Berufung ein.

3.2 Entscheidung

Die Berufung des Klägers, den Gesellschafterbeschluss auch hinsichtlich der Genehmigung des Geschäftsführeranstellungsvertrags zwischen der Beklagten und dem Sohn des Bruders des Klägers für nichtig zu erklären, wurde vom OLG Hamm (Urteil v. 9.9.2019, 8 U 7/17, DStR 2019, S. 14) zurückgewiesen. Auf die erfolgreiche Berufung der beklagten GmbH wurde das erstinstanzliche Urteil teilweise abgeändert. Die Klage des Klägers wurde nun insgesamt abgewiesen.

Stimmrechtsausschluss

Das OLG Hamm stellt zunächst fest, dass der Bruder des Klägers keinem gesellschaftsvertraglichen Stimmrechtsverbot und insbesondere auch keinem gesetzlichen Stimmrechtsausschluss unterlegen hat. Nach § 47 Abs. 4 Satz 2 Alt. 1 GmbHG hat ein Gesellschafter bei der Vornahme eines Rechtsgeschäftes zwischen der Gesellschaft und ihm selbst kein Stimmrecht. In Anlehnung an die diesbezügliche Rechtsprechung des Reichsgerichtes (Urteil v. 18.10.1910, II 660/09, RGZ 74, S. 276), des BGH (zuerst BGH, Urteil v. 29.9.1955, II ZR 225/54, BGHZ 18, S. 205) sowie der wohl h.M. in der juristischen Literatur (Zöllner/Noack, in Baumbach/Hueck, GmbHG, 22. Aufl. 2019, § 47 GmbHG Rz. 86 m.w.N.) hindert die Vorschrift den Gesellschafter einer GmbH nicht daran, an Beschlussfassungen über die Konditionen seines eigenen Geschäftsführeranstellungsvertrags einschließlich der Höhe der Bezüge mitzuwirken und an den diesbezüglichen Abstimmungen teilzunehmen. Gleichzeitig ist die vorgenannte Vorschrift nach Ansicht des OLG Hamm, welches sich auch diesbezüglich auf Rechtsprechung des BGH (Urteil v. 13.1.2003, II ZR 227/00, DStR 2003, S. 472) bezieht, weder direkt noch analog auf ein Rechtsgeschäft zwischen der GmbH und dem Sohn des Bruders des Klägers anwendbar.

Gleichbehandlungsgrundsatz und gesellschaftsrechtliche Treuepflicht

Unter Bezugnahme auf die Rechtsprechung des BGH (Versäumnisurteil v. 21.7.2008, II ZR 39/07, ZIP 2008, S. 1818 sowie Urteil v. 14.5.1990, II ZR 126/89, ZIP 1990, S. 784) entscheidet das OLG Hamm, dass Beschlüsse, mit denen Geschäftsführervergütungen eingeführt oder erhöht werden, unter dem Gesichtspunkt des Gleichbehandlungsgrundsatzes und der gesellschaftsrechtlichen Treuepflicht zu überprüfen sind. Nach dem **Gleichbehandlungsgrundsatz** ist es unzulässig, einem

Gesellschafter einen durch keine entsprechende Gegenleistung gedeckten Vermögensvorteil zuzuwenden, wenn anderen Gesellschaftern kein entsprechender Vorteil eingeräumt wird. Nach der **gesellschaftsrechtlichen Treuepflicht** darf die Vergütung eines Gesellschafter-Geschäftsführers nicht in einer solchen Höhe festgesetzt werden, die in keinem Verhältnis mehr zu der Vergütung steht, die einem Fremd-Geschäftsführer gewährt werden würde. Bei der Bemessung der Vergütung steht den Gesellschaftern allerdings ein recht weiter Ermessensspielraum zu, innerhalb dessen eine Vergütung nicht als unangemessen angesehen werden kann. Die vorgenannten Grundsätze gelten auch für die Vergütung eines einem Gesellschafter nahestehenden Fremdgeschäftsführers (in diesem Fall hinsichtlich des Sohnes des Bruders des Klägers).

Angemessene Geschäftsführervergütung und Treuwidrigkeitsgrenze

Das OLG Hamm ist der Auffassung, dass der Spielraum für die angemessene bzw. noch nicht treuwidrige Vergütung jedenfalls nicht enger gezogen werden darf als derjenige, den die höchstrichterliche Rechtsprechung des BFH für die Fragestellung entwickelt hat, bis zu welcher Grenze ein Geschäftsführergehalt steuerrechtlich von den Finanzbehörden zu akzeptieren und ab wann es als verdeckte Gewinnausschüttung zu behandeln ist (BFH, Urteil v. 10.7.2002, IR 37/01, BStBl. II 2003, S. 418; BFH, Urteil v. 2.2.1994, IR 18/93, BFH/NV 1995, S. 440; BFH, Urteil v. 28.6.1989, IR 89/85, BStBl. II 1989, S. 854). Nach diesen Grundsätzen ist für die vorzunehmende Prüfung von dem Quartil oberhalb des Medianeinkommens eines vergleichbaren Geschäftsführers (zur Bestimmung ist eine Gesamtwürdigung aller Umstände erforderlich, zu denen insbesondere Art, Größe und Leistungsfähigkeit des Unternehmens, Alter, Ausbildung, Berufserfahrung und Fähigkeiten des Geschäftsführers sowie Umfang und Bedeutung seiner Tätigkeit gehören) auszugehen und dieses noch um einen Sicherheitszuschlag von 20 % zu erhöhen. Für die Bestimmung des je nach Branche, Größe des Unternehmens etc. abhängigen Medianeinkommens kann sich das Gericht – ggf. auch unter sachverständiger Unterstützung – als Hilfe für die Beurteilung auch geeigneter Studien wie etwa der jährlich veröffentlichten BBE-Studie zu GmbH-Geschäftsführer-Vergütungen bedienen. Eine gesellschaftsrechtliche Treuwidrigkeit der Stimmabgabe hat das erstinstanzliche LG Bielefeld erst bei Überschreitung des im Einzelfall nach den vorstehenden Grundsätzen ermitteltem jährlichen vergleichbaren Geschäftsführergehaltes (inklusive dem Sicherheitsaufschlag) von mehr als 50 % angenommen. Das OLG Hamm schließt sich dieser Grenze an.

Teilzeittätigkeiten

Nach dem OLG Hamm sind zur Prüfung der angemessenen Vergütung nicht nur die Tätigkeiten für die GmbH, deren Geschäftsführer der Betroffene ist, sondern auch für deren Tochter- und Enkelgesellschaften zugrunde zu legen, da im Unternehmensverbund regelmäßig Geschäftsführer der Muttergesellschaft auch Geschäftsführer von Töchtern sind, ohne dass dies zusätzlich vergütet wird. Hinsichtlich der zu berücksichtigenden Teilzeit der beiden betroffenen Geschäftsführer stellt das OLG Hamm fest, dass hierzu, im Vergleich zu einer Vollzeitvergütung, nicht einfach eine quotenanteilige Dreisatzberechnung durchzuführen ist (im Fall des Bruders des Klägers also nicht 41,5 + 16,5 Arbeitstage / 220 Jahresarbeitstage × vergleichbares Mediangehalt). Hingegen sei ein angemessener prozentualer Abzug für die teilschichtige Geschäftsführung für die Teilgesellschaften innerhalb des Unternehmensverbunds von dem vergleichbaren Mediangehalt eines Vollzeit-Geschäftsführers vorzunehmen. Auch diesbezüglich lehnt sich das OLG Hamm an den Sachverständigengutachten und der BBE-Studie an. Das Gleiche wird wohl auch für nicht vollschichtige Geschäftsführertätigkeiten für eine Gesellschaft mit mehreren Aufgabenfeldern gelten. Im vorliegenden Fall waren für die maßgebliche Geschäftsführertätigkeit des Bruders des Klägers 40 % abzuziehen, da sich ein solcher relativer Abschlag für eine Tätigkeit von unter 30 Wochenstunden nach der zu berücksichtigenden BBE-Studie ergebe.

3.3 Fazit und Praxishinweis

Das OLG Hamm zeigt mit seiner Entscheidung auf, wie eine **angemessene Vergütung von Geschäftsführern** ermittelt werden kann. Hierbei ist die Rechtsprechung des BFH zu berücksichtigen, nach welcher ein Gehalt in Höhe des Quartils oberhalb des Medianeinkommens eines vergleichbaren Geschäftsführers zuzüglich eines Sicherheitszuschlages i.H.v. 20 % als noch angemessen anzusehen ist. Zur Ermittlung des Medianeinkommens sind die oben beschriebenen Faktoren heranzuziehen und bspw. anhand von BBE-Studien zu bestimmen. Die **gesellschaftsrechtliche Treuwidrigkeitsgrenze** soll allerdings erst bei einer Überschreitung der zuvor ermittelten angemessenen Vergütung von mehr als weiteren 50 % anzunehmen sein.

Beachtenswert ist, dass diese Grundsätze nicht nur auf Gesellschafter-Geschäftsführer, sondern auch auf einem Gesellschafter nahestehenden Fremd-Geschäftsführer anzuwenden sind. Teilzeit-Geschäftsführer-Vergütungen sind nicht einfach proportional nach den Arbeitstagen geteilt durch die Jahresarbeitstage zu ermitteln.

Vielmehr soll ein angemessener prozentualer Abzug vorzunehmen sein. Auch diesbezüglich kann bspw. auf BBE-Studien zurückgegriffen werden.

Die Entscheidung des OLG Hamm zeigt damit zugleich die **gerichtlich überprüfbaren rechtlichen Grenzen der Festlegung von Geschäftsführervergütungen** auf. Nach dem zivilrechtlichen Grundsatz der Vertragsfreiheit ist eine Vergütungsregelung nur wegen eines besonders krassen Missverhältnisses zwischen Leistung und Gegenleistung nichtig. Trotz fehlender gesetzlicher Regelungen im GmbHG bestehen allerdings gesellschaftsrechtliche Schranken in Form des Gleichbehandlungsgrundsatzes sowie der gesellschaftsrechtlichen Treuepflicht.

4 Zulässigkeit des Eintritts der Komplementärin nach Wirksamwerden des Formwechsels (OLG Oldenburg, Beschluss v. 19.12.2019, 5 W 43/19)

4.1 Problemstellung

In der Beratungspraxis ist häufig eine formwechselnde Umwandlung von einer Kapitalgesellschaft in eine Personengesellschaft mit dem Ein- und Austritt von Gesellschaftern verbunden. In diesem Zusammenhang hatte das OLG Oldenburg (Beschluss v. 19.12.2019, 5 W 43/19, BeckRS 2019, 33821) zu entscheiden, ob ein Dritter, der bisher noch nicht an der Ausgangsgesellschaft beteiligt war, erst im Zeitpunkt der Wirksamkeit des Formwechsels der GmbH in eine KG durch Eintragung im Handelsregister persönlich haftender Gesellschafter werden kann oder ob der außenstehende Dritte zu diesem Zeitpunkt bereits Gesellschafter der Ausgangsgesellschaft sein musste.

4.2 Sachverhalt

Die Beteiligte zu 2., eine GmbH, ist die Alleingesellschafterin der Beteiligten zu 1. Des Weiteren ist die Beteiligte zu 2. die alleinige Gesellschafterin der Beteiligten zu 3. Mit notarieller Urkunde vereinbarten die Beteiligten zu 2. und zu 3., die Beteiligte zu 1. als Komplementärin formwechselnd in eine KG umzuwandeln. Hierzu beschloss die Beteiligte zu 2. mit der Zustimmung der Beteiligten zu 3. die formwechselnde Umwandlung der Beteiligten zu 1. in eine KG unter der Firmierung UG (haftungsbeschränkt) & Co. KG. Als Komplementärin sollte die Beteiligte zu 3. ohne Kapitaleinlage mit Eintragung des Formwechsels im Handelsregister der Beteiligten zu 1. beitreten. Die Beteiligte zu 2. sollte mit einer Kommanditeinlage als Kommanditistin an der Gesellschaft beteiligt werden.

Die Eintragung der Umwandlung wurde entsprechend beim Handelsregister beantragt, wobei das Registergericht diesen Eintragungsantrag zurückgewiesen hat. Der beschlossene Formwechsel widerspreche dem Grundsatz der Kontinuität der Gesellschafter. Hiernach müssten die Gesellschafter des durch den Formwechsel entstehenden Rechtsträgers bereits **vor** dem Formwechsel Gesellschafter der formwechselnden GmbH geworden sein. Dies sei hinsichtlich der beitretenden Beteiligten zu 3. nicht der Fall, da diese als Komplementärin erst **mit** Eintragung des Formwechsels Gesellschafterin werden solle. Gegen diesen Beschluss wandten sich die Antragsteller.

4.3 Entscheidung

Das OLG Oldenburg gab der Beschwerde statt. Die Beschwerde sei nach § 58 FamFG zulässig und begründet. Der in §§ 194 Abs. 1 Nr. 3, 202 Abs. 1 Nr. 2 Satz 1 UmwG manifestierte Grundsatz der Kontinuität der Mitgliedschaft stünde einem wirksamen Beitritt der Beteiligten zu 3. zum Zeitpunkt der Eintragung des Formwechsels nicht entgegen. Vorliegend hätten sich mit der Beteiligten zu 2. und der Beteiligten zu 3. sämtliche gegenwärtigen und zukünftigen Gesellschafter der Beteiligten zu 1. auf den Beitritt der Beteiligten zu 3. geeinigt. Unter diesen Voraussetzungen sei sowohl nach dem gegenwärtig für die Beteiligte zu 1. geltenden Recht der GmbH, als auch nach dem zukünftig einschlägigen Recht der KG der jederzeitige Beitritt eines neuen Gesellschafters möglich. Es gebe daher keinen Grund, weshalb sich die Beteiligten nicht auch auf einen Beitrittszeitpunkt genau im Moment des Wirksamwerdens des Formwechsels hätten verständigen können. Vielmehr bestünde ein praktisches Bedürfnis hierfür. In der typischen GmbH & Co. KG verfolge die Komplementär-GmbH keine eigenwirtschaftlichen Ziele. Ihre Existenzberechtigung stehe und falle mit der KG. Eine Kapitalbeteiligung sei typischerweise nicht vorgesehen. Diese wäre aber Voraussetzung, damit die GmbH bereits vor Wirksamwerden des Formwechsels der bisherigen Rechtsträgerin beitreten könne. Als Alternative zu einem Beitritt im Zeitpunkt des Wirksamwerdens des Formwechsels bliebe damit nur, die spätere Komplementär-GmbH mit einer zumindest geringfügigen Kapitalbeteiligung auszustatten und diese bereits vor Wirksamwerden der Umwandlung dem formwechselnden Rechtsträger beitreten zu lassen. Eine derartige Konstruktion stünde zwar mit dem Erfordernis einer „Kontinuität der Mitgliedschaft" (formal) im Einklang, widerspräche aber der Zielsetzung, die der Gesetzgeber mit diesem Prinzip verbunden hat. Geschützt werden solle die Mitgliedschaft. Dem widerspräche die vorstehende Konstruktion, da durch eine kapitalmäßige Beteiligung der späteren Komplementär-GmbH der Kapitalanteil des bisherigen alleinigen Gesellschafters verwässert würde. Bei einem Beitritt zum Zeitpunkt des Wirksamwerdens des Formwechsels könne auf eine Kapitalbeteiligung der Komplementär-GmbH verzichtet werden, sodass der ursprüngliche GmbH-Gesellschafter mit identischer Kapitalbeteiligung nunmehr als Kommanditist an der neuen Personenhandelsgesellschaft beteiligt bliebe.

4.4 Fazit und Praxishinweis

Die Ausführungen des OLG Oldenburg zeigen, dass auch bei einem Formwechsel nach dem UmwG rechtlich genauestens geprüft werden muss, ob die gesetzlichen Voraussetzungen für einen solchen Formwechsel vorliegen. Zwar ist es nach Auffassung des OLG Oldenburg zulässig, den Zeitpunkt für das Bestehen der Beteiligungsverhältnisse vor und nach dem Formwechsel – Grundsatz der Kontinuität der Gesellschafter – möglichst weit nach hinten zu schieben, namentlich auf den Zeitpunkt der Eintragung in das Handelsregister. Zu dieser Annahme gelangte das OLG Oldenburg deshalb, weil die Parteien an den zustimmenden Gesellschafterbeschlüssen beteiligt gewesen sind. Ob dies auch für andere Fallkonstellationen gilt, lässt das OLG Oldenburg indes offen. Eine vertiefte rechtliche Prüfung der Umwandlungsvoraussetzungen sowie Strukturierung des Formwechsels in Abstimmung mit dem zuständigen Registergericht sind daher unentbehrlich, um nicht Gefahr zu laufen, dass das Registergericht, das den Formwechsel im Handelsregister eintragen soll, den Eintragungsantrag zurückweist. Dies würde nicht nur zu einer erheblichen Verzögerung der Eintragung führen, sondern auch zu Mehrkosten, falls im Nachhinein die gesellschaftsrechtlichen Voraussetzungen für den Formwechsel erst geschaffen werden müssen.

5 Willensbildung und Vertretungsregelung bei der Einheits-GmbH & Co. KG sowie Anforderungen an Geschäftsführerversicherung (Kammergericht Berlin, Beschluss v. 23.7.2019, 22 W 40/19)

5.1 Hintergrund

Die sog. Einheits-GmbH & Co. KG („Einheitsgesellschaft“) stellt eine besondere Erscheinungsform der GmbH & Co. KG dar. Wesensmerkmal der Einheitsgesellschaft ist, dass die KG alleinige Gesellschafterin ihrer eigenen Komplementär-GmbH ist. Die Komplementär-GmbH ist damit persönlich haftende Gesellschafterin der KG und gleichzeitig deren Tochtergesellschaft. Die Zulässigkeit einer solchen Konstruktion ist heute allgemein anerkannt (vgl. Gummert, in Münchener

Handbuch des Gesellschaftsrechts, Band 2, 5. Aufl. 2019, S. 1170, Rz. 3). Als konsequenteste Form der GmbH & Co. KG vollendet die Einheitsgesellschaft die Verzahnung zwischen KG und Komplementär-GmbH, die jeweils grundlegend unterschiedlichen Rechtsnormen unterliegen.

Der grundsätzliche Vorteil der Einheitsgesellschaft im Vergleich zu einer GmbH & Co. KG mit einer abweichenden Gesellschafterstruktur der Komplementär-GmbH liegt zunächst darin, dass jeder Gesellschafter nur als Kommanditist an der GmbH & Co. KG und nicht zusätzlich als Gesellschafter an der GmbH beteiligt ist. Hinzu kommt, dass durch die Struktur der Einheitsgesellschaft die Möglichkeit eines Auseinanderfallens der Beteiligung an der Komplementär-GmbH sowie der GmbH & Co. KG strukturell ausgeschlossen ist.

Probleme können sich jedoch bei der Willensbildung und Vertretung der Einheitsgesellschaft ergeben. Diese können daraus resultieren, dass aufgrund der wechselseitigen Beteiligung der KG an ihrer Komplementär-GmbH und umgekehrt nur der Geschäftsführer der Komplementär-GmbH für beide Gesellschaften, auch im Verhältnis zueinander, handelt. Denn gem. § 164 Satz 1 HGB und § 170 HGB sind die Kommanditisten der KG von der Führung der Geschäfte der Gesellschaft ausgeschlossen und nicht zu deren Vertretung ermächtigt. Demnach wird die KG grundsätzlich in Abweichung von §§ 114 Abs. 1, 125 Abs. 1 HGB organschaftlich von dem persönlich haftenden Gesellschafter – bei der GmbH & Co. KG also von der Komplementär-GmbH – vertreten. Da die Komplementär-GmbH ihrerseits wiederum durch ihren Geschäftsführer vertreten wird, führt dies im Ergebnis dazu, dass die Komplementär-GmbH ihre eigene Gesellschafterversammlung beherrscht und ihr Geschäftsführer sich selbst kontrolliert. Der Geschäftsführer der Komplementär-GmbH wäre daher in dieser Konstellation dazu berufen, in der Gesellschafterversammlung der GmbH über seine eigene Bestellung, Entlastung und Abberufung zu entscheiden. Während dieser Interessenkonflikt im Schrifttum teilweise dadurch behoben wird, dass die Vertretungsbefugnis des Geschäftsführers in solchen Fällen unter Hinweis auf das Stimmverbot des § 47 Abs. 4 GmbHG abgelehnt und vielmehr den Kommanditisten zugewiesen wird (vgl. dazu Lüke, in Hesselmann u.a., Handbuch GmbH & Co. KG, 21. Aufl. 2016, S. 203, Rz. 2473), geht der BGH davon aus, dass in der Einheitsgesellschaft die gesetzlichen Vertretungsregeln für die GmbH uneingeschränkt Anwendung finden (BGH, Urteil v. 16.7 2007, II ZR 109/06, ZIP 2007, S. 1658).

5.2 Entscheidung

Dem Beschluss des Kammergerichts Berlin v. 23.7.2019 (22 W 40/19) war eine Vorlage des Amtsgerichts Charlottenburg vorausgegangen. Dieses hatte zuvor mit einer Zwischenverfügung die Eintragung der Abberufung der alten Geschäftsführerin und die Bestellung einer neuen Geschäftsführerin der Beteiligten verweigert. Die Anmeldung der Eintragung enthielt dabei auch die für Geschäftsführer notwendige Versicherung gem. § 8 Abs. 3 Satz 1 GmbHG, wobei sich die Versicherung nach § 6 Abs. 2 Satz 2 Nr. 3 GmbHG nicht auf die Straftatbestände der §§ 265c bis 265e StGB bezog. Der notariell beglaubigten Anmeldung war ein Beschlussprotokoll über die Bestellung der neuen Geschäftsführerin der Komplementär-GmbH beigefügt. Das Amtsgericht hatte für eine Eintragung zusätzlich die Einreichung des Gesellschaftsvertrags der KG gefordert. Als Begründung für die Einreichung des Gesellschaftsvertrags der KG führte das Amtsgericht aus, dass der BGH zwar die Auffassung vertreten habe, dass bei einer Einheitsgesellschaft wie im vorliegenden Fall die Komplementär-GmbH die KG zwar auch in der Gesellschafterversammlung der GmbH vertrete. Dies gelte jedoch nur, soweit der Gesellschaftsvertrag der KG keine Abweichungen vorsehe, was hier nur durch Vorlage des Gesellschaftsvertrags festgestellt werden könne. Die gegen die Zwischenverfügung gerichtete Beschwerde wurde vom Amtsgericht zurückgewiesen und die Sache wurde daraufhin dem Kammergericht Berlin zur Entscheidung vorgelegt.

Das Kammergericht Berlin hat in seinem Beschluss an die Rechtsprechung des BGH angeknüpft und dargestellt, dass im Falle einer Einheitsgesellschaft die KG in der Gesellschafterversammlung ihrer Komplementär-GmbH mangels abweichender Regelungen gleichwohl durch deren Geschäftsführer vertreten werde. Einer Beteiligung der Kommanditisten bedürfe es dabei nicht. Die Beschwerde gegen die Zwischenverfügung hatte insofern Erfolg. Als Grund für seine Entscheidung führte das Kammergericht an, dass auch dann, wenn eine KG einzige Gesellschafterin ihrer Komplementär-GmbH ist, diese i. R. d. Gesellschafterversammlung der Komplementär-GmbH von der GmbH und deren Organen vertreten werde. Insoweit könne zwar durch die Gesellschafter der KG etwas anderes vereinbart sein. Ohne ausreichende Anhaltspunkte sei dies aber nicht zu unterstellen, sodass die Einreichung des Gesellschaftsvertrages nicht notwendig sei. Das Kammergericht stellte zudem fest, dass die bisherige Geschäftsführerin weder von einer Vertretung noch bei ihrer eigenen Abberufung aufgrund eines etwaigen Stimmrechtsausschlusses gem. § 47 Abs. 4 GmbHG ausgeschlossen war, da der Anwendungsbereich der Norm im vorliegenden Fall bei der Vertretung nicht berührt sei und ein Stimmverbot bezüglich der Abberufung nicht bestehe.

Letztlich wies das Kammergericht Berlin darauf hin, dass die von der neuen Geschäftsführerin abgegebene Versicherung nicht die Straftatbestände der §§ 265c bis 265e StGB erfasse. Dies sei jedenfalls, soweit die Regelungen der §§ 265c und 265d StGB betroffen seien, zu beanstanden. Denn nach dem Wortlaut der Norm seien auch diese Straftatbestände von der Versicherung erfasst. Das Kammergericht hat sich insoweit einer bereits vom OLG Oldenburg (Beschluss v. 8.1.2018, 12 W 126/17, ZIP 2018, S. 278) vertretenen Ansicht angeschlossen, wonach § 6 Abs. 2 GmbHG als dynamische Verweisung auf die im Zeitpunkt der Versicherung geltenden Straftatbestände – also einschließlich der neuen §§ 265c bis 265e StGB – zu verstehen sei.

5.3 Fazit und Praxistipp

Die Entscheidung des Kammergerichts zeigt, wie komplex sich die einfache Bestellung eines Geschäftsführers in der Komplementär-GmbH einer GmbH & Co. KG gestalten kann. Um dies zu vermeiden, wäre z. B. die Kompetenzübertragung zur Geschäftsführung sowie zur Vertretung auch im Außenverhältnis auf die Kommanditisten im Rahmen einer rechtgeschäftlichen (Teil-)Vollmacht eine mögliche und empfehlenswerte Gestaltung. Zudem sollte zukünftig darauf geachtet werden, dass die Versicherung des Geschäftsführers bei seiner Anmeldung zum Handelsregister nunmehr auch die Straftatbestände der §§ 265c bis 265e StGB (Sportwettenbetrug) umfassen muss.

H Deutscher Corporate Governance Kodex

1 Materielle Änderungen im Überblick

Seit seiner Veröffentlichung am 20.3.2020 im Bundesanzeiger bildet der Deutsche Corporate Governance Kodex (DCGK) i.d.F. vom 16.12.2019 (nachfolgend DCGK 2020) die **Grundlage für die jährlich zu fassende Entsprechenserklärung**. Die bisherige Kodexgliederung wurde für den DCGK 2020 durch 7 aufgabenorientierte Abschnitte gänzlich neu konzipiert. Grundsätze mit den wesentlichen gesetzlichen Prinzipien ergänzen die Empfehlungen und Anregungen und sollen dafür sorgen, dass das deutsche Corporate-Governance-System insbesondere für ausländische Stakeholder transparenter wird.

Vorstand und Aufsichtsrat einer **börsennotierten Gesellschaft** haben jährlich (außerhalb des Jahres- bzw. Konzernabschlusses) zu erklären, dass den Empfehlungen des DCGK entsprochen wurde und wird bzw. welche Empfehlungen – unter Angabe einer Begründung – nicht angewendet wurden oder werden (Entsprechenserklärung gem. § 161 AktG). Im Anhang zum Jahres- bzw. Konzernabschluss ist anzugeben, dass die Entsprechenserklärung abgegeben und wo sie öffentlich zugänglich gemacht worden ist (§§ 285 Nr. 16, 314 Abs. 1 Nr. 8 HGB; Lagebericht oder Internetseite der Gesellschaft). Die Entsprechenserklärung ist durch den Abschlussprüfer nicht materiell-inhaltlich zu prüfen (siehe IDW PS 345 *Auswirkungen des Deutschen Corporate Governance Kodex auf die Abschlussprüfung*, der nach der Sommerpause 2020 in einer auf die Anforderungen des DCGK 2020 überarbeiteten Fassung vorliegen wird).

Nicht börsennotierte Unternehmen können die Empfehlungen und Anregungen des Kodex nach den Vorstellungen der Regierungskommission Deutscher Corporate Governance Kodex zur Orientierung nutzen.

Neben den grundlegenden strukturellen Änderungen ergeben sich durch die Aufwertung der Erklärung zur Unternehmensführung (EzU) zum zentralen Berichtselement für die Corporate Governance des Unternehmens **weitreichende Auswirkungen auf die Berichterstattung i.R.d. Jahres- und Konzernabschlusses**. Die Entsprechenserklärung ist Pflichtbestandteil der EzU nach §§ 289f bzw. 315d HGB. Die Verantwortung für die EzU und Berichterstattung über die Corporate Governance der Gesellschaft liegt bei Aufsichtsrat und Vorstand.

Die Angaben zur EzU nach §§ 289f Abs. 2 und 315d HGB sind nicht materiell-inhaltlich zu prüfen; insoweit ist i. R. d. Prüfung lediglich festzustellen, ob diese Angaben gemacht wurden (vgl. § 317 Abs. 2 Satz 6 HGB).

Zu den **wesentlichen Änderungen des DCGK bezogen auf die EzU** zählen die Nennung der Zugehörigkeitsdauer zum Aufsichtsrat, Angaben zur langfristigen Nachfolgeplanung, die Altersgrenzen für Vorstand und Aufsichtsrat und Angaben zur Selbstbeurteilung des Aufsichtsrats. Ein höheres Transparenzniveau soll zudem durch die individuelle Offenlegung der Sitzungsteilnahme der Aufsichtsratsmitglieder im Bericht des Aufsichtsrats sowie durch die Bereitstellung der Geschäftsordnung des Aufsichtsrats auf der Internetseite der Gesellschaft geschaffen werden.

Weitere wesentliche Änderungen des DCGK 2020 betreffen insbesondere die Zusammensetzung des Aufsichtsrats in Bezug auf die Unabhängigkeit seiner Mitglieder und die Vorstandsvergütung. Darüber hinaus enthält der DCGK 2020 erstmals eine explizite Empfehlung zur regelmäßigen Beurteilung der Qualität der Abschlussprüfung durch den Prüfungsausschuss, mit der die inhärenten Anforderungen des § 107 Abs. 3 AktG (Überwachung des Rechnungslegungsprozesses, der Wirksamkeit des internen Kontrollsystems, des Risikomanagementsystems und des internen Revisionssystems sowie der Abschlussprüfung) aufgegriffen werden.

Der DCGK 2020 bildet seit seiner Veröffentlichung im Bundesanzeiger die Grundlage für die jährliche Abgabe der Entsprechenserklärung nach § 161 AktG. Indes muss eine (auf der Grundlage des alten Kodex abgegebene) Entsprechenserklärung vor Ablauf des (regulären) 12-Monatszeitraums nicht zwingend aktualisiert werden. Sie ist jedoch nach Rechtsprechung des BGH erforderlich, sofern die Gesellschaft ihre Governance-Gepflogenheiten ändert und diese nicht mehr im Einklang mit den Angaben im zukunftsbezogenen Teil der letzten Entsprechenserklärung stehen.

2 Unabhängigkeit

Der DCGK 2020 empfiehlt die Unabhängigkeit von mehr als der Hälfte der Anteilseignervertreter sowie die Unabhängigkeit des Aufsichtsratsvorsitzenden, des Prüfungsausschussvorsitzenden sowie des Vorsitzenden des Ausschusses, der die Vorstandsvergütung festlegt. Sofern die Gesellschaft einen kontrollierenden Aktionär hat, sollen – je nach Größe des Aufsichtsrats – mindestens 1 bzw. 2 Anteilseignervertreter entsprechend den in C.9 DCGK 2020 genannten Kriterien unabhängig vom kontrollierenden Aktionär sein. Dies gilt insbesondere auch für den Prüfungsausschussvorsitzenden.

Der DCGK 2020 formuliert in den Empfehlungen C.7 bzw. dazu ergänzend in den Empfehlungen C.6 sowie C.9 bis C.12 erstmals einen Katalog von Ausschlussindikatoren für die Unabhängigkeit von Aufsichtsratsmitgliedern der Anteilseignerseite. Trifft mindestens einer der Indikatoren zu und wird das betreffende Aufsichtsratsmitglied dennoch als unabhängig angesehen, soll dies in der EzU begründet werden.

3 Selbstbeurteilung des Aufsichtsrats

Mit der überarbeiteten Empfehlung zur Selbstbeurteilung der Wirksamkeit des Aufsichtsrats (bislang sog. Effizienzprüfung) stärkt der DCGK 2020 den Transparenzgedanken erheblich und verleiht der regelmäßigen Durchführung der Selbstbeurteilung – auch mit externer Unterstützung – deutlich mehr Gewicht. Der Aufsichtsrat soll regelmäßig beurteilen, wie wirksam der Aufsichtsrat insgesamt und dessen Ausschüsse ihre Aufgaben erfüllen. In der EzU soll der Aufsichtsrat berichten, ob und wie eine Selbstbeurteilung im Berichtszeitraum durchgeführt wurde. Dabei sollte auch darauf eingegangen werden, ob sie extern unterstützt wurde.

4 Vergütung und Vergütungsbericht

Unter Berücksichtigung des Gesetzes zur Umsetzung der zweiten Aktionärsrechterichtlinie (ARUG II) wurden die Kodex-Regelungen zur Vergütung und ihrer Offenlegung umfassend überarbeitet. So beschließt künftig die Hauptversammlung mit beratendem Charakter über die Billigung des vom Aufsichtsrat vorgelegten Vergütungssystems und mit empfehlendem Charakter über die Billigung des Vergütungsberichts für das vorausgegangene Geschäftsjahr (§ 120a Abs. 1 und 4 AktG). Die Vergütungsstruktur ist bei börsennotierten Gesellschaften auf eine nachhaltige und langfristige Entwicklung der Gesellschaft auszurichten.

Aufgrund der gesetzlichen Pflicht zur Erstellung eines aussagekräftigen Vergütungsberichts mit den Mindestangaben gem. § 162 AktG (siehe hierzu Kap. A.2) verzichtet der DCGK 2020 auf weiterführende Empfehlungen und Anregungen zur Berichterstattung über die Vergütung für Vorstand und Aufsichtsrat. Die Empfehlung zur Nutzung der **Mustertabellen** aus Tz. 4.2.5 DCGK 2017 wurde **ersatzlos gestrichen**.

Mit Blick auf die Ausgestaltung und Festlegung der Vorstandsvergütung ergänzen die Kodex-Empfehlungen die gesetzlichen Vorgaben weiterhin punktuell.

GRUNDSÄTZE

Grundsatz 8, Satz 4: Votum der HV über Vergütungssystem und -bericht

Grundsatz 23: Vergütung des Vorstands

Grundsatz 24: Vergütung des Aufsichtsrats

Grundsatz 25: Erstellung eines jährlichen Vergütungsberichts

EMPFEHLUNGEN

G.1: Festlegung des Vergütungssystems
Im Vergütungssystem soll festgelegt werden,
- wie für die einzelnen Vorstandsmitglieder die Ziel-Gesamtvergütung bestimmt wird und welche Höhe die Gesamtvergütung nicht übersteigen darf (Maximalvergütung),
- welchen relativen Anteil die Festvergütung sowie die kurz- und langfristig variablen Vergütungsbestandteile an der Ziel-Gesamtvergütung haben,
- welche finanziellen und nichtfinanziellen Leistungskriterien für die Gewährung der variablen Vergütungsbestandteile maßgeblich sind,
- welcher Zusammenhang zwischen der Erreichung der Leistungskriterien und der variablen Vergütung besteht und
- in welcher Form und wann über die gewährte variable Vergütung verfügt werden kann.

G.2–G.5: Festlegung der konkreten Gesamtvergütung
- Festlegung der konkreten Ziel-Gesamtvergütung
- *Peergroup*-Vergleich mit anderen Unternehmen (Offenlegung der Zusammensetzung)
- Berücksichtigung des Verhältnisses der Vorstandsvergütung zu der Vergütung des oberen Führungskreises und der Belegschaft insgesamt
- Sicherstellung der Unabhängigkeit des Vergütungsexperten

G.6–G.11: Festlegung der Höhe der variablen Vergütungsbestandteile
- Anteil der langfristen variablen Vergütung soll kurzfristigen Anteil übersteigen
- Orientierung der Leistungskriterien an operativen, primär aber an strategischen Zielen
- Ausschluss nachträglicher Änderungen der Ziele oder Vergleichsparameter
- Gewährung der langfristigen variablen Vergütung überwiegend in Aktien (Sperrfrist 4 Jahre)
- Berücksichtigung von außergewöhnlichen Entwicklungen

G.12–G.13: Leistungen bei Vertragsbeendigung
- Auszahlung noch offener variabler Vergütungen erfolgt nach den vereinbarten Zielen, Vergleichsparametern und den vertraglichen Regeln
- Abfindung nicht höher als 2 Jahresvergütungen

G.15–G.16: Sonstige Regelungen
- Anrechnung der AR-Vergütung von konzerninternen Mandaten auf die Vorstandsvergütung
- Aufsichtsrat soll über Anrechnung der Vergütung konzernexterner AR-Mandate entscheiden

G.17: Vergütung des Aufsichtsrats
- Berücksichtigung des höheren Aufwands für den (stellv.) Aufsichtsratsvorsitzenden sowie Vorsitz und Mitgliedschaft in Ausschüssen

ANREGUNGEN

Anregung G.14: Leistungen bei Vertragsbeendigung
- Keine Zusagen für Leistungen aus Anlass der vorzeitigen Beendigung

Anregung G.18: Vergütung des Aufsichtsrats
- Vergütung sollte aus einer Festvergütung bestehen

Abb. 5: *Ausgewählte Grundsätze, Empfehlungen und Anregungen des DCGK 2020 zur Organvergütung*

Hervorzuheben ist hierbei insbesondere die Empfehlung zur Festlegung von Ziel- und Maximalwerten für die Gesamtvergütung der einzelnen Vorstandsmitglieder.

Hinsichtlich der Aufsichtsratsvergütung formuliert der DCGK 2020 nun explizit, dass die Vergütung des Aufsichtsrats aus einer Festvergütung bestehen sollte. Sofern dennoch eine erfolgsorientierte Vergütung zugesagt wird, soll diese weiterhin auf eine langfristige Entwicklung der Gesellschaft ausgerichtet sein.

5 Bewertung der Qualität des Abschlussprüfers

Der **Prüfungsausschuss** hat **die Abschlussprüfung**, insbesondere die Auswahl und die Unabhängigkeit des Abschlussprüfers und die vom Abschlussprüfer zusätzlich erbrachten Leistungen, sowie den Rechnungslegungsprozess und die Wirksamkeit der unternehmerischen Kontrollsysteme (Compliance-Management, Risikomanagement, Internes Kontrollsystem und Interne Revision) zu überwachen (§ 107 Abs. 3 Satz 2 AktG). Eine zentrale Aufgabe des **Aufsichtsrats** i. R. d. sog. Bilanzsitzung ist die Beschlussfassung zum Jahres- und Konzernabschluss, (Konzern-)Lagebericht und dem Vorschlag für die Verwendung des Bilanzgewinns (§ 171 Abs. 1 Satz 1 AktG); eine intensive Diskussion findet im Vorfeld im Prüfungsausschuss statt; der Prüfungsausschussvorsitzende informiert dann das Gremium i. R. d. Bilanzsitzung über die erfolgte Berichterstattung im Prüfungsausschuss.

Aufsichtsrat und Prüfungsausschuss **nutzen bei ihren Überwachungsaufgaben auch die Ergebnisse der Abschlussprüfung**, insbesondere Prüfungsbericht, Bestätigungsvermerk und die mündliche Berichterstattung des Prüfers. Daher muss der Prüfungsausschuss kontinuierlich die Verlässlichkeit der Aussagen des Abschlussprüfers infrage stellen und Maßnahmen zur Überwachung der Qualität und Unabhängigkeit des Abschlussprüfers und der Qualität der Abschlussprüfung ergreifen.

In der Praxis gibt es vielfach bereits einen **Feedbackprozess mit dem Abschlussprüfer**. Er basiert häufig auf einem informellen Gespräch mit dem Prüfungsausschussvorsitzenden oder dem Finanzvorstand. Zur Erfüllung der Empfehlung D.11 DCGK 2020 ist eine stärkere Formalisierung der informellen Feedbackgespräche zu empfehlen. Bei der Beurteilung der Qualität der Abschlussprüfung ist der Prüfungsausschuss aktiv gefordert, sich anhand eines unternehmensspezifischen und dynamischen Kriterienkatalogs ein Bild von der Leistung des Prüfers zu machen. Die Bewertung und der Austausch sollten nach der Beendigung der Abschlussprüfung, aber vor dem Vorschlag an die Hauptversammlung, für die (Wieder-)Wahl des Abschlussprüfers erfolgen.

Für die Überwachung der Qualität der Abschlussprüfung sollte der Prüfungsausschuss auf möglichst objektiv beurteilbare, unternehmensindividuell zugeschnittene Qualitätsindikatoren zurückgreifen. Bei der Auswahl dieser sog. ***Audit Quality Indicators*** kann der Prüfungsausschuss auf Kriterien zurückgreifen, die für die Auswahl des aktuellen Abschlussprüfers entscheidend waren und kritisch hinterfragen, ob der Prüfer die in ihn gesetzten Erwartungen erfüllt hat. Darüber hinaus bestehen öffentlich verfügbare Kataloge mit Musterfragen oder -kriterien, z. B. das Positionspapier des Instituts der Wirtschaftsprüfer e. V. (IDW) zur Zusammenarbeit zwischen Aufsichtsrat und Abschlussprüfer (Stand: Januar 2020) sowie Veröffentlichungen vergleichbarer Institutionen innerhalb der EU oder weltweit.

Typische **Themenfelder für Qualitätsindikatoren** können sein:

- Auswahl des Prüfungsteams
- Prüfungsansatz, inklusive Berücksichtigung von Unternehmensspezifika
- Einsatz moderner Technologien bzw. IT-Tools
- Fachkompetenz, inklusive Geschäfts- und Branchenerfahrung
- Kommunikation und Berichterstattung
- Integrität, Urteilsvermögen und kritische Grundhaltung der Teammitglieder
- Effizienz und Projektmanagement
- Sicherung der Unabhängigkeit und Qualitätskontrolle

I. R. d. Bewertung sollte sich der Prüfungsausschuss **mit dem Vorstand und weiteren internen Stakeholdern** (z. B. Leiter Rechnungswesen, Interne Revision) **austauschen**, wie von diesen Personen die Qualität von Abschlussprüfer und Abschlussprüfung wahrgenommen wird. Um sich ein umfassendes Bild über die Qualität der Abschlussprüfung zu machen, sollte sich der Prüfungsausschuss zudem durch den Abschlussprüfer über relevante Ergebnisse der Qualitätskontrolle informieren lassen und, insbesondere bei Unternehmen von öffentlichem Interesse (*Public Interest Entities* – **PIEs**), die **Kontrollberichte** der Abschlussprüferaufsichtsstelle **(APAS) zurate** ziehen. Die Bewertung sowie die einbezogenen Informationsquellen sollten etwa mithilfe einer Bewertungsmatrix oder eines Fragebogens dokumentiert werden. Anschließend sollte sich der Prüfungsausschuss in einem persönlichen Gespräch mit dem Abschlussprüfer austauschen, in dem **Verbesserungspotenziale offen diskutiert** werden.

6 Corporate-Governance-Berichterstattung in der Erklärung zur Unternehmensführung

Gem. § 161 AktG haben Vorstand und Aufsichtsrat jährlich zu erklären, dass den vom Bundesministerium der Justiz und für Verbraucherschutz (BMJV) im amtlichen Teil des Bundesanzeigers bekannt gemachten Empfehlungen der Regierungskommission Deutscher Corporate Governance Kodex entsprochen wurde und wird bzw. welche Empfehlungen nicht angewendet wurden oder werden und warum nicht. Grundlage für diese Entsprechenserklärung bildet seit seiner Bekanntmachung im Bundesanzeiger der DCGK 2020.

Durch die neue Gliederung besteht **umfassender Anpassungsbedarf der derzeitigen Entsprechenserklärung**. Vorstand und Aufsichtsrat müssen insbesondere evaluieren und diskutieren, ob die neuen Empfehlungen bereits befolgt werden oder künftig befolgt werden sollen, ob Empfehlungen des DCGK 2017, bei denen bislang eine Abweichung erklärt wurde, noch Bestandteil des DCGK 2020 sind und welche redaktionellen Änderungen an der Entsprechenserklärung notwendig sind.

Die Entsprechenserklärung ist Pflichtbestandteil der EzU nach §§ 289f bzw. 315d HGB. Darüber hinaus sind dort **folgende Informationen verpflichtend zugänglich zu machen**:

- Hinweis auf die Unternehmenswebsite mit den gesetzlich geforderten Vergütungsinformationen (Vergütungsbericht, Vermerk des Abschlussprüfers, Vergütungssystem und -beschluss)
- relevante Angaben zu Unternehmensführungspraktiken
- Beschreibung der Arbeitsweise von Vorstand und Aufsichtsrat sowie der Zusammensetzung und Arbeitsweise von deren Ausschüssen
- Angaben zu der Festlegung und Erreichung der Zielgrößen für den Frauenanteil bzw. der Gründe bei Nichterreichen
- bei paritätisch mitbestimmten Börsengesellschaften die Angabe, ob bei der Besetzung des Aufsichtsrats die gesetzliche Genderquote eingehalten wurde bzw. der Gründe bei Nichteinhaltung
- Beschreibung des Diversitätskonzepts

In seinen früheren Fassungen empfahl der DCGK Vorstand und Aufsichtsrat jährlich in einem gesonderten Corporate Governance-Bericht über die Corporate Governance des Unternehmens zu berichten und dazu möglichst auch zu den Kodexanregungen Stellung zu nehmen (vgl. Tz. 3.10 DCGK 2017). Zur Anpassung an die tatsächlichen Gegebenheiten und zur Vereinfachung der Berichtsanforderungen wurde der **gesonderte Corporate-Governance-Bericht nun aus dem DCGK gestrichen**. Künftig sollen die Angaben zur Corporate Governance in der EzU als zentralem Element der Corporate Governance-Berichterstattung gem. Grundsatz 22 des DCGK 2020 erfolgen. Die schon bislang empfohlene Offenlegung der Ausgestaltung der unternehmensspezifischen Corporate Governance wurde um konkrete Transparenzanforderungen ergänzt. Folgende **Angaben** sollen gem. DCGK 2020 **künftig in der EzU** gemacht werden:

- Beschreibung der Vorgehensweise zur langfristigen Nachfolgeplanung für den Vorstand (B.2 DCGK 2020 – NEU)
- Altersgrenze für Vorstands- bzw. Aufsichtsratsmitglieder (B.5 bzw. C.2 DCGK 2020 – lediglich Offenlegung NEU)
- Stand der Umsetzung konkreter Ziele für die Zusammensetzung des Aufsichtsrats und Kompetenzprofil (C.1 DCGK 2020 – NEU)
- angemessene Anzahl unabhängiger Anteilseignervertreter im Aufsichtsrat und die Namen der unabhängigen Mitglieder (C.1 DCGK 2020 – NEU)
- Begründung, sofern ein Anteilseignervertreter einen oder mehrere der Indikatoren für mangelnde Unabhängigkeit erfüllt und das betreffende Aufsichtsratsmitglied dennoch als unabhängig angesehen wird (C.8 DCGK 2020 – NEU)
- je Ausschuss Benennung seiner Mitglieder und des Vorsitzenden (D.2 DCGK 2020 – NEU)
- Bericht, ob und wie eine Selbstbeurteilung des Aufsichtsrats durchgeführt wurde (D.13 DCGK 2020 – NEU)
- Angabe, welche Empfehlungen aufgrund vorrangiger spezialgesetzlicher Bestimmungen nicht anwendbar waren (F.4 DCGK 2020 – NEU)

Nicht mehr aktuelle EzU und Entsprechenserklärungen sollen durch die Gesellschaft mindestens 5 Jahre lang auf ihrer Internetseite zugänglich gehalten werden.

7 Zusammenfassung und Ausblick

Die Neugestaltung des DCGK hat **umfangreiche Auswirkungen auf die Corporate-Governance-Berichterstattung** der betroffenen Unternehmen. Spätestens bei der nächsten turnusgemäßen Veröffentlichung der Entsprechenserklärung nach § 161 AktG ist der am 20.3.2020 veröffentlichte DCGK 2020 zugrunde zu legen. Die Gesellschaften müssen nicht nur evaluieren, ob zu den neuen Empfehlungen eine Abweichungserklärung erfolgen muss und ob bislang erklärte Abweichungen entfernt werden können, sondern sie müssen aufgrund der neuen Gliederung auch die letzte Entsprechenserklärung redaktionell entlang der neuen Bezifferung überarbeiten.

Eine Überarbeitung der EzU ist bereits aufgrund der neuen empfohlenen Bestandteile vonnöten, insbesondere auch dann, wenn bislang ein gesonderter Corporate-Governance-Bericht nach Tz. 3.10 DCGK 2017 veröffentlicht wurde und die Angaben zur Corporate Governance nun in die EzU aufzunehmen sind. Die Beschreibung der langfristigen Nachfolgeplanung für den Vorstand, die Einschätzung zur Umsetzung des Kompetenzprofils für den Aufsichtsrat sowie die zusätzlichen Angaben zur Unabhängigkeit der Anteilseignervertreter im Aufsichtsrat und zur Selbstbeurteilung des Aufsichtsrats gehen bei vielen Unternehmen über die aktuelle Berichtspraxis hinaus.

I Übersicht über neue, geänderte und aufgehobene Verlautbarungen des DRSC und IDW

1 Deutsches Rechnungslegungs Standards Committee e.V. (DRSC) – Standards, Interpretationen, Anwendungshinweise

1.1 (Entwürfe) Deutsche Rechnungslegungs Standards (E-DRS/DRS) und Aufhebung von DRS

1.1.1 DRS 3: Segmentberichterstattung

- Aufgehoben durch DRS 28.
- Letztmalige Anwendung auf das Geschäftsjahr, das vor dem oder am 31.12.2020 beginnt.

1.1.2 DRS 16: Halbjahresfinanzberichterstattung (Bekanntmachung durch BMJV gem. § 342 Abs. 2 HGB am 20.12.2019)

- Änderung durch DRÄS 10 (vgl. auch Abschn. 1.1.11).
- Lediglich redaktionelle Änderungen, bedingt durch Paragrafenverschiebungen im WpHG aufgrund des Zweiten Gesetzes zur Novellierung von Finanzmarktvorschriften aufgrund europäischer Rechtsakte (Zweites Finanzmarktnovellierungsgesetz – 2. FiMaNoG).
- Die Änderungen sind mit ihrer Verabschiedung durch das DRSC am 17.10.2019 in Kraft getreten.

1.1.3 DRS 17: Berichterstattung über die Vergütung der Organmitglieder (Bekanntmachung durch BMJV gem. § 342 Abs. 2 HGB am 9.4.2020)

- Änderung durch DRÄS 9 (vgl. auch Abschn. 1.1.10).
- Aufhebung der nur für börsennotierte Mutterunternehmen formulierten Transparenzvorgaben (z. B. individuelle Angaben zur Vergütung) als Folge der Überführung der entsprechenden Vorschriften aus dem HGB in § 162 AktG n. F. (aktienrechtlicher Vergütungsbericht).
- Die Änderungen sind erstmals zu beachten für Geschäftsjahre, die nach dem 31.12.2020 beginnen.

1.1.4 DRS 18: Latente Steuern

- Änderung durch E-DRÄS 11 (vgl. auch Abschn. 1.1.12).

1.1.5 DRS 19: Pflicht zur Konzernrechnungslegung und Abgrenzung des Konsolidierungskreises (Bekanntmachung durch BMJV gem. § 342 Abs. 2 HGB am 20.12.2019)

- Änderung durch DRÄS 10 (vgl. auch Abschn. 1.1.11).
- Lediglich redaktionelle Änderungen, bedingt durch Paragrafenverschiebungen im WpHG aufgrund des 2. FiMaNoG.
- Die Änderungen sind mit ihrer Verabschiedung durch das DRSC am 17.10.2019 in Kraft getreten.

1.1.6 DRS 20: Konzernlagebericht (Bekanntmachung durch BMJV gem. § 342 Abs. 2 HGB am 9.4.2020)

- Änderung durch DRÄS 9 (vgl. auch Abschn. 1.1.10).
- Erweiterung des Inhalts der Konzernerklärung zur Unternehmensführung.
- Neu aufzunehmen in die Konzernerklärung zur Unternehmensführung ist der Verweis auf die Webseite, auf der u. a. der „neue" Vergütungsbericht gem. § 162 AktG veröffentlicht ist.
- Die Änderungen sind erstmals zu beachten für Geschäftsjahre, die nach dem 31.12.2020 beginnen.

1.1.7 DRS 23: Kapitalkonsolidierung (Einbeziehung von Tochterunternehmen in den Konzernabschluss)

- Änderung durch DRÄS 10 (vgl. auch Abschn. 1.1.11).
- Lediglich redaktionelle Änderungen, bedingt durch Paragrafenverschiebungen im WpHG aufgrund des 2. FiMaNoG.
- Die Änderungen sind mit ihrer Verabschiedung durch das DRSC am 17.10.2019 in Kraft getreten.
- Bekanntmachung entfällt, da Änderung der Begründung.

1.1.8 DRS 25: Währungsumrechnung im Konzernabschluss (Bekanntmachung durch BMJV gem. § 342 Abs. 2 HGB am 20.12.2019)

- Änderung durch DRÄS 10 (vgl. auch Abschn. 1.1.11).
- Mit DRÄS 10 wurden hauptsächlich die Regelungen zur Inflationsbereinigung durch Indexierung klargestellt.
- Die Änderungen sind mit ihrer Verabschiedung durch das DRSC am 17.10.2019 in Kraft getreten.

1.1.9 DRS 28: Segmentberichterstattung (Verabschiedung am 12.5.2020, Bekanntmachung durch BMJV gem. § 342 Abs. 2 HGB am 5.8.2020, Berichtigung der Bekanntmachung am 18.8.2020)

- Zentraler Regelungsbereich des Standards ist die Segmentberichterstattung, um die der Konzernabschluss gem. § 297 Abs. 1 Satz 2 HGB erweitert werden kann.
- DRS 28 folgt bei der Segmentabgrenzung, der Segmentdatenermittlung sowie der Bestimmung der anzugebenden Segmentdaten grundsätzlich dem *Management Approach* und damit der internen Entscheidungs- und Berichtsstruktur des Konzerns.
- Gegenüber dem am 29.10.2019 veröffentlichten Entwurf E-DRS 36 wurden vorwiegend redaktionelle Anpassungen vorgenommen. Inhaltliche Änderungen am Standard(-entwurf) betreffen eine zusätzliche Regelung zur Zusammenfassung und Erläuterung zu „Alle sonstigen Segmente“ und die Empfehlung zur Angabe von Vorjahreszahlen.
- DRS 28 enthält – anders als DRS 3 – keine branchenspezifischen Regelungen für Kreditinstitute und Versicherungsunternehmen mehr.
- Der Standard ist erstmals auf Geschäftsjahre anzuwenden, die nach dem 31.12.2020 beginnen. Eine frühere Anwendung wird empfohlen.
- Mit DRS 28 wird DRS 3 vom 20.12.1999 aufgehoben (vgl. auch Abschn. 1.1.1).
- Die Bekanntmachung des DRS 28 durch das BMJV gem. § 342 Abs. 2 HGB vom 5.8.2020 wurde am 18.8.2020 berichtigt. Die Berichtigung ist lediglich redaktioneller Natur.
- Zu weiteren Einzelheiten vgl. Kap. A.6.

1.1.10 DRÄS 9 (Verabschiedung am 24.10.2019; Bekanntmachung durch BMJV gem. § 342 Abs. 2 HGB am 9.4.2020)

- Die Änderungen betreffen DRS 17 (vgl. auch Abschn. 1.1.3) sowie DRS 20 (vgl. auch Abschn. 1.1.6).
- Die Änderungen ergeben sich aus dem Gesetz zur Umsetzung der zweiten Aktionärsrechte-Richtlinie (ARUG II).
- Zum E-DRÄS 9 vom 2.7.2019 vgl. Bilanz Check-up 2020, Kap. A 1.5 sowie E 1.1.11.
- Die Änderungen des DRÄS 9 gegenüber der vorherigen Entwurfsfassung E-DRÄS 9 sind in einer gesonderten Unterlage auf der Homepage des DRSC (https://www.drsc.de/app/uploads/2019/10/DRÄS_9_Änderungen_ggü_E-DRÄS_9.pdf, Abrufdatum: 1.9.2020) dargestellt.
- Zu weiteren Einzelheiten vgl. Kap. A.5.

1.1.11 DRÄS 10 (Verabschiedung am 17.10.2019; Bekanntmachung durch BMJV gem. § 342 Abs. 2 HGB am 20.12.2019)

- Mit DRÄS 10 werden hauptsächlich die Regelungen in DRS 25 zur Inflationsbereinigung durch Indexierung klargestellt (vgl. auch Abschn. 1.1.8).
- Darüber hinaus werden redaktionelle Änderungen an DRS 16, DRS 19 und DRS 23 vorgenommen.
- Die Änderungen sind bedingt durch Paragrafenverschiebungen im WpHG aufgrund des 2. FiMaNoG.
- Zum E-DRÄS 10 vom 2.7.2020 vgl. Bilanz Check-up 2020, Kap. A 1.6 sowie E 1.1.12.
- Die Änderungen des DRÄS 10 gegenüber der vorherigen Entwurfsfassung E-DRÄS 10 sind in einer gesonderten Unterlage auf der Homepage des DRSC (https://www.drsc.de/app/uploads/2019/10/191031_Änderungen_DRÄS10-ggü-E-DRÄS10.pdf, Abrufdatum: 1.9.2020) dargestellt.
- Zu weiteren Einzelheiten vgl. Kap. A.5.

1.1.12 E-DRÄS 11: Änderungen des DRS 18 *Latente Steuern* (Veröffentlichung am 23.12.2019)

- Wesentliche vorgeschlagene Änderungen sind:
  - Zulässigkeit einer analogen Anwendung des § 306 Satz 3 HGB (*Share Deal*) auf Buchwertdifferenzen aus dem erstmaligen Ansatz eines Geschäfts- oder Firmenwerts nach § 246 Abs. 1 Satz 4 HGB (*Asset Deal*).

- Zulässigkeit einer analogen Anwendung des § 306 Satz 3 HGB auf Buchwertdifferenzen beim Geschäfts- oder Firmenwert bzw. passiven Unterschiedsbetrag bei Anwendung der Equity-Methode.
- Für Zwecke der Folgebewertung sollen latente Steuern auf Buchwertdifferenzen beim Geschäfts- oder Firmenwert bzw. passiven Unterschiedsbetrag anzusetzen sein, soweit sie auf temporären Differenzen beruhen, die auf einen steuerlich abzugsfähigen Geschäfts- oder Firmenwert bzw. einen steuerlich zu berücksichtigenden passiven Unterschiedsbetrag zurückzuführen sind.
- Die in Tz. 40 und B3 des DRS 25 enthaltenen Regelungen zu latenten Steuern werden in den DRS 18 integriert:
  - Auf die Eigenkapitaldifferenz aus der Umrechnung von auf fremde Währung lautenden Abschlüssen gem. § 308a HGB dürfen keine latenten Steuern gebildet werden.
  - Die Ermittlung der latenten Steuern einer Zweigniederlassung soll so erfolgen, als ob diese Zweigniederlassung ein rechtlich selbständiges Unternehmen ist. Dies soll gleichermaßen für Betriebsstätten, die keine Zweigniederlassungen sind, gelten.
- Bei der Zwischenergebniseliminierung wird die Verwendung der Steuersätze, die sich vom Steuersatz des Empfängerunternehmens abweichen, nur dann als zulässig angesehen, wenn dadurch realitätsnähere Informationen vermittelt werden.
- In Tz. 63 Buchst. c wird klargestellt, dass die Angabe der latenten Steuersalden am Ende des Geschäftsjahrs und der im Laufe des Geschäftsjahrs erfolgten Änderungen dieser Salden nur dann erforderlich ist, wenn in der Konzernbilanz latente Steuerschulden entweder aus der Anwendung von § 274 Abs. 1 HGB i.V.m. § 298 Abs. 1 HGB ausgewiesen (Passivüberhang) oder aus der Anwendung von § 306 Satz 1 HGB angesetzt werden.
- Aufhebung der Regelungen zu quantitativen Angaben zu nicht angesetzten aktiven latenten Steuern, ungenutzten Verlustvorträgen und ungenutzten Steuergutschriften in Tz. 66.
- Aufhebung der Pflicht zur Erstellung einer Überleitungsrechnung gem. Tz. 67.
- Aufnahme von Beispielen zu den Regelungen zur Steuerabgrenzung bei der Durchführung der Konsolidierungsmaßnahmen in die Begründung.
- Zu weiteren Einzelheiten vgl. Kap. A.7.

1.2 (Entwürfe) DRSC Interpretationen

DRSC-Interpretation 1 (IFRS): Bilanzgliederung nach Fristigkeit gemäß IAS 1 Darstellung des Abschlusses (i. d. F. vom 12.7.2013)

- Rücknahme der DRSC-Interpretation 1 (IFRS) am 14.2.2020.

1.3 (Entwürfe) DRSC Anwendungshinweise

DRSC-Anwendungshinweis 3 (IFRS): Ausgewählte IFRS-Bilanzierungsfragen unter besonderer Berücksichtigung gesamtwirtschaftlicher und unternehmensindividueller Krisensituationen (Veröffentlichung: 16.12.2009, letzte Überarbeitung: 28.5.2020)

- Der Anwendungshinweis (DRSC AH 3) ist im Zuge der Finanzmarktkrise 2009 entwickelt worden. Mit diesem Anwendungshinweis werden Bilanzierer auf bestimmte Sachverhalte im deutschen Rechtsumfeld aufmerksam gemacht und ihnen Hilfestellungen für den bilanzielle Umgang mit Krisensituationen an die Hand gegeben.
- Der IFRS-Fachausschuss hat in seiner 85. Sitzung Anfang Juni 2020 hinsichtlich des DRSC AH 3 u. a. beschlossen, dass
  - kurzfristig lediglich notwendige redaktionelle Änderungen vorgenommen werden,
  - für die anstehende Berichterstattung zum Halbjahr 2020 die bestehenden Ausführungen in Abschn. 9 zu beachten sind,
  - mittelfristig eine umfassende Überarbeitung und Erweiterung erfolgen soll.
- Die redaktionell überarbeitete Fassung des DRSC AH 3 wurde Mitte Juni 2020 verabschiedet und auf der Internetseite des DRSC eingestellt.
- Da die meisten Fragestellungen nicht nur für nach IFRS bilanzierende Unternehmen relevant sind, sondern gleichermaßen HGB-Bilanzierer betreffen (können), wurde beschlossen, dass der IFRS Fachausschuss und der HGB-Fachausschuss gemeinsam die Überarbeitung des Anwendungshinweises übernehmen.

2 Institut der Wirtschaftsprüfer e. V. (IDW) – IDW Verlautbarungen

2.1 (Entwürfe) IDW Stellungnahmen zur Rechnungslegung (IDW ERS/RS)

2.1.1 IDW RS BFA 7: Risikovorsorge für vorhersehbare, noch nicht individuell konkretisierte Adressenausfallrisiken im Kreditgeschäft von Kreditinstituten („Pauschalwertberichtigungen") (Stand: 13.12.2019)

- Gegenstand ist die Berücksichtigung vorhersehbarer, aber noch nicht bei einzelnen Kreditnehmern konkretisierten Adressenausfallrisiken im Kreditgeschäft von Kreditinstituten („Pauschalwertberichtigung") im handelsrechtlichen Jahres- bzw. Konzernabschluss. Basierend auf den allgemeinen handelsrechtlichen Grundsätzen zur Bildung von Pauschalwertberichtigungen werden diese im Hinblick auf das spezifische Geschäftsmodell von Kreditinstituten konkretisiert. IDW RS BFA 7 ersetzt die *IDW Stellungnahme des Bankenfachausschusses: Zur Bildung von Pauschalwertberichtigungen für das latente Kreditrisiko im Jahresabschluß von Kreditinstituten* (IDW St/BFA 1/1990) und stellt deren Fortentwicklung dar.
- Die Verlautbarung ist erstmals anzuwenden auf Geschäftsjahre, die nach dem 31.12.2021 beginnen. Eine vorzeitige Anwendung ist zulässig.
- Zu weiteren Einzelheiten vgl. Abschn. 1.
- Zum Entwurf vom 28.11.2018 vgl. Bilanz Check-up 2020, Kap. E 2.1.1.

2.1.2 IDW RS HFA 50: Modulentwurf IFRS 1 – M1: Übergang von einem kombinierten Abschluss auf einen IFRS-Konzernabschluss für einen Geschäftsbereich aufgrund eines geplanten Börsengangs unter Anwendung der *extraction method* (Stand: 20.3.2020)

- In diesem Modul wird eine aus der Sicht des IDW zulässige Bilanzierungsvariante für den speziellen Fall vorgestellt, dass eine Konzernstruktur gezielt geändert wird, um bestimmte Geschäftsbereiche eines Konzerns, die zuvor keine eigene Rechtseinheit (*legal entity*) bildeten, in Form eines öffentlichen Angebots (*Initial Public Offering*, IPO) an den Kapitalmarkt zu bringen.
- Dabei kann es vorkommen, dass zum Stichtag eines in den erforderlichen Wertpapierprospekt aufzunehmenden Abschlusses die rechtliche Reorganisation noch nicht beendet ist und die betroffenen Gesellschaften (noch) keinen Konzern i.S.v. IFRS 10 darstellen. Fraglich ist, ob für diesen „Verbund" von Gesellschaften ein mit den IFRS in Einklang stehender Abschluss aufgestellt

werden kann und bejahendenfalls mit welchen Wertansätzen die Vermögenswerte und Schulden in dem Abschluss zu erfassen sind.

- Hinweis: Das in dem Modulentwurf IFRS 1 – M 1 dargestellte Vorgehen ist eine mögliche Bilanzierungsvariante. Eine weitere denkbare Variante soll in einem in Kürze in der Zeitschrift „Die Wirtschaftsprüfung“ erscheinenden Beitrag zu IFRS 1 – M1 ebenfalls vorgestellt und ausführlich erläutert werden. Bis Ende September war dieser Beitrag von Böckem u.a. noch nicht erschienen.

2.1.3 IDW RS HFA 50: Modulentwurf IFRS 9 – M2: Vereinbarkeit des Geschäftsmodells „Halten" i.S.v. IFRS 9 mit dem Verkauf von Forderungen im Rahmen von Factoring-Vereinbarungen (Stand: 12.5.2020)

- Zur Klärung von Anwendungsfragen und Problemen bei der Klassifizierung und Bewertung von Finanzinstrumenten nach IFRS 9 hat das IDW die IDW RS HFA 50 um das Modul IFRS 9 – M2 ergänzt.
- Das Modul IFRS 9 – M2 beantwortet die Frage, ob der Verkauf von Forderungen aus Lieferungen und Leistungen im Rahmen spezieller Factoring-Vereinbarungen mit dem Geschäftsmodell „Halten“ i.S.v. IFRS 9 vereinbar ist. Eine Zuordnung von finanziellen Vermögenswerten zum Geschäftsmodell „Halten“ ist – neben der Erfüllung der Zahlungsstrombedingung – Voraussetzung für eine Bilanzierung zu fortgeführten Anschaffungskosten.

2.1.4 IDW RS HFA 50: Modulentwurf IFRS 9 – M3: Beurteilung der Zahlungsstrombedingung bei unterschiedlichen Zugangszeitpunkten von Finanzinstrumenten mit identischen Vertragsbedingungen (Stand: 12.5.2020)

- Zur Klärung von Anwendungsfragen und Problemen bei der Klassifizierung und Bewertung von Finanzinstrumenten nach IFRS 9 hat das IDW die IDW RS HFA 50 um das Modul IFRS 9 – M3 ergänzt.
- In der Praxis kann es bei unterschiedlichen Ausgabe- bzw. Erwerbszeitpunkten von Finanzinstrumenten dazu kommen, dass finanzielle Vermögenswerte mit identischen Vertragsbedingungen zu unterschiedlichen Zeitpunkten erstmalig bilanziell erfasst werden. Die Klassifizierung eines finanziellen Vermögenswertes erfolgt beim erstmaligen Ansatz. I.R.d. Klassifizierung ist der Wertmaßstab für seine Folgebewertung festzulegen (vgl. IFRS 9.3.1.1 i.V.m. IFRS 9.4.1.1). Für die Bewertung zu fortgeführten Anschaffungskosten oder zum *Fair Value* mit der Erfassung von Wertänderungen im sonstigen Ergebnis muss die jeweilige Ge-

schäftsmodellbedingung und die Zahlungsstrombedingung kumulativ erfüllt sein (vgl. IFRS 9.4.1.2, IFRS 9.4.1.2A). Die Zahlungsstrombedingung ist erfüllt, wenn die Vertragsbedingungen des finanziellen Vermögenswerts zu festgelegten Zeitpunkten zu Zahlungen führen, die ausschließlich Tilgungen und Zinsen auf das ausstehende Kapital darstellen (IFRS 9.4.1.2(b), IFRS 9.4.1.2A(b)).

- Die Umstände zum Zeitpunkt der Herausgabe (erstmaliger Ansatz eines finanziellen Vermögenswertes) können sich von den Umständen zu einem späteren Zeitpunkt unterscheiden. Ebenso ist denkbar, dass mehrere Finanzinstrumente mit identischen Vertragsbedingungen an einer Börse emittiert werden. In Abhängigkeit vom Erwerbszeitpunkt können aber beim erstmaligen Ansatz des Finanzinstruments unterschiedliche Umstände herrschen, die für die Beurteilung der Zahlungsstrombedingung relevant sind.
- Das Modul IFRS 9 – M3 befasst sich in diesem Zusammenhang mit der Frage, inwieweit sich geänderte Umstände auf die Beurteilung der Zahlungsstrombedingung i. R. d. Klassifizierung von finanziellen Vermögenswerten nach IFRS 9 beim Erstansatz auswirken können.

2.1.5 IDW RS HFA 50: Modulentwurf IFRS 16 – M1: Bilanzierung von Erbbaurechtsverträgen nach deutschem Recht (Stand: 12.5.2020)

- Das IDW hat sich mit einer Reihe von Anwendungsfragen zur Bilanzierung von Leasingverhältnissen nach IFRS 16 auseinandergesetzt und hierzu die IDW RS HFA 50 um das Modul IFRS 16 – M1 ergänzt.
- Das Modul beantwortet die Frage, ob aus Sicht des Erbbauberechtigten „nur" ein Nutzungsrecht oder faktisch die Kontrolle über das Grundstück übertragen wird. In letzterem Fall läge wirtschaftlich betrachtet ein Kauf vor, der nicht als Leasingverhältnis nach IFRS 16, sondern als Grundstückserwerb nach IAS 16 zu bilanzieren wäre.

2.1.6 IDW RS HFA 50: Modulentwurf IFRS 16 – M2: Bilanzierung von Vereinbarungen zur Überlassung von Firmenwagen an Arbeitnehmer (Stand: 12.5.2020)

- Das IDW hat sich mit einer Reihe von Anwendungsfragen zur Bilanzierung von Leasingverhältnissen nach IFRS 16 auseinandergesetzt und hierzu IDW RS HFA 50 um das Modul IFRS 16 – M2 ergänzt.
- Das IDW würdigt die Frage, ob der Arbeitgeber aufgrund der Nutzungsüberlassung des PKW an den Arbeitnehmer nicht nur Leasingnehmer i. R. d. Hauptleasingverhältnisses mit dem Leasinggeber (Mietwagenfirma), sondern gleich-

zeitig auch Leasinggeber in einem Unterleasingverhältnis mit dem Arbeitnehmer ist. Dieses wäre dann ebenfalls nach IFRS 16 zu bilanzieren. Andernfalls läge lediglich eine Art der Mitarbeitervergütung i. S. d. IAS 19 vor.

2.1.7 IDW RS HFA 50: Modulentwurf IFRS 16 – M3: Bilanzierung von Mieterdarlehen aus Immobilienleasingverträgen (Stand: 12.5.2020)

- Das IDW hat sich mit einer Reihe von Anwendungsfragen zur Bilanzierung von Leasingverhältnissen nach IFRS 16 auseinandergesetzt und hierzu IDW RS HFA 50 um das Modul IFRS 16 – M3 ergänzt.
- Das Modul erörtert die Frage, ob ein Mieterdarlehen eine Restwertgarantie des Leasingnehmers i. S. v. IFRS 16 darstellt und wie das Mieterdarlehen zu Beginn und während der Laufzeit des Leasingverhältnisses zu bilanzieren ist. Darüber hinaus wird geklärt, auf welchen Wert das Nutzungsrecht abgeschrieben werden muss und wie die Bilanzierung nach IFRS 9 zu erfolgen hat, wenn ein Teil des Mieterdarlehens als finanzielle Forderung zu erfassen ist.

2.2 (Entwürfe) IDW Prüfungsstandards (IDW EPS/PS)

2.2.1 IDW EPS 201 n. F.: Rechnungslegungs- und Prüfungsgrundsätze für die Abschlussprüfung (Stand: 3.12.2019)

- Die vorgesehenen Änderungen betreffen im Wesentlichen 2 Bereiche:
  - Berücksichtigung der um nationale Besonderheiten modifizierten Fassungen der *International Standards on Auditing* (ISA [DE]) als Teil der vom IDW festgestellten deutschen GoA im Kontext der Darlegung der künftig maßgeblichen Grundsätze für die Abschlussprüfung sowie
  - Klarstellungen und punktuelle Modifikationen zur Berücksichtigung bzw. Würdigung von Rechtsprechung (mit handelsrechtlichem Bezug) bei der Interpretation von (deutschen) Rechnungslegungsgrundsätzen.
- Die neu gefasste Verlautbarung wird die in ISA [DE] 200 dargelegten Grundsätze flankieren.
- Der neu gefasste Prüfungsstandard soll für die Prüfung von Abschlüssen für Berichtszeiträume, die am oder nach dem 15.12.2020 beginnen, gelten.

2.2.2 IDW PS 340 n. F.: Die Prüfung des Risikofrüherkennungssystems (Stand: 27.5.2020)

- Die Neufassung berücksichtigt insbesondere folgende Aspekte:
  - Konkretisierung der Grundelemente eines Risikofrüherkennungssystems in Anlehnung an die zur Einrichtung und Prüfung von Risikomanagement- und Compliance-Management-Systemen entwickelten Grundelemente (vgl. IDW PS 980 und IDW PS 981)
  - Betonung der Pflichten eines Unternehmens in Bezug auf die Risikotragfähigkeit und Risikoaggregation
  - Klarstellungen zur Ausgestaltung der Maßnahmen nach § 91 Abs. 2 AktG bei Konzernen
  - Klarstellungen zur Betrachtung von „Netto-Risiken“ sowie zur Risikosteuerung als Bestandteil der zu prüfenden Grundelemente eines Risikofrüherkennungssystems
  - Verdeutlichung der Dokumentationspflichten des Unternehmens unter Berücksichtigung der zwischenzeitlich ergangenen Rechtsprechung
  - Konkretisierung und Betonung, dass die Prüfung gem. § 317 Abs. 4 HGB durch den Abschlussprüfer unter Berücksichtigung der i. R. d. Prüfung des Jahresabschlusses und des Lageberichts gewonnenen Erkenntnisse erfolgt
  - Überarbeitung der Berichterstattung des Abschlussprüfers
  - weitergehende Berichterstattung in Bezug auf festgestellte Mängel
  - ergänzende Anforderungen in Bezug auf eine ggf. erforderliche Einschränkung oder Versagung der Erklärung
- Die Neufassung des IDW PS 340 ist erstmals für Abschlussprüfungen von Berichtszeiträumen anzuwenden, die nach dem 31.12.2020 beginnen.

2.2.3 IDW PS 345: Auswirkungen des Deutschen Corporate Governance Kodex auf die Abschlussprüfung (Stand: 10.7.2017) – Überarbeitung der Formulierungsempfehlung der Anlage 2 (verabschiedet am 30.4.2020)

- Die Regierungskommission DCGK hat am 16.12.2019 eine neue Fassung des Kodex beschlossen. Der Kodex 2020 ist am 20.3.2020 im Bundesanzeiger veröffentlicht worden und damit in Kraft getreten. Er löst den bis dahin geltenden Kodex i. d. F. vom 7.2.2017 ab. Die bislang in Ziffer 7.2.1 des Kodex 2017 enthaltene Empfehlung zur Unabhängigkeitserklärung des Abschlussprüfers gegenüber dem Prüfungsausschuss vor Unterbreitung des Wahlvorschlags ist (ersatzlos) entfallen.

- Das IDW geht davon aus, dass das Aufsichtsorgan trotz Wegfalls der Empfehlung zur Einholung der Unabhängigkeitserklärung im DCGK auch in Zukunft an einer Unabhängigkeitserklärung des Abschlussprüfers vor Unterbreitung des Wahlvorschlags interessiert sein wird. Daher wurde die bisherige Formulierungsempfehlung der Anlage 2 des IDW PS 345 überarbeitet.
- Das IDW hat am 30.4.2020 einen fachlichen Hinweis mit einer Formulierungsempfehlung für eine Unabhängigkeitserklärung zur Vorbereitung der Wahl als Abschlussprüfer veröffentlicht.
- Zu beachten ist, dass ein Abschlussprüfer eines EU PIEs gem. Art. 6 Abs. 2 EU-APrVO weiterhin seine Unabhängigkeit erklärt.

2.2.4 IDW PS 400 n. F.: Bildung eines Prüfungsurteils und Erteilung eines Bestätigungsvermerks (Stand: 30.11.2017) – Folgeänderung durch Neufassung des IDW PS 650 n. F.

- Folgeänderung in Tz. A 63 aufgrund der Neufassung von IDW PS 650 n. F.
- Vgl. hierzu Ausführungen zu IDW PS 650 n. F. in Abschn. 2.2.9.

2.2.5 IDW PS 475: Mitteilung von Mängeln im internen Kontrollsystem an die für die Überwachung Verantwortlichen und das Management (Stand: 26.3.2020)

- IDW PS 475 wird Teil der künftigen vom IDW festgestellten deutschen GoA und flankiert die im IDW PS 470 n. F. dargelegten Grundsätze. Als Bestandteil der sog. *Reporting Standards* wird ISA 265 konsequenterweise als transformierter IDW PS 475 veröffentlicht. Bislang sind die Anforderungen von ISA 265 im IDW PS 261 n. F. umgesetzt.
- Ursprünglich am 26.9.2019 verabschiedet, wurde am 26.3.2020 die Verschiebung des Erstanwendungszeitpunkts (Tz. 8) um ein Jahr auf die Prüfung von Berichtszeiträumen, die am oder nach dem 15.12.2021 beginnen, beschlossen.
- Im Vergleich zum Entwurf wurden – mit Ausnahme der Verschiebung des Erstanwendungszeitpunkts – keine Änderungen vorgenommen.
- Zum Entwurf IDW EPS 475 vom 8.4.2019 vgl. Bilanz Check-up 2020, Kap. E 2.2.1.

2.2.6 IDW EPS 521 n. F.: Die Prüfung des Wertpapierdienstleistungsgeschäfts nach § 89 WpHG (Stand: 17.3.2020)

- Der Entwurf beschreibt die Prüfungsanforderungen für die Prüfung des Wertpapierdienstleistungsgeschäfts nach § 89 WpHG bei der Auftragsannahme, der Prüfungsplanung und -durchführung sowie bei der Berichterstattung. Als Anlage ist ein Muster für eine Gliederung eines Prüfungsberichts beigefügt.
- Die Erarbeitung des Entwurfs ist aus folgenden Gründen erforderlich geworden:
  - Gesetzesänderungen, v. a. durch das 2. FiMaNoG, mit dem die überarbeitete Finanzmarktrichtlinie (MiFID II) in nationales Recht umgesetzt wurde. Als grundlegender Rechtsrahmen für den Handel mit Finanzinstrumenten enthält die MiFID II zusammen mit der neuen Finanzmarktverordnung (MiFIR) – als Reaktion des europäischen Gesetzgebers auf die Finanzmarktkrise, aber auch auf technologiegetriebene Änderungen in der Marktinfrastruktur und das gesteigerte Bedürfnis nach umfassendem Anlegerschutz – eine im Vergleich zur Vorgängerrichtlinie MiFID I deutlich dichtere Regulierung.
  - Es wird klargestellt, dass der Prüfung des Wertpapierdienstleistungsgeschäfts nach § 89 WpHG – abweichend von Prüfungsaufträgen mit hinreichender Sicherheit – eine eigenständige aufsichtsrechtliche Auftragsart zugrunde liegt („Feststellungen auf der Grundlage durchgeführter Prüfungshandlungen und darauf bezogene Berichterstattung“).
  - Um auf eine einheitliche Vorgehensweise im Berufsstand hinzuwirken, werden die Mindestanforderungen an die Prüfungshandlungen, insbesondere für die grundsätzlich in allen Teilbereichen durchzuführende Systemprüfung mit Funktionstests, sowie an Stichproben- und Einzelfallprüfungen dargestellt.
  - Die Anforderungen an die Berichterstattung im Prüfungsbericht einschließlich des Fragebogens werden verdeutlicht.
- Der Prüfungsstandard soll erstmals gelten für Prüfungen des Wertpapierdienstleistungsgeschäfts nach § 89 WpHG, mit denen nach dem 31.12.2020 begonnen wird.

2.2.7 IDW PS 610 n. F.: Prüfung nach § 6b Energiewirtschaftsgesetz (Stand: 26.6.2020)

- Ausgangspunkt für die Neufassung des IDW PS 610 n. F. war die sog. IDW-PS-400-Reihe, die eine grundlegende Überarbeitung der Formulierungsbeispiele für den Vermerk über die Prüfung der Einhaltung der Rechnungslegungspflichten nach § 6b Abs. 3 EnWG als Teil des Bestätigungsvermerks erforderlich machte.
- Der vorliegende IDW PS 610 n. F. berücksichtigt zurzeit noch nicht die am 25.11.2019 von der Bundesnetzagentur (BNetzA) beschlossenen Festlegungen nach § 6b Abs. 6 EnWG i. V. m. § 29 EnWG zu Vorgaben von zusätzlichen Bestimmungen für die Erstellung und Prüfung von Jahresabschlüssen und Tätigkeitsabschlüssen gegenüber vertikal integrierten Energieversorgungsunternehmen und rechtlich selbstständigen Netzbetreibern. Hierzu erarbeitet der EFA einen gesonderten IDW Prüfungsstandard, der voraussichtlich im Herbst veröffentlicht wird und Folgeänderungen an IDW PS 610 n. F. erforderlich machen wird.
- Wie bereits der Entwurf, lässt IDW PS 610 n. F. weiterhin offen, ob Messstellenbetreiber für den grundzuständigen Messstellenbetrieb für moderne Messeinrichtungen und intelligente Messsysteme nach § 3 Abs. 4 Satz 2 MsbG lediglich getrennte Konten zu führen haben oder ob auch die Erstellung eines Tätigkeitsabschlusses für diese Tätigkeit zwingend ist. Zu dieser Frage sind aktuell 2 Verfahren vor dem OLG Düsseldorf anhängig (VI-3 Kart 884/19 sowie VI-3 Kart 885/19), deren Ausgang abzuwarten bleibt.
- Der Prüfungsstandard ist anzuwenden bei Prüfungen von Abschlüssen für Berichtszeiträume, die am oder nach dem 15.12.2020 beginnen.

2.2.8 IDW EPS 611: Gesonderte Prüfung aufgrund der Festlegungen des BNetzA nach § 6b Abs. 6 i. V. m. § 29 EnWG (Stand: 26.6.2020)

- Hintergrund für die Erarbeitung des IDW EPS 611 sind die von der BNetzA im letzten Winter veröffentlichten Festlegungen für den Strom- und Gasbereich, wonach bestimmte Energieversorgungsunternehmen, insbesondere Netzbetreiber, ergänzende Angaben (außerhalb des Jahresabschlusses) zu machen haben. Diese Angaben sind entweder i. R. d. Jahresabschlussprüfung oder gesondert „zu prüfen". Nach Auffassung des IDW bestehen allerdings bei diversen Angaben Schwierigkeiten mit den Grundlagen für das Soll-Objekt. Auch ist die Wirtschaftlichkeit der Prüfung (das Verhältnis zwischen dem Prüfungsaufwand und dem Erkenntnisgewinn für den vorgesehenen Nutzer des Prüfungsergebnisses) zu beachten.

- Der IDW EPS 611 sieht im Hinblick auf die nach den Festlegungen der BNetzA notwendigen, ergänzenden Angaben vor, dass der Abschlussprüfer bestimmte festgelegte Prüfungshandlungen zu diesen Angaben durchführt. Damit sich die BNetzA ein ausreichendes und zutreffendes Bild über Art und Umfang der durchgeführten Prüfungshandlungen verschaffen kann, sind in dem Prüfungsbericht die durchgeführten Prüfungshandlungen hinsichtlich Art und Umfang und deren Ergebnisse (Prüfungsfeststellungen) ausreichend detailliert und verständlich darzustellen.

2.2.9 IDW PS 650 n. F.: Zum erweiterten Umfang der Jahresabschlussprüfung von Krankenhäusern nach Landeskrankenhausrecht (Stand: 31.3.2019)

- Seit dem 1.1.2019 müssen Bestätigungsvermerke im neuen Format gem. IDW PS 400 n. F. erteilt werden. Der Prüfungsstandard wurde deshalb überarbeitet.
- In Bestätigungsvermerken a. F. wurden bisher in der Praxis häufig Zusätze hinsichtlich der zweckentsprechenden, sparsamen und wirtschaftlichen Verwendung von Fördermitteln aufgenommen. Dies betrifft Bundesländer, die nach Landesrecht eine Prüfung des Jahresabschlusses und einzelne Erweiterungen (Fördermittel, Geschäftsführung, wirtschaftliche Lage) vorschreiben (z. B. NRW, Hamburg). IDW PS 650 n. F. stellt v. a. klar, dass der Abschlussprüfer den Bestätigungsvermerk gem. IDW PS 400 n. F.66 über die in der IDW-PS-400er-Reihe zum Bestätigungsvermerk geregelten Grundsätze hinaus um zusätzliche Aussagen nur dann erweitern darf, wenn gesetzliche Vorschriften eine solche Erweiterung ausdrücklich verlangen. Weil es derzeit keine landesgesetzlichen Vorschriften gibt, die die Erweiterung des Bestätigungsvermerks ausdrücklich verlangen, ist eine solche Erweiterung nicht sachgerecht.
- Über das Ergebnis aus Erweiterungen des Auftrags zur Abschlussprüfung ist deshalb in einem gesonderten Abschnitt des Prüfungsberichts und ggf. zusätzlich in einem gesonderten Vermerk zu berichten. Diese Klarstellung führt auch zur Folgeänderung von IDW PS 400 n. F.A63.
- Dieser Prüfungsstandard gilt für die Prüfung von Abschlüssen für Berichtszeiträume, die am oder nach dem 15.12.2018 beginnen.
- Zum Entwurf IDW EPS 650 n. F. vom 21.12.2018 vgl. Bilanz Check-up 2020, Kap. E 2.2.3.

2.2.10 IDW EPS 721 n. F.: Prüfung der Marktkonformität nach § 16d Abs. 1 Satz 2 Rundfunkstaatsvertrag als Erweiterung der Abschlussprüfung (Stand: 4.11.2019)

- Der Rundfunkstaatsvertrag (RStV) verlangt die Prüfung der Marktkonformität kommerzieller Tätigkeiten von Beteiligungsunternehmen der öffentlich-rechtlichen Rundfunkanstalten. Wirtschaftsprüfer werden bei dieser Prüfung unterstützend für die Landesrechnungshöfe tätig.
- Seit der Verabschiedung des IDW PS 721 im Jahr 2010 ergab sich redaktioneller Anpassungsbedarf aufgrund der Änderung des RStV sowie der Verrechnungspreisrichtlinie.
- Außerdem wurde die Verlautbarung fortentwickelt, um mehr Transparenz über das Prüfungsvorgehen zu schaffen. Nach der Art der Aussage des Wirtschaftsprüfers werden 3 Kategorien unterschieden, die jeweils ein anderes Vorgehen des Berufsangehörigen nach sich ziehen.

2.3 (Entwürfe) Deutsche Fassung der International Standards on Auditing (ISA [E-DE]/ISA [DE])

2.3.1 Allgemeiner Hinweis zum Erstanwendungszeitpunkt verschiedener ISA [DE]

- Wie bereits in Bilanz Check-up 2020, Kap. E 2.3 berichtet, wurde die verpflichtende Erstanwendung der ISA [DE] um ein Kalenderjahr verschoben. Die verpflichtende Erstanwendung sämtlicher ISA [DE] ist für die Prüfung von Abschlüssen für Berichtszeiträume vorgesehen, die am oder nach dem 15.12.2020 beginnen, mit Ausnahme von Rumpfgeschäftsjahren, die vor dem 31.12.2021 enden. Eine freiwillige vorzeitige Anwendung ist für die Prüfung von Abschlüssen für Zeiträume zulässig, die am oder nach dem 15.12.2019 beginnen, mit Ausnahme von Rumpfgeschäftsjahren, die vor dem 31.12.2020 enden, wenn sämtliche Prüfungsstandards angewendet werden, die die künftigen festgestellten GoA bilden.
- Am 26.3.2020 hat der HFA beschlossen, den Berufsstand während der COVID-19-Pandemie von Umstellungsmaßnahmen zu entlasten und die verpflichtende Erstanwendung der ISA [DE] um ein Jahr zu verschieben. Die ISA [DE] gelten damit erstmalig für die Prüfung von Abschlüssen für Zeiträume, die am oder nach dem 15.12.2021 beginnen, mit Ausnahme von Rumpfgeschäftsjahren, die vor dem 31.12.2022 enden. Die freiwillige vorzeitige Anwendung bleibt davon

unberührt. Dementsprechend wurden die Textziffern der vom HFA 2019 verabschiedeten 24 ISA [DE] zum Erstanwendungszeitpunkt angepasst.

2.3.2 ISA [DE] 200: Übergeordnete Ziele des unabhängigen Prüfers und Grundsätze einer Prüfung in Übereinstimmung mit den International Standards on Auditing (Stand: 26.3.2020)

- Keine wesentlichen Änderungen im Vergleich zu dem veröffentlichten Standardentwurf. Zum Entwurf ISA [E-DE] 200 vgl. Bilanz Check-up 2020, Kap. E 2.3.1.
- Verschiebung des verpflichtenden Erstanwendungszeitpunktes um ein Jahr (vgl. Abschn. 2.3.1).

2.3.3 ISA [DE] 210: Vereinbarung der Auftragsbedingungen für Prüfungsaufträge (Stand: 26.3.2020)

- Im Vergleich zum Entwurf wurde klargestellt, dass die von der EU übernommenen IFRS stets als vertretbare Rechnungslegungsgrundsätze anzusehen sind und der Abschlussprüfer daher in diesen Fällen nicht festzustellen braucht, ob es sich um vertretbare Rechnungslegungsgrundsätze handelt. Zum Entwurf ISA [E-DE] 210 vgl. Bilanz Check-up 2020, Kap. E 2.3.2.
- Verschiebung des verpflichtenden Erstanwendungszeitpunktes um ein Jahr (vgl. Abschn. 2.3.1).

2.3.4 ISA [DE] 230: Prüfungsdokumentation (Stand: 26.3.2020)

- Keine wesentlichen Änderungen im Vergleich zu dem veröffentlichten Standardentwurf. Zum Entwurf ISA [E-DE] 230 vgl. Bilanz Check-up 2020, Kap. E 2.3.3.
- Verschiebung des verpflichtenden Erstanwendungszeitpunktes um ein Jahr (vgl. Abschn. 2.3.1).

2.3.5 ISA [DE] 240: Verantwortlichkeiten des Abschlussprüfers bei dolosen Handlungen (Stand: 26.3.2020)

- Im Vergleich zum Standardentwurf wird im ISA [DE] 240 auf die aufgrund des Übergangs auf die ISA-Terminologie neu eingeführten Begriffe „Irrtümer“ und „dolose Handlungen“ nunmehr gesondert eingegangen und vor dem Hintergrund der bislang im IDW PS 210 verwendeten Begriffe „Unrichtigkeiten“ und „Verstöße“ erläutert. Zum Entwurf ISA [E-DE] 240 vgl. Bilanz Check-up 2020, Kap. E 2.3.4.

- Verschiebung des verpflichtenden Erstanwendungszeitpunktes um ein Jahr (vgl. Abschn. 2.3.1).

2.3.6 ISA [DE] 250 (Revised): Berücksichtigung von Gesetzen und anderen Rechtsvorschriften bei einer Abschlussprüfung (Stand: 26.3.2020)

- Keine wesentlichen Änderungen im Vergleich zu dem veröffentlichten Standardentwurf. Zum Entwurf ISA [E-DE] 250 (Revised) vgl. Bilanz Check-up 2020, Kap. E 2.3.5.
- Verschiebung des verpflichtenden Erstanwendungszeitpunktes um ein Jahr (vgl. Abschn. 2.3.1).

2.3.7 ISA [DE] 300: Planung einer Abschlussprüfung (Stand: 26.3.2020)

- Keine wesentlichen Änderungen im Vergleich zu dem veröffentlichten Standardentwurf. Zum Entwurf ISA [E-DE] 300 vgl. Bilanz Check-up 2020, Kap. E 2.3.6.
- Verschiebung des verpflichtenden Erstanwendungszeitpunktes um ein Jahr (vgl. Abschn. 2.3.1).

2.3.8 ISA [DE] 315 (Revised): Identifizierung und Beurteilung der Risiken wesentlicher falscher Darstellungen aus dem Verständnis von der Einheit und ihrem Umfeld (Stand: 26.3.2020)

- Keine wesentlichen Änderungen im Vergleich zu dem veröffentlichten Standardentwurf. Zum Entwurf ISA [E-DE] 315 (Revised) vgl. Bilanz Check-up 2020, Kap. E 2.3.7.
- Verschiebung des verpflichtenden Erstanwendungszeitpunktes um ein Jahr (vgl. Abschn. 2.3.1).

2.3.9 ISA [DE] 320: Wesentlichkeit bei der Planung und Durchführung einer Abschlussprüfung (Stand: 26.3.2020)

- Keine wesentlichen Änderungen im Vergleich zu dem veröffentlichten Standardentwurf. Zum Entwurf ISA [E-DE] 320 vgl. Bilanz Check-up 2020, Kap. E 2.3.8.
- Verschiebung des verpflichtenden Erstanwendungszeitpunktes um ein Jahr (vgl. Abschn. 2.3.1).

2.3.10 ISA [DE] 330: Reaktionen des Abschlussprüfers auf beurteilte Risiken (Stand: 26.3.2020)

- Keine wesentlichen Änderungen im Vergleich zu dem veröffentlichten Standardentwurf. Zum Entwurf ISA [E-DE] 330 vgl. Bilanz Check-up 2020, Kap. E 2.3.9.
- Verschiebung des verpflichtenden Erstanwendungszeitpunktes um ein Jahr (vgl. Abschn. 2.3.1).

2.3.11 ISA [DE] 402: Überlegungen bei der Abschlussprüfung von Einheiten, die Dienstleister in Anspruch nehmen (Stand: 26.3.2020)

- Keine wesentlichen Änderungen im Vergleich zu dem veröffentlichten Standardentwurf. Zum Entwurf ISA [E-DE] 402 vgl. Bilanz Check-up 2020, Kap. E 2.3.10.
- Verschiebung des verpflichtenden Erstanwendungszeitpunktes um ein Jahr (vgl. Abschn. 2.3.1).

2.3.12 ISA [DE] 450: Beurteilung der während der Abschlussprüfung identifizierten falschen Darstellungen (Stand: 26.3.2020)

- Keine wesentlichen Änderungen im Vergleich zu dem veröffentlichten Standardentwurf. Zum Entwurf ISA [E-DE] 450 vgl. Bilanz Check-up 2020, Kap. E 2.3.11.
- Verschiebung des verpflichtenden Erstanwendungszeitpunktes um ein Jahr (vgl. Abschn. 2.3.1).

2.3.13 ISA [DE] 500: Prüfungsnachweise (Stand: 26.3.2020)

- Keine wesentlichen Änderungen im Vergleich zu dem veröffentlichten Standardentwurf. Zum Entwurf ISA [E-DE] 500 vgl. Bilanz Check-up 2020, Kap. E 2.3.12.
- Verschiebung des verpflichtenden Erstanwendungszeitpunktes um ein Jahr (vgl. Abschn. 2.3.1).

2.3.14 ISA [DE] 501: Prüfungsnachweise – Besondere Überlegungen zu ausgewählten Sachverhalten (Stand: 26.3.2020)

- Keine wesentlichen Änderungen im Vergleich zu dem veröffentlichten Standardentwurf. Zum Entwurf ISA [E-DE] 501 vgl. Bilanz Check-up 2020, Kap. E 2.3.13.

- Verschiebung des verpflichtenden Erstanwendungszeitpunktes um ein Jahr (vgl. Abschn. 2.3.1).

2.3.15 ISA [DE] 505: Externe Bestätigungen (Stand: 26.3.2020)

- Keine wesentlichen Änderungen im Vergleich zu dem veröffentlichten Standardentwurf. Zum Entwurf ISA [E-DE] 505 vgl. Bilanz Check-up 2020, Kap. E 2.3.14.
- Verschiebung des verpflichtenden Erstanwendungszeitpunktes um ein Jahr (vgl. Abschn. 2.3.1).

2.3.16 ISA [DE] 510: Eröffnungsbilanzwerte bei Erstprüfungsaufträgen (Stand: 26.3.2020)

- Keine wesentlichen Änderungen im Vergleich zu dem veröffentlichten Standardentwurf. Zum Entwurf ISA [E-DE] 510 vgl. Bilanz Check-up 2020, Kap. E 2.3.15.
- Verschiebung des verpflichtenden Erstanwendungszeitpunktes um ein Jahr (vgl. Abschn. 2.3.1).

2.3.17 ISA [DE] 520: Analytische Prüfungshandlungen (Stand: 26.3.2020)

- Keine wesentlichen Änderungen im Vergleich zu dem veröffentlichten Standardentwurf. Zum Entwurf ISA [E-DE] 520 vgl. Bilanz Check-up 2020, Kap. E 2.3.16.
- Verschiebung des verpflichtenden Erstanwendungszeitpunktes um ein Jahr (vgl. Abschn. 2.3.1).

2.3.18 ISA [DE] 530: Stichprobenprüfungen (Stand: 26.3.2020)

- Keine wesentlichen Änderungen im Vergleich zu dem veröffentlichten Standardentwurf. Zum Entwurf ISA [E-DE] 530 vgl. Bilanz Check-up 2020, Kap. E 2.3.17.
- Verschiebung des verpflichtenden Erstanwendungszeitpunktes um ein Jahr (vgl. Abschn. 2.3.1).

2.3.19 ISA [E-DE] 540 (Revised): Prüfung geschätzter Werte in der Rechnungslegung und damit zusammenhängender Abschlussangaben (Stand: 8.4.2020)

- Der bislang für die Prüfung geschätzter Werte einschlägige IDW PS 314 n.F. basiert auf einer Fassung des ISA 540, die vom IAASB im Jahr 2009 herausgegeben wurde. Aufgrund des unmittelbaren Übergangs auf die im Jahr 2018 vom IAASB verabschiedete Neufassung von ISA 540 (Revised) ergeben sich materielle Auswirkungen auf die Abschlussprüfung, die im Einleitungstext zum Standardentwurf skizziert werden.
- ISA [DE] 540 (Revised) soll erstmals verpflichtend anzuwenden sein für die Prüfung von Abschlüssen für Berichtszeiträume, die am oder nach dem 15.12.2021 beginnen, mit Ausnahme von Rumpfgeschäftsjahren, die vor dem 31.12.2022 enden. Eine freiwillige vorzeitige Anwendung ist für die Prüfung von Abschlüssen für Berichtszeiträume zulässig, die am oder nach dem 15.12.2019 beginnen, mit Ausnahme von Rumpfgeschäftsjahren, die vor dem 31.12.2020 enden, wenn sämtliche Standards, die die künftigen vom IDW festgestellten deutschen GoA bilden, beachtet werden.

2.3.20 ISA [DE] 550: Nahe stehende Personen (Stand: 26.3.2020)

- Im Vergleich zum Standardentwurf wird in ISA [DE] 550 explizit klargestellt, dass nach §§ 264 Abs. 2 Satz 2, 297 Abs. 2 Satz 3 HGB zusätzliche Anhangangaben nur dann vom Bilanzierenden zu machen sind, wenn der Abschluss andernfalls kein den tatsächlichen Verhältnissen entsprechendes Bild der Vermögens-, Finanz- und Ertragslage der Gesellschaft bzw. des Konzerns aufgrund besonderer Umstände vermittelt. Zum Entwurf ISA [E-DE] 550 vgl. Bilanz Check-up 2020, Kap. E 2.3.18.
- Verschiebung des verpflichtenden Erstanwendungszeitpunktes um ein Jahr (vgl. Abschn. 2.3.1).

2.3.21 ISA [DE] 560: Nachträgliche Ereignisse (Stand: 26.3.2020)

- Keine wesentlichen Änderungen im Vergleich zu dem veröffentlichten Standardentwurf. Zum Entwurf ISA [E-DE] 560 vgl. Bilanz Check-up 2020, Kap. E 2.3.19.
- Verschiebung des verpflichtenden Erstanwendungszeitpunktes um ein Jahr (vgl. Abschn. 2.3.1).

2.3.22 ISA [DE] 580: Schriftliche Erklärungen (Stand: 26.3.2020)

- Keine wesentlichen Änderungen im Vergleich zu dem veröffentlichten Standardentwurf. Zum Entwurf ISA [E-DE] 580 vgl. Bilanz Check-up 2020, Kap. E 2.3.20.
- Verschiebung des verpflichtenden Erstanwendungszeitpunktes um ein Jahr (vgl. Abschn. 2.3.1).

2.3.23 ISA [DE] 600: Besondere Überlegungen zu Konzernabschlussprüfungen (einschließlich der Tätigkeit von Teilbereichsprüfern) (Stand: 26.3.2020)

- Keine wesentlichen Änderungen im Vergleich zu dem veröffentlichten Standardentwurf. Zum Entwurf ISA [E-DE] 600 vgl. Bilanz Check-up 2020, Kap. E 2.3.21.
- Verschiebung des verpflichtenden Erstanwendungszeitpunktes um ein Jahr (vgl. Abschn. 2.3.1).

2.3.24 ISA [DE] 610 (Revised 2013): Nutzung der Tätigkeit interner Revisoren (Stand: 26.3.2020)

- Keine wesentlichen Änderungen im Vergleich zu dem veröffentlichten Standardentwurf. Zum Entwurf ISA [E-DE] 610 (Revised 2013) vgl. Bilanz Check-up 2020, Kap. E 2.3.22.
- Verschiebung des verpflichtenden Erstanwendungszeitpunktes um ein Jahr (vgl. Abschn. 2.3.1).

2.3.25 ISA [DE] 620: Nutzung der Tätigkeit eines Sachverständigen des Abschlussprüfers (Stand: 26.3.2020)

- Keine wesentlichen Änderungen im Vergleich zu dem veröffentlichten Standardentwurf. Zum Entwurf ISA [E-DE] 620 vgl. Bilanz Check-up 2020, Kap. E 2.3.23.
- Verschiebung des verpflichtenden Erstanwendungszeitpunktes um ein Jahr (vgl. Abschn. 2.3.1).

2.3.26 ISA [DE] 710: Vergleichsinformationen – Vergleichsangaben und Vergleichsabschlüsse (Stand: 26.3.2020)

- Im Vergleich zum Standardentwurf wurde in ISA [DE] 710 eine zusätzliche Anlage D aufgenommen, in der Musterformulierungen für Bestätigungsvermerke des Abschlussprüfers in Übereinstimmung mit der IDW PS 400er-Reihe enthalten sind. Zum Entwurf ISA [E-DE] 710 vgl. Bilanz Check-up 2020, Kap. E 2.3.24.

- Verschiebung des verpflichtenden Erstanwendungszeitpunktes um ein Jahr (vgl. Abschn. 2.3.1).

2.3.27 ISA [DE] 720 (Revised): Verantwortlichkeiten des Abschlussprüfers im Zusammenhang mit sonstigen Informationen (Stand: 7.5.2020)

- ISA [DE] 720 (Revised) behandelt die Verantwortlichkeiten des Abschlussprüfers hinsichtlich sonstiger Informationen. Dies sind solche Informationen, die im Zusammenhang mit dem zu prüfenden Abschluss herausgegeben werden. Unter Berücksichtigung nationaler Modifikationen ist hinsichtlich der sonstigen Informationen im Vergleich zur Prüfung des Abschlusses und Lageberichts keine hinreichende oder begrenzte Sicherheit zu erreichen. Vielmehr hat der Abschlussprüfer die sonstigen Informationen zu lesen und dabei zu würdigen, ob Abweichungen zu den Angaben im Abschluss, zu den inhaltlich geprüften Lageberichtsangaben und zu seinen ansonsten während der Abschlussprüfung erlangten Erkenntnissen bestehen. Im Bestätigungsvermerk darf nur dann über das Ergebnis der durchgeführten Arbeiten berichtet werden, wenn der Abschlussprüfer von seiner Verschwiegenheitspflicht durch das zu prüfende Unternehmen entbunden wurde.
- Im Vergleich zu dem in IDW Life 12/2017 veröffentlichten Standardentwurf wurde der verpflichtende Erstanwendungszeitpunkt an den der weiteren ISA [DE] angepasst. Ferner wurden Klarstellungen bei der Abgrenzung des Geschäftsberichts vorgenommen. Überdies wurden die in Anlage D.2 enthaltenen Beispiele für Bestätigungsvermerke nunmehr auf Grundlage der in IDW PS 400 n. F. bzw. IDW PS 405 enthaltenen Beispiele formuliert.
- Der Standard ist erstmals verpflichtend anzuwenden für die Prüfung von Abschlüssen für Berichtszeiträume, die am oder nach dem 15.12.2021 beginnen, mit Ausnahme von Rumpfgeschäftsjahren, die vor dem 31.12.2022 enden. Eine freiwillige vorzeitige Anwendung ist für die Prüfung von Abschlüssen für Berichtszeiträume zulässig, die am oder nach dem 15.12.2019 beginnen, mit Ausnahme von Rumpfgeschäftsjahren, die vor dem 31.12.2020 enden, wenn sämtliche Prüfungsstandards angewendet werden, die die künftigen vom IDW festgestellten deutschen GoA bilden.
- Für die Prüfung von Abschlüssen für Zeiträume, die vor dem 15.12.2020 beginnen und für die Prüfung von Abschlüssen für Rumpfgeschäftsjahre, die

vor dem 31.12.2021 enden, sind zudem die in IDW PS 400 n.F.8, sowie die in IDW PS 201.31a, enthaltenen Besonderheiten zu beachten. Die Anwendung von IDW PS 400 n.F. setzt demnach die Anwendung von ISA [E-DE] 720 (Revised) bis zum Inkrafttreten der verabschiedeten Fassung voraus. Ferner dürfen Prüfungsstandards auch vor dem in dem Standard geregelten Erstanwendungszeitpunkt angewendet werden, wenn die darin enthaltenen Grundsätze vollständig beachtet werden.

- Zum Entwurf ISA [E-DE] 720 (Revised) vgl. Bilanz Check-up 2020, Kap. E 2.3.25.

2.4 (Entwürfe) IDW Standards (IDW ES/S)

IDW S 2: Anforderungen an Insolvenzpläne (Stand: 18.11.2019)

- Die Insolvenz eines Unternehmens bedeutet nicht notwendigerweise dessen Ende: Das Insolvenzplanverfahren, das eine Sanierung innerhalb der Insolvenz ermöglicht, gewinnt zunehmend an Bedeutung. Mit der nun vom deutschen Gesetzgeber umzusetzenden Restrukturierungsrichtlinie könnte ein neues – sehr ähnliches – Verfahren geschaffen werden, das zeitlich bereits vor der Insolvenz ansetzt. Vor diesem Hintergrund hat das IDW den IDW S 2 überarbeitet.
- In der überarbeiteten Fassung werden gesetzgeberische Entwicklungen (insbesondere das ESUG) sowie weitere Anforderungen insbesondere aus der Rechtsprechung berücksichtigt. Zudem wurden weitere Aspekte konkretisiert bzw. gänzlich neu aufgenommen. Zu nennen sind etwa die klarere Darstellung des Verfahrensablaufs, die deutlichere Forderung nach einem Sanierungskonzept, welches den Kernanforderungen des IDW S 6 entspricht, präzisere Ausführungen zur Gruppenbildung, zur Quotenvergleichsrechnung sowie Ausführungen zum *Debt-Equity-Swap*, zum Forderungsverzicht oder zur Mängelgewährleistung.
- Zum Entwurf IDW ES 2 n.F. vom 19.11.2018 vgl. Bilanz Check-up 2020, Kap. E 2.4.

2.5 F & A zu IDW Prüfungsstandards und IDW Standards

2.5.1 F & A – Zur Einführung der ISA [DE] und Einzelfragen bei der Anwendung ausgewählter ISA [DE] (Stand: 30.3.2020)

- Mit den F & A zur Einführung und Anwendung der ISA [DE] möchte das IDW den Berufsstand bei der praktischen Umsetzung der neuen GoA unterstützen.

- Bei den Antworten zu den ISA [DE] handelt es sich lediglich um Handlungsempfehlungen mit exemplarischem Charakter. Sie stellen weder zusätzliche Anforderungen zu den ISA [DE] dar, noch handelt es sich um verbindliche Hinweise zur Auslegung.

2.5.2 F & A – Zum digitalen Prüfungsbericht und Bestätigungsvermerk (Stand: 8.5.2020)

- Das IDW hat sich mit technischen Aspekten von Unterschriften-Regelungen bei COVID-19-bedingter Arbeit im Homeoffice sowie der Gültigkeitsdauer digitaler Signaturen, dem DiFin-Verfahren und der Unterzeichnung elektronischer Vollständigkeitserklärungen befasst.
- Darüber hinaus hat sich das IDW mit technischen Aspekten der Aufbewahrung von qualifizierten elektronischen Signaturen auseinandergesetzt.
- Die Ergebnisse der Diskussionen wurden in die aktualisierte Fassung des Fragen-Antwort-Katalogs aufgenommen.

2.5.3 F & A – Zur Festlegung der Wesentlichkeit und der Toleranzwesentlichkeit nach ISA [DE] 320 bzw. IDW PS 250 n. F. (Stand: 11.5.2020)

- Das IDW hat die F & A zu ISA 320 bzw. IDW PS 250 n.F. aktualisiert und aufgrund des bevorstehenden Übergangs auf die neuen GoA als F & A zu ISA [DE] 320 bzw. IDW PS 250 n. F. neu gefasst.
- Die Verlautbarung enthält jetzt auch Ausführungen zur Festlegung der Wesentlichkeit bei ertragsschwachen Unternehmen.

2.5.4 F & A – Zur Prüfung des Lageberichts nach IDW PS 350 n. F. (Stand: 26.8.2019)

- Das IDW hat sich mit häufig gestellten Fragen zur Prüfung des Lageberichts nach IDW PS 350 n.F. auseinandergesetzt. Die Ergebnisse der Diskussion wurden in einem Fragen-Antwort-Katalog zusammengestellt, der den Berufsstand bei der praktischen Umsetzung des IDW PS 350 n. F. unterstützen soll.

2.6 IDW Rechnungslegungshinweise (IDW RH)

2.6.1 IDW RH FAB 1.020: Handelsbilanzielle Folgen der Änderung bestimmter Referenzzinssätze („IBOR-Reform") für Finanzinstrumente (Stand: 26.9.2019)

- Infolge der Aufdeckung von Zinssatzmanipulationen werden derzeit wichtige Referenzzinssätze (u.a. EURIBOR, EONIA) reformiert (sog. „IBOR-Reform").
- IDW RH FAB 1.020 befasst sich mit den möglichen Folgen der IBOR-Reform für die handelsrechtliche Rechnungslegung von Finanzinstrumenten (originäre variabel verzinsliche Finanzinstrumente, frei stehende Derivate und Bewertungseinheiten nach § 254 HGB). Darüber hinaus enthält IDW RH FAB 1.020 Ausführungen zur bilanziellen Abbildung von Ausgleichszahlungen aufgrund der Änderung des Referenzzinssatzes.
- Die Verlautbarung geht dabei ausschließlich auf die Bilanzierung dem Grunde nach ein und verweist darauf, dass für die Bilanzierung etwaiger Wertänderungen (Bilanzierung der Höhe nach) die allgemeinen Bewertungsregeln anzuwenden sind.

2.6.2 IDW RH HFA 2.003: Erstellung von Gewinnprognosen und -schätzungen nach den besonderen Anforderungen der Prospektverordnung (Stand: 2.12.2019)

- Die EU-Prospektverordnung 2017 gilt im Wesentlichen seit Mitte 2019. Aus ihr ergeben sich Änderungen zur Prüfung von in einen Wertpapierprospekt aufgenommenen Gewinnprognosen und -schätzungen durch einen Wirtschaftsprüfer.
- In Reaktion darauf wurde u.a. der IDW RH HFA 2.003 geändert.

2.7 IDW Prüfungshinweise (IDW PH)

2.7.1 IDW PH 9.400.13: Vermerk des Abschlussprüfers zum Jahresabschluss und Lagebericht einer Investmentaktiengesellschaft gemäß § 121 Abs. 2 Kapitalanlagegesetzbuch (KAGB) bzw. § 148 Abs. 1 i.V.m. § 121 Abs. 2 KAGB (Stand: 10.9.2019)

- Eine Überarbeitung dieses Prüfungshinweises wurde aufgrund des neu gefassten Inhalts eines Bestätigungsvermerks nach IDW PS 400 n.F. erforderlich.
- Darüber hinaus erfolgten Klarstellungen zu den Besonderheiten der Prüfungsdurchführung und Berichterstattung bei Investmentaktiengesellschaften, insbesondere beim Vorliegen von Teilgesellschaftsvermögen.

2.7.2 IDW PH 9.420.2: Prüfungsvermerk des Wirtschaftsprüfers über die Ermittlung des Arbeitsergebnisses und seine Verwendung gemäß § 12 Werkstättenverordnung (WVO) (Stand: 15.1.2020)

- Hintergrund für die Neufassung dieses Prüfungshinweises ist v. a. die Anpassung an die Besonderheiten bei der Anwendung der vom IDW festgestellten GoA auf Prüfungen von Abschlüssen, die nach Rechnungslegungsgrundsätzen für einen speziellen Zweck aufgestellt werden (IDW PS 480).
- Der IDW PH 9.420.2 fällt in den Anwendungsbereich des IDW PS 480, da es sich um Rechnungslegungsgrundsätze für einen speziellen Zweck handelt. IDW PS 490 findet ebenfalls Anwendung, weil eine Finanzaufstellung (Arbeitsergebnisrechnung) ist. Bei der nach § 12 Abs. 1 Satz 2 WVO darüber hinaus zu erstellenden Betriebsabrechnung handelt es sich nicht um eine Finanzaufstellung.

2.7.3 IDW PH 9.860.2: Die Prüfung der von Betreibern Kritischer Infrastrukturen gemäß § 8a Abs. 1 BSIG umzusetzenden Maßnahmen (Stand: 21.6.2019)

- Aktuell hat das Bundesamt für Sicherheit in der Informationstechnik (BSI) Hinweise zur Umsetzung der Kriterien des § 8a Abs. 1 BSIG für die Beurteilung der Informationssicherheit bei Betreibern Kritischer Infrastrukturen veröffentlicht. Dieser Anforderungskatalog stellt eine Konkretisierung des § 8a Abs. 1 BSIG durch das BSI dar und beinhaltet aus der Sicht des IDW geeignete Kriterien für eine sachgerechte Prüfung der eingesetzten Sicherheitsvorkehrungen, um die geforderten Prüfungsnachweise gegenüber dem BSI erbringen zu können.
- IDW PH 9.860.2 basiert auf diesem Anforderungskatalog des BSI. Er konkretisiert die Anwendung der Grundsätze des IDW PS 860 in Bezug auf die Prüfung von Betreibern Kritischer Infrastrukturen durch den Berufsstand.
- Wirksamkeitsprüfungen nach IDW PH 9.860.2 eignen sich aus der Sicht des BSI im besonderen Maße, um die geforderten Prüfungsnachweise gem. § 8a Abs. 3 BSIG erbringen zu können.

2.7.4 IDW PH 9.860.3: Die Prüfung von Cloud-Diensten (Stand: 15.5.2020)

- *Cloud Computing* ist durch ein hohes Maß an Standardisierung der erbrachten Dienstleistung und der zugrunde liegenden IT-Systeme charakterisiert, deren Details dem *Cloud*-Kunden i.d.R. nicht vollumfänglich bekannt sind. Daher ist ein hohes Maß an Vertrauen des *Cloud*-Kunden in den *Cloud*-Anbieter erforderlich. Der Wirtschaftsprüfer kann als unabhängiger Dritter durch eine Prüfung der von *Cloud*-Anbietern umgesetzten Maßnahmen dazu beitragen, Vertrauen zwischen den Marktteilnehmern zu schaffen.

- Der IDW Prüfungshinweis konkretisiert die Anwendung der Grundsätze des IDW PS 860 in Bezug auf die Prüfung von *Cloud*-Diensten und soll den Berufsstand bei diesen Prüfungen unterstützen.
- Der IDW PH 9.860.3 enthält in der Anlage 1 geeignete Kriterien i. S. d. IDW PS 860 für die Beurteilung der von *Cloud*-Anbietern getroffenen organisatorischen und technischen Maßnahmen. Er enthält hierbei ein an den Servicemodellen ausgerichtetes mehrstufiges Vorgehen. Für das Servicemodell *Infrastructure as a Service* (IaaS) referenziert der IDW PH 9.860.3 auf den *Anforderungskatalog Cloud Computing* (C5) (Stand: September 2017) des BSI. Für die Servicemodelle *Platform as a Service* (PaaS) und *Software as a Service* (SaaS) enthält der IDW PH 9.860.3 ergänzende Anforderungen.
- Durch das BSI wurde zwischenzeitlich eine überarbeitete Version des C5 veröffentlicht. Die neue Version C5:2020 (abrufbar unter: https://www.bsi.bund.de/SharedDocs/Downloads/DE/BSI/CloudComputing/Anforderungskatalog/2020/C5_2020.html;jsessionid=DDEBF65E7CC3AA6CACEC42E946BDCB12.2_cid500, Abrufdatum: 1.9.2020) ist für Prüfungszeiträume anzuwenden, die am oder nach dem 15.2.2021 enden. Eine Anpassung des IDW PH 9.860.3 an den C5:2020 ist bis 2021 geplant.

2.7.5 IDW PH 9.910.1: Prüfung von Gewinnprognosen und -schätzungen i. S. von IDW RH HFA 2.003 (Stand: 14.2.2020)

- Im Kontext der Ablösung der EU-Prospektverordnung 2004 durch die EU-Prospektverordnung 2017, die im Wesentlichen seit Mitte 2019 gilt, haben sich Änderungen bezüglich der Prüfung von in einem Wertpapierprospekt aufgenommenen Gewinnprognosen und -schätzungen durch einen Wirtschaftsprüfer ergeben, die das IDW zu einer Überarbeitung des IDW PH 9.960.3 veranlassten.
- Der bisherige IDW PH 9.960.3 trägt wegen der gewählten Anknüpfung an einen *Comfort Letter* nach seiner Überarbeitung die Kurzbezeichnung IDW PH 9.910.1. Der IDW PH 9.910.1 ersetzt den IDW PH 9.960.3 i. d. F. vom 14.2.2014 (vgl. auch Abschn. 2.9.4).

2.7.6 IDW PH 9.970.10: Besonderheiten der Prüfung im Zusammenhang mit der Antragstellung stromkostenintensiver Unternehmen auf Besondere Ausgleichsregelung nach dem EEG 2017 im Antragsjahr 2020 (Stand: 18.2.2020)

- Die inhaltlichen Änderungen betreffen überwiegend die Anlage 6 (Angaben zu den Strombezugskosten) der vom Mandanten zusammengestellten Angaben.
- Hintergrund dafür ist zum einen die Einführung der *Offshore*-Netzumlage im Jahr 2019 sowie zum anderen die geänderte Auslegung der sog. Fiktion der Nichtbegünstigung (§ 64 Abs. 6 Nr. 3 EEG 2017) durch das BAFA, wonach nun bei der Ermittlung der Strombezugskosten sowie bei der Aufstellung der Bruttowertschöpfungsrechnung nicht nur fiktive EEG-Kosten berücksichtigt werden dürfen, sondern auch fiktive Kosten im Hinblick auf die KWKG-Umlage und die *Offshore*-Netzumlage.
- Außerdem wurde die Anlage 7, die die Grundsätze für die Identifikation des Letztverbrauchers und für die Zurechnung der Stromverbräuche beschreibt, aufgrund des Hinweises der BNetzA vom Juli 2019 zu Messen und Schätzen bei EEG-Umlagepflicht gekürzt.
- Zur vorherigen Fassung vom 17.4.2019 vgl. Bilanz Check-up 2020, Kap. E 2.7.9.

2.7.7 IDW PH 9.970.11: Besonderheiten der Prüfung nach § 75 Satz 1 EEG 2017 der zusammengefassten Endabrechnung eines Netzbetreibers für das Kalenderjahr 2019 (Stand: 14.2.2020)

- Die inhaltlichen Änderungen betreffen überwiegend die sog. Mandantenanlage (hier: das Muster für die zusammengefasste Endabrechnung nach § 72 Abs. 1 Nr. 2 Buchst. a EEG 2017). Aufgrund des Energiedienstleistungsgesetzes vom 20.11.2019 ändert sich die Tabelle zur EEG-Umlage für Eigenversorgung im Jahr 2019.
- Ferner wünschen die Übertragungsnetzbetreiber im Vergleich zum Vorjahr eine andere Darstellung der nachträglich erhaltenen Zahlungen für Eigenversorgung und der nachträglichen Korrekturen sowohl im Hinblick auf Einspeisung, Marktprämien, Mieterstromzuschlag, Flexibilität und vermiedene Netzentgelte als auch im Hinblick auf die EEG-Umlage für Eigenversorgung.
- Zur vorherigen Fassung vom 5.3.2019 vgl. Bilanz Check-up 2020, Kap. E 2.7.10.

2.7.8 IDW PH 9.970.12: Besonderheiten der Prüfungen nach § 75 Satz 2 EEG 2017, § 30 Abs. 1 Nr. 5 KWKG und § 17f Abs. 5 Satz 2 EnWG i.V.m. § 30 Abs. 1 Nr. 5 KWKG der Abrechnungen von Elektrizitätsversorgungsunternehmen, stromkostenintensiven Unternehmen, Letztverbrauchern und Eigenversorgern für das Kalenderjahr 2019 (Stand: 18.3.2020)

- Hintergrund für die Aktualisierung des IDW PH 9.970.12 sind zum einen kleinere gesetzliche Änderungen im Hinblick auf die Eigenversorgung sowie auf die zum 1.1.2019 eingeführte *Offshore*-Netzumlage. Zum anderen baten die Übertragungsnetzbetreiber als Empfänger der Abrechnung nach § 27 Abs. 3 Nr. 2 KWKG um einen geänderten Aufbau der Abrechnung. In der Anlage dieses Prüfungshinweises findet sich ein entsprechend aktualisiertes Muster für die Aufstellung der umlagepflichtigen Strommengen.
- In diesem Muster wurden die eventuell zu berücksichtigenden Besonderheiten ausgeklammert, falls sich das Unternehmen auf das Leistungsverweigerungsrecht nach § 104 Abs. 4 EEG 2017 beruft (z.B. bei sog. Scheibenpacht-Modellen).
- Ferner wurde das Muster mit Grundsätzen für die Identifikation des Letztverbrauchers und für die Zurechnung der Stromverbräuche vor dem Hintergrund des Hinweises der BNetzA zu Messen und Schätzen bei EEG-Umlagepflicht (Konsultationsfassung, Juli 2019) gekürzt.
- Zur vorherigen Fassung vom 19.3.2019 vgl. Bilanz Check-up 2020, Kap. E 2.7.11.

2.7.9 IDW PH 9.970.14: Besonderheiten der Prüfung im Zusammenhang mit der Antragstellung von Schienenbahnen auf Besondere Ausgleichsregelung nach dem EEG 2017 (Stand: 18.3.2020)

- Anpassung an die Änderungen des sog. Energiesammelgesetzes.

2.7.10 IDW PH 9.970.33: Besonderheiten der Prüfungen nach § 30 Abs. 1 Nr. 9 KWKG der Abrechnungen eines Netzbetreibers für das Kalenderjahr 2019 (Stand: 17.4.2020)

- Hintergrund für die Aktualisierung ist der Wegfall der sog. *Offshore*-Haftungsumlage sowie die Einführung der *Offshore*-Netzumlage zum 1.1.2019. Diese Änderungen betreffen insbesondere das in Anlage 1 aufgenommene Muster für die Aufstellung der Stromabgaben an Letztverbraucher.

- Auf der Website der Übertragungsnetzbetreiber (https://www.netztransparenz.de/) findet sich eine Word-Datei mit den Mustern aus dem IDW PH 9.970.33 für die Aufstellung der Stromabgaben an Letztverbraucher und für die Abrechnung der KWK-Strommengen und Zuschlagszahlungen.
- Zur vorherigen Fassung vom 17.4.2019 vgl. Bilanz Check-up 2020, Kap. E 2.7.14.

2.7.11 IDW PH 9.970.35: Besonderheiten der Prüfung nach § 19 Abs. 2 Satz 15 StromNEV i. V. m. § 30 Abs. 1 Nr. 5 KWKG 2016 im Zusammenhang mit der Begrenzung der StromNEV-Umlage (Stand: 8.10.2019)

- Hintergrund für die Neufassung ist die Änderung des § 17f EnWG zum 1.1.2019. Die bisherige *Offshore*-Haftungsumlage ist entfallen.
- Die Begünstigung im Hinblick auf die neue Umlage nach § 17f EnWG (sog. *Offshore*-Netzumlage) können Unternehmen ab 2019 nur noch geltend machen, sofern sie nach § 63 Nr. 1 EEG 2017 i. V. m. § 64 EEG 2017 und § 27 Abs. 1 KWKG auch hinsichtlich der EEG- und KWKG-Umlage begrenzt sind.
- Die Aspekte der Prüfung der korrespondierenden Abrechnung wird künftig im IDW PH 9.970.12 berücksichtigt. Lediglich hinsichtlich der StromNEV-Umlage können Unternehmen des produzierenden Gewerbes weiterhin eine Begrenzung nach § 19 Abs. 2 Satz 15 StromNEV i. V. m. § 26 Abs. 2 Satz 2 KWKG 2016 geltend machen, sofern deren Stromkosten für selbst verbrauchten Strom im letzten abgeschlossenen Geschäftsjahr 4 % des Umsatzes i. S. d. § 277 HGB überstieg.

2.7.12 IDW PH 9.970.80: Besonderheiten der Prüfung im Zusammenhang mit der Antragstellung von Eisenbahnverkehrsunternehmen auf Gewährung einer Zuwendung nach der Richtlinie über die Förderung der Energieeffizienz des elektrischen Eisenbahnverkehrs (Stand: 20.4.2020)

- Aktualisierung aufgrund der zweiten Änderung der Richtlinie über die Förderung der Energieeffizienz des elektrischen Eisenbahnverkehrs vom 3.3.2020.
- Eisenbahnverkehrsunternehmen können jeweils zum 30.6. eines Jahres einen Antrag auf Zuwendungen nach dieser Richtlinie stellen. Bisher waren lediglich Ausgaben von Maßnahmen förderfähig, die im sog. Abrechnungsjahr ergriffen wurden und angefallen sind (z. B. Anzahlungen für ein neues Triebfahrzeug im Jahr der Bestellung). Nach der Änderung sind nunmehr auch Ausgabenteilbeträge für bereits in zurückliegenden Abrechnungsjahren ergriffene und von der Bewilligungsbehörde als förderfähig beschiedene Maßnahmen förderfähig.

Dies ist insbesondere relevant bei größeren Anschaffungen, bei denen die Bestellung und die Auslieferung des betroffenen Vermögengegenstands nicht im gleichen Kalenderjahr erfolgen.

- Zur vorhergehenden Fassung vom 17.5.2019 vgl. Bilanz Check-up 2020, Kap. E 2.7.19.

2.8 (Entwürfe) IDW Praxishinweise

- Im Betrachtungszeitraum dieses Bilanz Check-ups wurden keine (Entwürfe) IDW Praxishinweise überarbeitet bzw. veröffentlicht.

2.9 Aufhebung bzw. Überarbeitung von IDW Stellungnahmen

2.9.1 IDW PS 821: Grundsätze ordnungsmäßiger Prüfung oder prüferischer Durchsicht von Berichten im Bereich der Nachhaltigkeit (Stand: 6.9.2006)

- Aufgehoben am 27.5.2020.

2.9.2 IDW PS 890: Die Durchführung von WebTrustSM/TH-Prüfungen (Stand: 8.3.2001)

- Aufgehoben am 27.5.2020.

2.9.3 IDW RH VFA 1.001: Angabe von Zeitwerten gemäß §§ 54 ff. RechVersV bei sogenannten „Zero-Schuldscheindarlehen" oder „Zero-Namensschuldverschreibungen" (Stand: 24.3.2000)

- Aufgehoben am 17.1.2020.

2.9.4 IDW PH 9.960.3: Prüfung von Gewinnprognosen und -schätzungen i. S. v. IDW RH HFA 2.003 und Bestätigungen zu Gewinnschätzungen auf Basis vorläufiger Zahlen (Stand: 14.2.2014)

- Aufgehoben und ersetzt durch IDW PH 9.910.1.

2.9.5 IDW PH 9.970.6: Prüfung der einem Netzbetreiber durch die Nachrüstung nach SysStabV zusätzlich entstandenen Kosten nach § 72 Abs. 1 Nr. 2 Teilsatz 3 EEG 2014 (Stand: 24.2.2015)

- Aufgehoben am 15.8.2019.

2.10 IDW Positionspapiere

2.10.1 IDW Positionspapier: Fortentwicklung der Unternehmensführung und -kontrolle: Erste Lehren aus dem Fall Wirecard (Stand: 15.7.2020)

- In dem Positionspapier stellt das IDW seine Überlegungen zu Fortentwicklungen in der Abschlussprüfung vor und erörtert die dafür notwendigen Anpassungen in verschiedenen Bereichen.
- Die Abschlussprüfung ist ein wichtiger Bestandteil im System der Corporate Governance. Daher bedürfen Fortentwicklungen in der Abschlussprüfung auch Anpassungen in den Bereichen:
  - Corporate Governance von Unternehmen des öffentlichen Interesses,
  - Abschlussprüfung von Unternehmen des öffentlichen Interesses,
  - Aufsicht über Unternehmen des öffentlichen Interesses und deren Abschlussprüfer sowie
  - Rolle der (institutionellen) Kapitalmarktteilnehmer.
- Das IDW schlägt z.B. vor, eine explizite Pflicht des Vorstands zur Einrichtung eines angemessenen und wirksamen Compliance-Management-Systems gesetzlich vorzuschreiben und i.R.d. Abschlussprüfung zu prüfen. Zudem könnten vermehrt forensische Methoden in der Abschlussprüfung eingesetzt werden.

2.10.2 IDW Positionspapier: Zweifelsfragen der EU-Regulierung (5. Aufl., Stand: 27.5.2020)

- Anlass zur Überarbeitung des Positionspapiers sind praktische Erfahrungen mit den Vorschriften der EU-Abschlussprüferverordnung (EU-APrVO) sowie u.a. den Regeln des Ausschusses der Europäischen Abschlussprüfungsaufsichtsbehörden (CEAOB).
- Die 5. Aufl. beinhaltet Aktualisierungen und Ergänzungen u.a. zu folgenden Themengebieten:
  - Beginn der Höchstlaufzeit i.S.d. Art. 17 Abs. 1 EU-APrVO (Frist für die externe Rotation) bei unterjähriger Erfüllung der Eigenschaft als PIE
  - Auswirkungen von Zusammenschlüssen oder ähnlichen Transaktionen auf Seiten des zu prüfenden PIE auf die Berechnung der Fristen für die externe Rotation
  - Auswirkungen auf die Berechnung der Rotationsfristen, wenn der einmalig nicht bestellte Abschlussprüfer wieder bestellt wird

- Vom graduellen Rotationssystem nach Art. 17 Abs. 7 EU-APrVO erfasster Personenkreis
- Notwendigkeit der Durchführung eines Auswahlverfahrens nach Art. 16 Abs. 3 EU-APrVO nach Ersetzung des bisherigen Abschlussprüfers durch gerichtliche Bestellung
- Unabhängigkeitserklärung nach Art. 6 Abs. 2 Buchst. a) EU-APrVO vor dem Hintergrund der Neufassung des DCGK
- Angabe der ununterbrochenen Mandatsdauer im Bestätigungsvermerk nach Art. 10 Abs. 2 Buchst. b) EU-APrVO
- Zuordnung von Einnahmen im Transparenzbericht zu den Kategorien nach Art. 13 Abs. 2 Buchst. k) i) oder ii) EU-APrVO
- Berichtspflicht nach Art. 12 EU-APrVO gegenüber den für die Beaufsichtigung von PIE zuständigen Behörden

2.10.3 IDW Positionspapier: Nichtprüfungsleistungen des Abschlussprüfers (5. Aufl., Stand: 21.10.2019, Ergänzungen vom 31.1.2020)

- Anlass zur Überarbeitung des Positionspapieres haben die praktischen Erfahrungen mit den Regeln der EU-APrVO sowie aktuelle Verlautbarungen der APAS gegeben.
- Die am 21.10.2019 verabschiedete 5. Aufl. beinhaltet u.a. folgende wesentliche Änderungen:
  - Die Ausführungen zu Rechtsfolgen von Einzelverstößen gegen das Verbot der Erbringung bestimmter Nichtprüfungsleistungen gem. Art. 5 Abs. 1 EU-APrVO (*Blacklist*) wurden erweitert und präzisiert, insbesondere im Hinblick auf vor der Testatserteilung erkannte unbeabsichtigte Einzelverstöße.
  - Die Abgrenzung zwischen Abschlussprüfungsleistungen und (erforderlichen und nicht erforderlichen) Nichtprüfungsleistungen i.S.d. EU-APrVO wurde im Hinblick auf die fortgeschrittene Meinungsbildung aktualisiert (u.a. APAS Verlautbarung Nr. 4 in der überarbeiteten Fassung sowie Fragen und Antworten zu Verlautbarung Nr. 4 überarbeitete Fassung).
  - Erstmals erörtert wird die Fragestellung, ob gegenüber „Großmutterunternehmen“ erbrachte Leistungen in die Ermittlung des *Fee Cap* gem. Art. 4 Abs. 2 EU-APrVO einzubeziehen sind.

  - Es wurden zudem die Ausführungen zur Berechnung des *Fee Cap* im Hinblick auf den Zeitpunkt, zu dem die Honorare für die erbrachten Nichtprüfungsleistungen und Abschlussprüfungsleistungen in die *Cap*-Berechnung einzubeziehen sind, aktualisiert.
- Nach Veröffentlichung der 5. Aufl. hat sich die APAS i. R. d. Verlautbarung Nr. 8 ebenfalls zu Rechtsfolgen eines Verstoßes gegen Art. 5 Abs. 1 EU-APrVO geäußert, sodass diesbezüglich eine Ergänzung des Positionspapiers vorgenommen wurde.

2.10.4 IDW Positionspapier: Zusammenarbeit zwischen Aufsichtsrat und Abschlussprüfer (2. Aufl., Stand: 23.1.2020)

- Neue Regelungen durch den DCGK 2020, das ARUG II sowie die EU-Regulierung der Abschlussprüfung und die Weiterentwicklung der GoA führen zu erhöhten Anforderungen an Aufsichtsorgane und Abschlussprüfer.
- Das IDW Positionspapier greift diese aktuellen Entwicklungen auf und beschreibt Grundsätze einer guten Corporate Governance i. S. einer *Best Practice* bei der Zusammenarbeit zwischen Aufsichtsrat und Abschlussprüfer. Das Positionspapier fokussiert sich zwar auf nach dem AktG gebildete Aufsichtsräte bzw. Prüfungsausschüsse, die dargestellten Erfahrungen können aber auch für die Zusammenarbeit mit Organen, denen eine ähnliche Überwachungsfunktion zukommt, genutzt werden.
- Dem Abschlussprüfer geben die Empfehlungen einen Überblick, wie er den Aufsichtsrat bei der Überwachung der Geschäftsführung wirkungsvoll unterstützen kann. Den Mitgliedern des Aufsichtsrats zeigt das Papier Möglichkeiten auf, wie sie den Abschlussprüfer stärker für die ihnen obliegende Überwachung des Vorstands einbinden können.

2.10.5 IDW Positionspapier: Einstieg in eine rechtsformneutrale Besteuerung („Optionsmodell") (2. Aufl., Stand: 13.11.2019)

- Mit der Ausarbeitung eines Optionsmodells für Personengesellschaften zur Körperschaftsbesteuerung hat das IDW im August 2017 einen Impuls für eine Debatte über die Reform der Unternehmensbesteuerung gegeben. Das Optionsmodell wird zwischenzeitlich in Politik und Wirtschaft diskutiert. Vor dem Hintergrund dieser Entwicklung hat das IDW seine Position konkretisiert.

2.10.6 IDW Positionspapier: Präventiver Restrukturierungsrahmen (Stand: 7.11.2019)

- Das Positionspapier zeigt die Problembereiche bei der nationalen Umsetzung der Europäischen Restrukturierungsrichtlinie auf und gibt Handlungsempfehlungen für die Umsetzung.

2.10.7 IDW Trendwatch Positionspapier: Die COVID-19-Pandemie: Erste Lehren aus der Krise (Stand: 7.5.2020)

- Der Ausschuss Trendwatch hat sich in diesem Papier mit den aktuellen Entwicklungen und den damit verbundenen Fragestellungen beschäftigt, eine Einschätzung wesentlicher gesellschaftsrechtlicher, gesamtwirtschaftlicher und politischer Auswirkungen der COVID-19-Pandemie vorgenommen und Kernforderungen entwickelt.

2.10.8 IDW Trendwatch Positionspapier: Die neue Mobilität (Stand: 18.2.2020)

- Derzeit findet ein Wandel statt, der in seinem Umfang und Ausmaß für die Automobilindustrie beispiellos ist. Soziologische und gesellschaftliche Veränderungen wie die verstärkte Urbanisierung und das Voranschreiten der *Shared Economy* sind Katalysatoren für diese Entwicklung.
- Vor diesem Hintergrund wurden in diesem Positionspapier wesentliche Entwicklungen im Automobilsektor als Impuls für Politik und Unternehmen zusammengeführt.

2.10.9 IDW Trendwatch Positionspapier: Zunahme der Staatsverschuldung (Stand: 11.11.2019)

- Dieses Positionspapier analysiert in qualitativer Form die Auswirkungen verschiedener Szenarien auf Wirtschaftswachstum, Staatsverschuldung und daraus abgeleitet die Auswirkungen auf den deutschen Bankensektor.

Stichwortverzeichnis

8-Monatsfrist 166
12-Monatsfrist 167

Abführungssperre 71
Abgrenzung des
  Konsolidierungskreises 220
Abmilderungsgesetz 163, 166
Abschlussprüfer
  Unabhängigkeit 213
Abschlussprüfung 213
  Qualität 213
Abwicklungsrichtlinie 192
Altersversorgungsverpflichtung 65
analytische Prüfungshandlung 238
Anfechtungsmöglichkeit 163
angemessene
  Geschäftsführervergütung 201
Anhang 29
Annexkompetenz 197
Anschaffungskosten 195
Arbeitnehmermitbestimmung 190
ARUG II 37
  Erklärung zur
  Unternehmensführung 43
  Ordnungswidrigkeiten nach dem
  AktG 42
  Related Party Transaction 45
  Vergütungsbericht 37, 211
  Vergütungsbericht, Erstellung . . . 38
  Vergütungsbericht, erstmalige
  Anwendung 43
  Vergütungsbericht, Offenlegung . . 42
  Vergütungsbericht, Prüfung 42
  Zustimmungs- und
  Publizitätspflicht 45
Audit Quality Indicators 213
Aufbewahrungsverpflichtung 95
Aufstockungsbetrag
  Kurzarbeitergeld 35
Auftragsbedingungen 235
Ausfallgefährdung 36
außergewöhnliche Aufwendungen
  oder Erträge 30

Befreiung von der Konzernrechnungs-
  legungspflicht 44
Berichtselement 209
Beschluss der Gesellschafter-
  versammlung 197
Bestätigungsvermerk 230, 243
betriebliche Altersversorgung
  externer Durchführungsweg 66
Bewertungseinheit 36
bilanzielle Rückbeziehung
  Sanierungsmaßnahmen 32
Börsengang 225
Brexit 51
Buchwertprivileg 88

Chancen- und Risikobericht 31
Cloud Computing
  Software 60
Compliance-Management-System . 188
Corona-Mehrkostenpauschale 159
  Behandlung nach Handelsrecht . 160
  Behandlung nach IAS/IFRS 161
Coronavirus *s.* COVID-19
Corporate Governance 209
Corporate-Governance-Bericht . . . 215
COVID-19 . . . . 29, 158

Abmilderungsgesetz 163
AusglZÄV 158
Corona-Mehrkostenpauschale . . 159
gesellschaftsrechtliche Änderungen 165
Hauptversammlung 163
IAS 1 113
IDW Trendwatch Positionspapier 254
IFRS 16 109
Informationsschutz 181
Insolvenzantragspflicht 164
internationale Rechnungslegung 120
ISA [DE] 234
Krankenhaus 158
öffentliche Rechnungslegung . . . 157
Organpflicht 164
potenzielle Ad-hoc-Mitteilungspflicht 166
steuerliche Hilfsmaßnahmen 81
Umwandlungsgesetz 166
WStFG 163
Zuschuss 160
Zuwendung 161
COVKHEntlG 158
CSR 75
Customizing Software 60

Datenschutz 178
Datenschutzverstoß 182
degressive Abschreibung 33, 81
Deponie 96
Deutscher Corporate Governance Kodex 209, 229
Devisentermingeschäft 99
Dienstjubiläum 86
DigiRL 193
digitaler Prüfungsbericht 243
Digitalsteuer 83
Dividendenausschüttung 164
dolose Handlung
ISA [DE] 240 235
DPR Prüfungsschwerpunkt 133
DRÄS
DRÄS 9 . . . . 53, 221
DRÄS 10 . . . . 53, 222
E-DRÄS 11 222
DRS
DRS 3 . . . . 55, 219
DRS 16 219
DRS 17 219
DRS 18 . . . . 56, 220
DRS 19 220
DRS 20 220
DRS 23 220
DRS 25 220
DRS 28 . . . . 54, 221
DRSC
Anwendungshinweise 224
Interpretationen 224
DSGVO 178

Effizienzprüfung 211
Einheitsgesellschaft 205
Enforcement
DPR 133
ESMA 137
ESMA-Bericht 146
Entsprechenserklärung 209
EPSAS 151
EPSAS Working Group 153
Erbbaurechtsvertrag 227
Ergebnisabführungsvertrag 70
Erklärung zur Unternehmensführung . . 43, 73, 209
Erlöse aus Krankenhausleistungen . 160

Eröffnungsbilanzwert 238
ESEF 77
gesetzliche Abschlussprüfung 79
ESMA 137
Enforcement 146
IAS 12 140
IAS 34 143
IFRS 7 139
IFRS 9 140
IFRS 10 141
IFRS 15 . . . . 138, 142, 144
IFRS 16 145
EU-Marktmissbrauchsverordnung . 166
EU-Mobilitätsrichtlinie 189
European Public Sector Accounting Standards 151
European Single Electronic Format *s.* ESEF
Exposure Draft
ED/2019/7 119
externe Bestätigung 238

Factor 226
Formwechsel 203
Frauenquote 73
Fristigkeit 224

Geldwäschegesetz 167
genehmigtes Kapital 165
Genussrecht 165
Gesamtplan 87
Geschäftsführeranstellungsvertrag . 197
Geschäftsführervergütung . . . 197, 199
Geschäftsführerversicherung 205
Geschäfts- oder Firmenwert 56
geschätzter Wert 239
Gesellschafterversammlung 197
gesellschaftsrechtliche Treuepflicht . 200
gesetzliche Vermutensregel 164
Gesetz zum Schutz von Geschäftsgeheimnissen (GeschGehG) 178
GmbH & Co. KG 205
GoBD 85
goodwill 118
grenzüberschreitender Umwandlungsprozess 191

Halbjahresfinanzberichterstattung . 219
Hauptversammlung 163
Einberufungsfrist 164
satzungsmäßige Anmeldefrist . . 164
virtuelle 163
Hybridanleihe 165

IAS
IAS 1 . . . 103, 105, 108, 112, 119, 124
IAS 7 123
IAS 8 103
IAS 12 . . . . 131, 140
IAS 16 . . . . 108, 114
IAS 20 161
IAS 21 131
IAS 29 131
IAS 34 143
IAS 37 . . . . 108, 115
IAS 38 131
IAS 39 . . . . 103, 106, 108
IAS 41 . . . . 116, 131
IBOR-Reform 244
IDW EPS
IDW EPS 201 n. F. 228
IDW EPS 521 n. F. 231
IDW EPS 611 232
IDW EPS 721 n. F. 234
IDW PH
IDW PH 9.400.13 244

IDW PH 9.420.2 245
IDW PH 9.860.1 186
IDW PH 9.860.2 245
IDW PH 9.860.3 245
IDW PH 9.910.1 246
IDW PH 9.960.3 250
IDW PH 9.970.6 250
IDW PH 9.970.10 247
IDW PH 9.970.11 247
IDW PH 9.970.12 248
IDW PH 9.970.14 248
IDW PH 9.970.33 248
IDW PH 9.970.35 249
IDW PH 9.970.80 249
IDW Positionspapier 251
Fortentwicklung der Unternehmensführung 251
Nichtprüfungsleistungen 252
rechtsformneutrale Besteuerung 253
Restrukturierungsrahmen 254
Zusammenarbeit Aufsichtsrat und Abschlussprüfer 253
Zweifelsfragen EU-Regulierung . 251
IDW PS
IDW PS 250 243
IDW PS 320 243
IDW PS 340 n. F. 229
IDW PS 345 229
IDW PS 400 n. F. 230
IDW PS 475 230
IDW PS 610 n. F. 232
IDW PS 650 n. F. 233
IDW PS 821 250
IDW PS 890 250
IDW RH FAB 1.020 244
IDW RH HFA 2.003 244
IDW RH VFA 1.001 250
IDW RS
IDW RS BFA 7 . . . . 149, 225
IDW RS HFA 50 225
IDW S 2 242
IDW St/BFA 1/1990 225
IDW Stellungnahme 225
IDW Trendwatch Positionspapier
COVID-19 254
Mobilitätswandel 254
Staatsverschuldung 254
IFRS
IFRS 1 116
IFRS 3 . . . . 103, 108, 113, 118
IFRS 4 . . . . 108, 110
IFRS 7 . . . . 103, 106, 108, 139
IFRS 9 . . . . 103, 106, 108, 110, 116, 131, 140
IFRS 10 141
IFRS 15 . 127, 129, 138, 142, 144, 161
IFRS 16 . 108, 116, 125, 128, 130, 145
IFRS 17 . . . . 108, 110, 117
IFRS IC 122
Impairment 118
Insolvenzantragspflicht 164
Insolvenzplan 242
Intensivbett 158, 160
interner Revisor 240
internes Bewertungsverfahren 48
internes Kontrollsystem 230
Investitionsabzugsbetrag 83, 89
IPO 225
ISA [DE] 234
Anwendung 242
Erstanwendungszeitpunkt 234
ISA [DE] 200 235
ISA [DE] 210 235
ISA [DE] 230 235
ISA [DE] 240 235

ISA [DE] 250 (Revised) 236
ISA [DE] 300 236
ISA [DE] 315 (Revised) 236
ISA [DE] 320 236
ISA [DE] 330 237
ISA [DE] 402 237
ISA [DE] 450 237
ISA [DE] 500 237
ISA [DE] 501 237
ISA [DE] 505 238
ISA [DE] 510 238
ISA [DE] 520 238
ISA [DE] 530 238
ISA [DE] 550 239
ISA [DE] 560 239
ISA [DE] 580 240
ISA [DE] 600 240
ISA [DE] 610 (Revised 2013) ... 240
ISA [DE] 620 240
ISA [DE] 710 240
ISA [DE] 720 (Revised) 241
ISA [E-DE] 540 (Revised) 239

Kapitalerhöhung 165
Kapitalkonsolidierung 220
KG
Eintritt der Komplementärin ... 203
Kombinationsmodell 100
Komplementär 203
Konsortialkredit 101
Konzernabschluss
DPR Prüfungsschwerpunkt 133
Konzernanhang 29, 57
Konzernlagebericht 31, 220
Krankenhaus 233
Zuschuss 160
Zuwendung 161
Kreditinstitut 149
Krisensituation 224
Kurzarbeitergeld 34
Aufstockungsbetrag 35

Lagebericht 31
Prüfung 243
s. auch Konzernlagebericht
latente Steuern 56, 220, 222
Leasingverhältnis 227

Management Approach 55
marktübliche Bedingungen 48
Maßgeblichkeitsgrundsatz 93
MDK 159
Mieterdarlehen 228
Mitteilungsfiktion 175

nachrangige Schuldtitel 165
Nachsorgeverpflichtung 96
nachträgliches Ereignis 239
Nachtragsberichterstattung 29
Nachweisstichtag 164
nahestehende Person 239
nahestehendes Unternehmen 47
Negativzinsen 58
nichtfinanzielle Berichterstattung .. 75
Nichtprüfungsleistungen 252
Nießbrauch 87
NIFRIC 122

öffentliches Rechnungswesen 151
Offenlegung
ESEF 78
Online-Gründung 193
Optionsprämie 92
ordentlicher Geschäftsgang 48
Organpflicht 164
Organvergütung 165

pauschale Ausgleichszahlung 158
Behandlung nach Handelsrecht 160
Behandlung nach IAS/IFRS 161
Pauschalwertberichtigung . . . 149, 225
Pensionsrückstellung 86
Pfandrückstellung 68
Pflegeentgeltwert 159
Planung einer Abschlussprüfung . . 236
potenzielle Ad-hoc-Mitteilungspflicht 166
Prognosebericht 31
Prüfungsdokumentation 235
Prüfungsnachweis 237
Prüfungsurteil 230

Rahmenkonzept 104
Reinvestitionsfrist 82
Rekultivierung 93
Related Party Transaction 47
ARUG II 45
Richtlinie zum Einsatz digitaler Werkzeuge und Verfahren im Gesellschaftsrecht 193
Risiken wesentlicher falscher Darstellungen 236
Risikofrüherkennungssystem 229
Rücklage 70, 82
Rückstellung 67, 93
Dienstjubiläum 86
Kosten der Aufbewahrung 95
Nachsorgeverpflichtung 96
Pensions~ 86, 100
Rekultivierung 93
ungewisse Verbindlichkeit 93

SaaS 60
Sachverständiger 240
SARS-CoV-2 *s.* COVID-19
satzungsmäßige Anmeldefrist 164
Schlussbilanz 166
schriftliche Erklärung 240
Schutzkleidung 159
Schutz von Minderheitsgesellschaftern 191
Segmentberichterstattung 54, 219, 221
Selbstbeurteilung 211
Sicherungsinstrument
Ausfallgefährdung 36
side step merger 192
Software
Cloud Computing 60
Customizing 60
Sonderbetriebsvermögen 87
Sonstige Information 241
Spaltung 166
Stetigkeit 33
steuerliche Überleitungsrechnung . . 57
Stichprobenprüfung 238
Stichtagsprinzip 29, 32
stille Beteiligung 165

Teilwertzuschreibung 97
Toleranzwesentlichkeit 243
Transaktion mit nahestehender Person *s.* Related Party Transaction
Transparenzpflicht 170
Transparenzregister 167
Einsichtnahme 171
Nachweis der Registrierung 171
Unstimmigkeitsmeldung 172

Umtauschanleihe 69, 97
Umwandlung 166
konzerninterne 192
Umwandlungsgesetz 166

Unabhängigkeit 210
Unternehmensführung 251
unverzinsliche
  Kaufpreisverbindlichkeit 195

Verantwortlichkeiten des
  Abschlussprüfers
  sonstige Informationen 241
Verbandssanktionengesetz 186
Verbindlichkeitsrückstellung 94
Verdachtsmeldepflicht 173
Vergleichsinformation 240
Vergütung 211
  der Organmitglieder 219
  für Vorstand und Aufsichtsrat . . 211
Vergütungsbericht *s.* ARUG II
Vergütungssystem 211
Verlustausgleich 70
Verschmelzung 166
Versorgungsträger 66

Währungskurssicherung 98
Währungskursverlust 89
Währungsumrechnung . . . 56, 73, 220
Wandelanleihe 165
Wegzugsmitgliedstaat 190
wertbegründendes Ereignis 29
werterhellendes Ereignis 29
wesentliche Transaktion 48
Wesentlichkeit 236, 243
wirtschaftlich Berechtigter 167
Wirtschaftsbericht 31
Wirtschaftsstabilisierungsfonds . . . 165
WStFG 163

Zahlungsstrombedingung 226
Zinsanomalie 58
Zinsschranke 101
Zuzugsmitgliedstaat 190
Zweigniederlassung 56
Zweites Corona-Steuerhilfegesetz . . . 81
  degressive Abschreibung 81
  Investitionsabzugsbetrag 83
  Reinvestitionsfrist 82
Zwischenergebnis 57

Ihre Notizen

Ihre Notizen

Ihre Notizen

Ihre Notizen

Ihre Notizen

Ihre Notizen